111 GRÜNDE, KANADA ZU LIEBEN

*Für Roger*

Annegret Heinold

# 111 Gründe, Kanada zu lieben

Eine Liebeserklärung an
das schönste Land der Welt

SCHWARZKOPF & SCHWARZKOPF

## *Inhalt*

# Kanada, wir kommen!

*Vorwort*

Der alte Buick V8 hatte das Kennzeichen »EIS 123«, und ich sagte spontan zu dem verblüfften Autoverkäufer: »Den nehmen wir!« Es war schließlich das perfekte Autokennzeichen, um Kanada von Süden nach Norden zu durchqueren: Eis, wir kommen!

Der V8 hielt, was das Kennzeichen versprach, und brachte uns sicher und fast ohne Reparaturen 8.000 km durch Kanada, bis hoch nach Alaska und um die Kenai-Halbinsel. Und EIS gab es mehr, als uns lieb war, weil das Frühjahr in diesem Jahr drei Wochen Verspätung hatte.

Kanada war immer das Sehnsuchtsland meines Mannes. Ohne ihn wäre ich nie auf die Idee gekommen, dorthin zu fahren. Schließlich fühlte ich mich in Portugal absolut wohl. Aber eines Tages ließ ich mich erweichen und flog mit nach Nordamerika. Das war 1995. Von da an reisten wir jedes Jahr nach Kanada. Wir machten Haustausch nach Toronto, Montreal und Kispioux, einige Campingurlaube und durchquerten Kanada von Süden nach Norden mit unserem EIS 123 Buick.

Zum Glück ist es mit Ländern ja anders als mit Partnern. Es ist gesellschaftlich anerkannt und weniger kompliziert, zwei Lieben zu haben. In meinem Fall sind es Portugal und Kanada.

Ich wohne gerne in Portugal, und Kanada ist meine zweite Heimat geworden. Es gibt viel, was ich an Kanada liebe: den freundlichen Umgang, die Hilfsbereitschaft, die grandiose Natur, die türkisfarbenen Seen, die Bären am Straßenrand und … hier sind meine 111 Gründe, Kanada zu lieben!

PS: Ein paar Jahre später entdeckte ich verblüfft auf einem alten Polaroid-Foto, dass das Nummernschild EIS 132 gelautet hatte. Macht nichts – für uns war der V8 immer EIS 123.

*Annegret Heinold*

Kapitel 1

# Oh Canada!

## 1. Grund

# Weil Kanada nicht nur Eis und Schnee ist

*She must be willing to become a hockey fan and*
*eat maple syrup und Beaver Tails in my igloo.*
(WWW.THEGUARDIAN.COM)[1]

Sie muss bereit sein, ein Hockey-Fan zu werden und Ahornsirup und Beaver Tails in meinem Iglu zu essen. So lauten angeblich die Anforderungen eines kanadischen Mannes, der eine amerikanische Frau sucht. Und in diesem Satz ist gut zusammengefasst, was andere Nationen über Kanada denken. Ganz besonders die direkten und einzigen Nachbarn, nämlich die USA.

Dort halten sich hartnäckig die klassischen Vorurteile über Kanada: In Kanada ist es elf Monate im Jahr Winter, die Einwohner leben in Iglus und müssen ihr Essen jagen. Sie ernähren sich hauptsächlich von *moose* (Elch), trinken literweise Bier und kippen ihren *maple syrup* (Ahornsirup) über alles. Sie sagen »*eh*« am Ende jedes Satzes und entschuldigen sich andauernd mit ihrem ständigen »*sorry*«.

Diese Vorurteile der *Americans* sind in Kanada ein ständiger Anlass zur Freude, sozusagen ein *running gag*. So nach dem Motto: unglaublich, was die Amerikaner alles glauben! Wobei mit Amerikaner immer die US-Amerikaner gemeint sind.

In seiner Comedy-Show *Talking to Americans* macht sich der kanadische Comedian Rick Mercer darüber lustig. Er bittet Amerikaner, Petitionen zu unterzeichnen, z.B. gegen die »Wiedereinführung des Abschlachtens von Eisbären in Toronto« oder »das Aussetzen von Senioren auf Eisschollen«.[2] Selbst Studenten und Professoren von angesehenen Universitäten hat er dazu gebracht, derart absurde Petitionen zu unterzeichnen. Und Passanten auf der Straße bringt er dazu, Kanada zu 800 km Asphaltstraße oder dem ersten McDonald's zu gratulieren.

Natürlich ist auch immer ein Körnchen Wahrheit in diesen Stereotypen. Ja, die Winter im Norden Kanadas sind lang und kalt. Aber im Osten gibt es den *Indian Summer*, an der Westküste den gemäßigten Regenwald, und im Süden Britisch Kolumbiens werden Wein und Obst angebaut. Ja, Kanadier angeln gerne, und es gibt Kanadier, die auf die Jagd gehen. Aber das meiste Essen kommt für die meisten Kanadier aus dem Supermarkt. Ja, zum herzhaften kanadischen Frühstück gehört kross gebratener *bacon*, und auf *pancakes* schüttet man Ahornsirup (s. Grund 37), aber auch ein Kanadier frühstückt das nicht jeden Tag.

Kanada ist natürlich all das: lange Winter, deftiges Frühstück, Ahornsirup. Und jede Region ist stolz auf ihr Bier, viele Orte haben eine lokale Brauerei. Aber Kanada ist eben nicht nur das, sondern *much, much more …*

Man bekommt oft das Gefühl, dass die Kanadier die Vorurteile über sich lieben. Sie machen sich selbst darüber lustig, dass sie ständig »*sorry*« sagen. Im Gespräch, im Radio, in der Presse (s. Grund 41).

»Wir sagen immer ›*eh*‹ am Ende des Satzes«, sagen alle zu mir, als ich von meinem Buch erzähle. »*That's a good reason for your book, eh?*«

Na, ich weiß nicht, ob das ein Grund ist, Kanada zu lieben. Aber dass sie sich selbst über die Kanada-Klischees lustig machen können – das ist einer! Und so hat es wahrscheinlich auch der Kandidat auf Partnersuche gemeint, als er seine Anzeige an die amerikanische Lady aufgab. Kanadier haben Humor. Beim Sender CBC gibt es *improv*-Sendungen, in denen zwei Komödianten gegeneinander antreten. Wer mehr Applaus bekommt, gewinnt. In Toronto kann man *Stand-up Comedy* sogar studieren, dort gibt es am Humber College den zweijährigen Studiengang *Comedy: Writing and Performance* (s. Grund 106).[3]

Mein Lieblingsclip von Rick Mercer (s.o.) ist der über die Sicherheitskontrollen am Flughafen. Wer von Kanada aus in die USA fliegt, erledigt die Einreiseformalitäten für die USA nämlich schon am kanadischen Flughafen, der Flug ist danach ein *domestic flight*, ein Inlandsflug.[4]

PS: Mit *Beaver Tails* sind natürlich keine echten Biberschwänze gemeint, sondern das leckere Gebäck in Form eines Biberschwanzes (s. Grund 36).

**2. Grund**

## Weil Kanada eines der größten Länder der Welt ist

*For a lot of Canadians, an hour is a measure of distance.*
(Heidi Vlach, Talktoyouniverse)[5]

Fragen Sie einen Kanadier nach der Entfernung, und er wird Ihnen nicht die Kilometerzahl nennen, sondern die Stunden, die man mit dem Auto unterwegs ist.

Wie weit ist es von Toronto nach Montreal? Fünf Stunden.

Von Vancouver nach Prince George? Neun Stunden.

Und von Dease Lake nach Terrace? Sieben Stunden.

In Kanada ist eine Stunde eine Maßeinheit für Entfernung, schreibt Heidi Vlach auf ihrer Webseite Talktoyouniverse.blogspot.com und spekuliert über das Warum. Ein Grund könnte sein, dass Kanada so groß sei und die Leute so weit verstreut wohnten. Das ist wohl wahr – Kanada ist 28-mal so groß wie Deutschland, hat aber nur 35 Mio. Einwohner.

Davon wohnen 81 % in einem *population centre*, also in einem besiedelten Gebiet. Alleine mehr als ein Drittel aller Kanadier wohnen in den drei Metropolen Toronto, Montreal und Vancouver. Und die Mehrheit wohnt nicht weiter als 160 km von der Grenze zu den USA. Das bedeutet, dass der Rest des riesigen Landes ziemlich leer ist. Im landesweiten Durchschnitt wohnen nur drei Menschen auf einem Quadratkilometer, damit gehört Kanada zu den zehn am dünnsten besiedelten Ländern der Welt.

Aber was bedeutet Durchschnitt in einem Land von dieser Dimension! Wenn es nach der Durchschnittstemperatur ginge, wäre Kanada mit –5,6 °C Durchschnittstemperatur eins der kältesten Länder der Erde. In diese Statistik fließt nämlich alles von Yellowknife bis Victoria ein, eine sinnvolle Angabe ergibt sich daraus nicht.

Yellowknife in den Northwest Territories und Winnipeg in Manitoba gehören zwar zu den fünf kältesten Städten der Welt, und die tiefste je gemessene Temperatur von Nordamerika hat man in Snag im Yukon gemessen, laut National Postwaren dort am 3. Februar 1947 –63 °C.[6] Aber im Okanagan Valley in British Columbia wird Wein angebaut, und in Victoria auf Vancouver Island blühen im Winter die Rosen (s. Grund 22).

Bei diesen Dimensionen ist es nicht von Interesse, wie viele Kilometer jemand entfernt wohnt, sondern wie lange man dorthin fährt.

Dazu kommt, dass viele Kanadier in Meilen rechnen, obwohl schon 1971 auf das metrische System umgestellt wurde. Fragt man zum Beispiel einen Kanadier nach dem Benzinverbrauch seines Autos, verrät er ihnen, wie viele Meilen sein Auto mit einer Gallone fährt. Aber eine Stunde ist eine Stunde – die ist für alle gleich.

Allerdings ist die Zeit nicht für jeden Kanadier gleich, denn Kanada hat sechs Zeitzonen: *Newfoundland Time, Atlantic Time, Eastern Time, Central Time, Mountain Time* und *Pacific Time.*

Die Einführung der Zeitzonen wurde nötig, als man die Eisenbahn durch das ganze Land legte und die Zugzeiten koordinieren musste. 1885 war es so weit, der letzte *spike* wurde in die Bohlen geschlagen, und die Schienenverbindung von Montreal nach Port Moody bei Vancouver war fertig (s. Grund 93). Fünf Tage und 19 Stunden dauerte die Fahrt damals, heute dauert sie, je nach Zugverbindung, 78 bis 102 Stunden. Und mit dem Auto ist es 46 Stunden weit.

## 3. Grund

# Weil Kanada so ganz anders als die USA ist

*Why do Canadians typically know more about the U.S. culture than Americans know about Canadian culture?*
(QUORA.COM)[7]

Es gibt viele Unterschiede zwischen den USA und Kanada. Dass Kanadier mehr über die USA als Amerikaner über Kanada wissen, ist einer. Das liegt daran, dass die Schulbildung in Kanada sehr gut ist, dass 56 % der erwachsenen Bevölkerung bis 64 Jahre eine College- oder Universitätsausbildung haben, und dass in den Nachrichten in Kanada aus der ganzen Welt berichtet wird.

Das ist in den USA nicht der Fall. Dort sind die Nachrichten sehr USA-zentriert, um es mal so zu sagen. Viele Amerikaner wissen erschreckend wenig über ihr Nachbarland Kanada (s. Grund 1).

Ein weiterer Unterschied ist, dass Kinder-Überraschungseier in den USA nicht verkauft werden dürfen, weil sie zu gefährlich sind, aber in Kanada in jedem Supermarkt zu haben sind. Nun könnte man sagen, was soll's, Kinder-Überraschungseier sind eh überflüssig, wenn man kein Kind mehr ist und sie auch nicht als Silvester-Orakel benutzen will. Aber es illustriert eine erschreckende Tatsache: Man kann in den USA einfacher an eine Waffe kommen als an ein Kinder-Überraschungsei. In Kanada ist es genau andersrum. Da verwundert es nicht, dass die Mordrate in Kanada erheblich niedriger ist als in den USA.

Doch wieso sind diese Unterschiede entstanden? Auf den ersten Blick sind die beiden Staaten sehr ähnlich. Riesige Länder zwischen Atlantik und Pazifik, die Landschaft vergleichbar, die Zeit der Staatsgründungen ähnlich. Aber die Entstehungsgeschichte der Gesellschaften ist unterschiedlich.

In die späteren USA kamen Individuen, die aus verschiedenen Gründen ihre Heimat verließen. Die Einwanderer kamen entweder aus wirtschaftlichen Gründen, um dort ein besseres Leben zu finden. Oder aus religiösen Gründen, weil sie in ihrer Heimat ihre Religion nicht ausüben konnten. In das spätere Kanada kamen größtenteils Siedler durch die britische Krone und den Pelzhandel. Von Anfang an war die Besiedelung der USA individuell geprägt, während die Besiedelung Kanadas durch Gemeinschaften entstand.

Noch heute zeigt sich das darin, dass in den USA das Recht der einzelnen Staaten vor nationalem Recht gilt, während in Kanada das nationale Recht vor dem Recht der einzelnen Provinzen gilt. Die gesamte kanadische Gesellschaft und Kultur sind bis heute sehr von Gemeinschaftssinn geprägt.

Im Gegensatz zu den USA hat Kanada ein funktionierendes Gesundheitssystem, das in allen Provinzen bis auf BC und Alberta kostenlos ist. In diesen beiden Provinzen zahlt man 75 $ im Monat, und wer weniger als 22.000 $ im Jahr verdient, ist davon befreit. Das ist vermutlich mit einer der Gründe, warum die Lebenserwartung in Kanada höher ist als in den USA. Übrigens bekommen alle Kanadier ab 65 Jahre eine Staatsrente, die unabhängig von Einzahlungen ist. Die Rente aus Einzahlungen kommt dann dazu.

In einer Diskussion zu dem Thema Unterschiede sagt mein kanadischer Freund Dave, ein Geschichtslehrer, dass man in den USA die Siege feiert, während man sich in Kanada eher darum bemüht, aus den Niederlagen zu lernen. *We explore the past to find answers for the future*, lautet eine Überschrift in dem Magazin *Canada's History*, wir beschäftigen uns mit der Vergangenheit, um Antworten für die Zukunft zu finden.

Auch Kanada hat das dunkle Kapitel der Geschichte in der Behandlung der *First Nations*, der Ureinwohner. Aber auch hier sieht man große Unterschiede in der versuchten Wiedergutmachung (s. Grund 82).

Das Magazin *Focus* bezeichnet Kanada als eine »gelungene Mischung aus Cowboyland auf der einen Seite und einer liberalen, sozialen Gesellschaft auf der anderen Seite«.[8] Kanada hat generell im

Ausland einen besseren Ruf als die USA. Das nutzen übrigens viele nordamerikanische Reisende, die sich gerne die kanadische Flagge auf den Rucksack nähen, egal aus welchem Teil Nordamerikas sie kommen.

4. Grund

## Weil in Kanada die Integration leicht gemacht wird

*Canada: A mosaic, not a melting pot.*
(The Washington Post)[9]

Ich hätte nie gedacht, dass ich mal in der Schulkantine der *Captain Meares Elementary Secondary School* stehe und Bohnensuppe verteile. Ich bin keine ständige Einwohnerin des Ortes, aber ich verbringe hier seit 16 Jahren regelmäßig einige Monate im Jahr. Und so hat man mich gefragt, ob ich nicht Lust hätte, beim Schul-Mittagessen mitzuhelfen. Klar, hatte ich. Ich habe auch schon bei *Ladies Craft Night* gehandarbeitet, an einem Patchwork-Näh-Wochenende teilgenommen und an Sitzungen der *Hospital Auxiliary Group*.

Ehrenamtliches Helfen ist in Kanada weit verbreitet und üblich, in jedem Ort gibt es Gruppen und Vereine, die sich um alles Mögliche kümmern. Gemeinschaftssinn und Eigenverantwortung sind zwei Eigenschaften, die für das Funktionieren der Gesellschaft in Kanada wichtig sind (s. Grund 85).

Ein unbekanntes Land, unendliche Wälder, Wildnis, ein raues Klima – das erwartete die Siedler, die nach Kanada kamen. Es gab keine Landkarten, keine Elektrizität, kaum Kommunikation. Sie wussten nie, was sie hinter der nächsten Flussbiegung erwartete. Feindliche »Wilde« oder Biber für reiche Pelzbeute? Nur eins war für die meisten sicher: dass sie ihre alte Heimat nie wiedersehen würden. Zusammenhalt und Gemeinschaftssinn waren die einzige Möglichkeit zu überleben.

Auch heute noch ist Kanada ein Einwanderungsland. Im Jahr 2016 waren 7,5 Mio. der Einwohner Immigranten, das bedeutet, dass einer von fünf Kanadiern nicht in Kanada geboren ist. In Toronto haben sogar 60 % der Einwohner einen Migrationshintergrund. Hier ist auch die viertgrößte italienische Gemeinde außerhalb Italiens.

Aber auch innerhalb Kanadas ziehen die Menschen oft um, sie ziehen mit der Arbeit mit, es ist eine sehr mobile Gesellschaft. Das Haus wird beim Umzug verkauft, oft sogar mit dem Mobiliar. Am neuen Wohnort wird ein neues Haus gekauft. Diese Mobilität wird nicht zuletzt dadurch erleichtert, dass die Grunderwerbssteuer sehr niedrig ist. (Die jährliche Grundsteuer ist dagegen relativ hoch.)

Durch diese häufigen Umzüge müssen sich die Menschen immer wieder neu einleben. Aber es gibt für die Neuankömmlinge viele Möglichkeiten, sich schnell in das bestehende soziale Netz zu integrieren. Wer möchte, kann sofort am Gemeinschaftsleben teilnehmen. Wer nicht, der lässt es bleiben. *Live and let live* – »Leben und leben lassen« ist das Motto in Kanada.

Wer Interesse hat, kann in einem der vielen Vereine oder Komitees mitmachen. Allein bei uns im Ort gibt es für rund 300 Einwohner eine *Historical Society*, die *Hospital Auxiliary Group*, die *Chamber of Commerce*, einen Seniorentreff und die freiwillige Feuerwehr. Es gibt die *Twang Band*, eine Musikgruppe, die von einer pensionierten Lehrerin geleitet wird. Eine Theatergruppe, eine Kunsthandwerkskooperative, die im Sommer einen kleinen Souvenirshop betreibt, und eine Kirchengruppe.

Ach ja – und die *Ladies Craft Night*. Einmal in der Woche treffen sich Frauen zum Handarbeiten im Freizeitzentrum. Zur Handarbeit gibt es den Dorfklatsch. Eine oder zwei Frauen kommen durchaus auch nur zum Klatschen, aber die meisten bringen zumindest anstandshalber eine Handarbeit mit, zur Beratung und Bewunderung.

Es werden auch immer Freiwillige für die Organisation von Veranstaltungen gesucht. Wer mehr einsetzen möchte, kann sich in das *school board* wählen lassen, das sich um die Verwaltung der Schule kümmert. Darüber hinaus gibt es in kleinen Gemeinden immer Nebenjobs wie z.B. in der Bibliothek und bei der Post oder der Ambulanz.

Die Integration der Immigranten beginnt schon in der Schule. Die PISA-Studie hat gezeigt, dass Immigrantenkinder schon nach drei Jahren genauso gut wie in Kanada geborene Schüler abschneiden.[10] Diese Kinder lernen in Sondergruppen Englisch, aber gleichzeitig wird darauf geachtet, dass sie ihre Muttersprache beibehalten, und ihre fremde Kultur wird respektiert. Das ist, wenn man sich die Behandlung der Ureinwohner ansieht, nicht immer so gewesen. Aber man hat aus den Fehlern der Vergangenheit gelernt (s. Grund 82).

*We are a mosaic, not a melting pot,* wir sind ein Mosaik, kein Schmelztiegel, heißt es oft.

Auch das ist einer der Unterschiede zu den USA. Diese verstehen sich als Schmelztiegel, in Kanada ist das Ziel der Integration ein Mosaik.

### 5. Grund

## Weil die Häuser hier wie im Hollywoodfilm aussehen

*Home is not a place, it's a feeling.*
(UNBEKANNT)[11]

Das ist natürlich nur für diejenigen ein Grund, Kanada zu lieben, die gerne Hollywoodfilme sehen. Ich meine jetzt nicht bunte Filmspektakel wie *The Fifth Element* oder *Batman Forever,* sondern Familienfilme wie *E-Mail für Dich* oder *Die Braut, die sich nicht traut.* Farbig gestrichene *Clapboard*-Häuser mit hübschen Fenstern, Erkern und Vorgärten. Mit einer beschaulichen Kleinstadtatmosphäre, die selbst in Städten wie Vancouver gleich außerhalb Downtowns beginnt.

Bei einem Haustausch wohnten wir in Oakville in einem historischen Haus. Oakville ist eine Stadt südwestlich von Toronto, die 1807 entstand, also 60 Jahre vor der Gründung Kanadas. Das Haus war nah am Lake Ontario und hatte eine Plakette, die auf seine historische Bedeutung hinwies. Vorne waren zwei winzige Räume, eine niedrige Decke, alles aus Holz. Wohnen wie im Museum.

Viele kanadische Häuser strahlen diese Martha-Stewart-Country-Life-Cottage-Gemütlichkeit aus. Die meisten Wohnhäuser sind aus Holz, eine Holzkonstruktion mit guter Isolierung, mit Spanplatten außen und innen. Die meisten Häuser haben an der Außenwand horizontale Bretter, die sich überlappen, sodass der Regen ablaufen kann. *Clapboard,* Paneel-Fassadenverkleidung, heißt diese Art von Außenfassade. Die Dächer sind meist dunkelgrau, aus einer Art Dachpappe, was allerdings bedeutet, dass die Dächer ca. alle 20 Jahre erneuert werden müssen.

Vor dem Haus der *front yard,* hinter dem Haus der *backyard.* Viele Häuser haben ein *Deck,* das heißt eine Terrasse oder einen Balkon aus Holz. Dort steht der obligatorische Grill, ohne den kein kanadischer Haushalt auskommt. Sobald das Wetter es zulässt, werden hier die Lachse und *Burger* gegrillt, und man isst draußen (s. Grund 39).

Bei uns im Dorf sind die Häuser eher unauffällig gestrichen, in *Oyster Bay Grey* oder *Kitten White.* Aber auf der anderen Seite Kanadas, im Osten, in St John's auf Newfoundland sieht es anders aus. Die *Jellybean Houses* mit ihren Farbkombinationen wie *Caribbean Pleasure* mit *Bright Cherry* und *Curry Spice* mit *Topiary Green* sind bunt wie die Gummibonbonmischung *Jelly Beans.* Die *Jellybean Row Houses* in St John's sind mittlerweile so berühmt, dass sie Besucher aus der ganzen Welt anziehen.

Meine Bekannte Lynn ist dafür, dass wir die Häuser in unserem Dorf auch so streichen, um das Dorf attraktiver zu gestalten. Aber bis sie die Einwohner dazu bekommt … Es ist fraglich, ob ihr das gelingt. Nur einer hat sein Haus bisher kanariengelb gestrichen, aus welchen Gründen auch immer. Das hat in der Tat dazu geführt, dass das ganze Dorf hingepilgert ist, um es sich anzusehen. Was ja für Lynns Theorie spricht.

Insgesamt ist der Charakter der Städte den US-amerikanischen ähnlich. *Fire lanes* hinter den Häusern und Eisenleitern an den mehrstöckigen Häusern, wie im Thriller. Jeder Ort hat eine *main street*, also eine Hauptstraße, an der sich die Geschäfte und Restaurants befinden. Auch die Tankstellen am Ortsausgang gleichen sich irgendwie alle.

In der Tat sieht es hier nicht nur so aus wie im Hollywoodfilm, es werden mittlerweile so viele Hollywoodfilme hier gedreht, dass Kanada den Beinamen *Hollywood North* bekommen hat (s. Grund 104).

## 6. Grund

# Weil hier um die Wette gekocht und gegrillt wird

*D's Powerfull Prawns, Mardi Special*
*& Farmbalayas Flatbread.*

Das sind drei der fünf Gerichte, die wir gleich bewerten werden. In einer Stunde geht es los: der Kochwettbewerb der *Tahsis Days*. Einmal im Jahr feiert das Dorf Tahsis drei Tage lang, es gibt zunächst eine kleine Parade. Dieses Jahr ist sie allerdings sehr klein: das geschmückte Feuerwehrfahrzeug, der *cop* auf einem Quad, der mit Girlanden aufgepeppte Krankenwagen und ein paar kostümierte Kinder.

Kurze Zeit später findet das traditionelle Entenrennen auf dem Tahsis River statt, bei dem die kleine gelbe Plastikente gewinnt, die als erste die Flussmündung erreicht, nachdem die gesamte Entenladung oben an der Brücke in den Fluss gekippt wurde. Die nummerierten Enten für die Teilnahme kauft man vorher für zwei Dollar im *Building Supply*, der Baustoffhandlung des Ortes. (Meine Ente mit der Nummer 517 gewinnt leider nicht, dafür gewinne ich später mit einem Los vom Seniorenverein ein Messerset.)

Es gibt eine *silent auction*, bei der man über zwei Tage lang schriftlich bieten kann. Man kann u.a. einen Patchwork-Tischläufer mit einem Bären, der einen Lachs im Maul hält, gewinnen, eine griechische Gewürzmischung, einen Tagesrucksack mit Kinderbüchern gespendet von der örtlichen Bücherei, *and much more*, wie es im Englischen so schön heißt. Für die Veranstaltungen bedeutet das Legowettbewerbe, Sumo-Ringer in aufgeblasenen Anzügen, Lachs-Tacos und Burger serviert vom Lions Club, und *much, much more.*

Mittags gibt es im Freizeitzentrum ein Essen, bei dem Freiwillige für 45 Teilnehmer gekocht haben. Das Motto ist *Mardi Gras*, also scharf gewürztes Essen aus New Orleans, und wir Teilnehmer dürfen wählen, was am besten schmeckt. Für die Gewinner gibt es Geld- und Sachpreise. Und da es dieses Mal nur fünf Köche sind, wird jeder Koch, jede Köchin einen Preis bekommen.

Normalerweise kostet ein Ticket 10 $, aber dieses Jahr ist es umsonst. Wieso das?, frage ich die Nachbarin. Sie erklärt: Die Veranstaltung findet im *Rec Centre* statt, also im *Recreation Centre*, dem Freizeitzentrum des Dorfes. Serviert wird in der Turnhalle an langen Tischen. Und nun hat die Gesundheitsbehörde verfügt, dass dort kein Essen verkauft werden darf, weil es nicht aus lizenzierten Küchen kommt.

Also hat ein Verein des Ortes Geld für die Preise gespendet, und die Teilnehmer essen umsonst. Damit ist dem Gesetz Genüge getan. Nicht, dass das irgendwas an der Herstellung des Essens ändern würde, die Köche produzieren das Essen ja nach wie vor zu Hause in ihren nicht-lizenzierten Küchen, sagt die Nachbarin und grinst. Eine Logik lässt sich nicht erkennen, aber es zeigt, dass auch kanadische Behörden am weltweiten Behörden-Regelungswahn teilnehmen, der nicht unbedingt immer Sinn machen muss.

Gemeinsames Essen, oft für einen guten Zweck, ist in Kanada weit verbreitet. Auf *foodnetwork.ca* findet man eine Liste mit *Food Festivals* in ganz Kanada. Es gibt Tausende, kommerzielle sowie nicht kommerzielle.[12]

So veranstaltet der *Somerset Junior Women's Club* eine *Farm to Table Celebration* mit lokalen Produkten. Mit dem Erlös werden Stipendien vergeben sowie Kunst- und Gemeindeprojekte unterstützt. Es gibt den *Taste of Toronto*, das angeblich weltbeste Restaurantfestival. Und in Edmonton das *Porkapalooza BBQ Festival*, das ganz dem Grillen gewidmet ist.

Gegrillt wird überhaupt viel in Kanada. *BBQ* = *Barbeque* = Grillen im Sommer gehört einfach dazu, und jeder Kanadier hat einen Gasgrill auf der Veranda oder dem Balkon stehen, auf dem er seine *Burger*, Steaks oder Lachse grillt (s. Grund 39).

Zum *Mardi Gras Special* im Dorf gibt es Reis mit *Spicy Sausage*, *D's Powerfull Prawns*, *Mardi Special* und *Farmbalayas Flatbread*, das von den jungen Frauen der Bio-Farm am Ortsende serviert wird. Die *Powerful Prawns* sind sehr powerful gewürzt. Die Pizza ist mit Seetang belegt, schmeckt aber ausgezeichnet, und die drei Frauen von der Farm bekommen den 1. Preis und den Siegerpokal. Er wird ihnen von der extra angereisten Abgeordneten des kanadischen Parlaments in die Arme gedrückt.

Als Nachtisch gibt es gespendete *Nanaimobars* (s. Grund 36), die außer Konkurrenz laufen, weil sie gekauft sind. Sie sind trotzdem gut. Oder wie einer am Tisch sagt: *Them are good* – die sind gut.

Die Abgeordnete verabschiedet sich. Die Vorsitzende des Vereins lässt sich einen Spendenbeleg ausstellen. Wir räumen die Tische ab und freuen uns auf den nächsten Wettbewerb.

In zwei Wochen gibt es in der Marina einen Kochwettbewerb. Dort bezahlen wir, denn die Marina hat natürlich eine von der Gesundheitsbehörde genehmigte Küche. Der Erlös geht an die *Salmon Enhancement Society*, die jedes Jahr 250.000 bis 500.000 Lachse im Tahsis River aussetzt. Schließlich wollen wir ja auch in Zukunft noch Lachse für die *BBQs* haben.

7. Grund

## Weil Kanada nicht nur eins der größten, sondern auch eins der glücklichsten Länder ist

*You can't buy happiness but you can live in Canada*
*and that's pretty much the same thing.*
(Resettlement Solution)[13]

Kanada ist übrigens nicht nur das zweitgrößte Land der Welt, sondern auch eins der glücklichsten. Ein großes Land mit einer noch größeren Anziehungskraft, heißt es auf der Webseite *Skyscanner.*[14] Immer wieder fällt das Wort »Sehnsuchtsland«. Auch für Deutsche – rund 390.000 Deutsche haben hier 2017 Urlaub gemacht! Hier gibt es die schönsten und ältesten Naturparks der Welt, über 240.000 km Küsten und eindrucksvolle Metropolen.

Im *World Happiness Report* der Vereinten Nationen ist Kanada 2018 auf Platz 7.[15] Vancouver ist auf Platz 5 der glücklichsten Städte der Welt.[16] Aber warum sind die Einwohner hier eigentlich so glücklich?

Sind sie so glücklich, weil jeder so freundlich und höflich ist? Oder sind die Kanadier so freundlich und höflich, weil sie so glücklich sind (s. Grund 41)?

Ist es die Gelassenheit, mit der sich das Leben in dieser Weite abspielt? Am Flughafen in Comox auf Vancouver Island geht man zum Einsteigen zu Fuß über das Flugfeld zum Flugzeug. Und im Warteraum liegt auf einem Tisch immer ein angefangenes Puzzle aus, an dem sich jeder versuchen kann.

Das Einkommen ist in Kanada hoch, die Lebenserwartung ebenfalls. Es gibt ein gutes Gesundheitssystem, aber das haben andere Länder auch, und die Bewohner sind weniger glücklich. Ich frage also einfach mal ein paar kanadische Freunde nach ihren Gründen, Kanada zu lieben, vielleicht erklärt es das Glück.

Paul, (Baumpflanzer / Künstler, Mitte 40): »Es gibt so viel Raum, dass jeder sein eigenes Stückchen Wildnis genießen kann.«

Jill (Mitte 60, Rentnerin): »Ich liebe den Frieden in meiner kleinen Stadt, in der wilde Tiere frei durch die Straßen laufen und in der jeder willkommen ist.«

Kathleen (Anfang 60, Rentnerin): »Die roten Uniformen der *Mounties*, die sie zu besonderen Anlässen tragen, die Zweisprachigkeit des Landes und Tim Hortons.«

Tim Hortons???

Tim Hortons ist eine kanadische Donut-Kette, in der es auch Kaffee, heiße Schokolade, Sandwichs und Suppen gibt. Viele Filialen sind sogar durchgehend geöffnet, alle Tim Hortons sind immer gut besucht. Tim Hortons ist aus dem kanadischen Leben nicht wegzudenken. Ich habe gelesen, dass acht von zehn Tassen Kaffee, die in Kanada verkauft werden, von Tim Hortons kommen.[17] Ich habe auch irgendwo gehört, dass die Größe einer Ortschaft durch die Anzahl ihrer Tim-Hortons-Filialen beschrieben werden kann. Aber ob das stimmt?

Kurze Überprüfung ...

Stimmt!

Toronto hat 196 Filialen für 2,7 Mio. Einwohner, Vancouver 56 Tim Hortons für 630.000 Einwohner. Ausnahmen gibt es natürlich immer. Clearwater (BC) hat z.B. einen Tim Hortons, obwohl es nur 2.300 Einwohner hat. Und Iqaluit hat – aus welchen Gründen auch immer, vielleicht weil man in den langen kalten Wintern in Nunavut mehr heiße Schokolade braucht – drei Filialen für nur 7.740 Einwohner.

Nicht zuletzt dank Tim Hortons hat Kanada die größte Dichte an Donut-Läden weltweit, und Kanadier den höchsten Pro-Kopf-Donut-Verzehr der Welt. Der Donut ist so was wie der inoffizielle nationale Zuckersnack geworden.

Da haben wir es, die Formel für das Glück: ein weites Land, eine grandiose Natur, friedliche Orte. Und dazu obendrauf die Donuts.

*Just kidding* – aber ich denke, die Kanadier werden es mir nicht übelnehmen, schließlich haben sie Humor! Es gibt sogar einen extra Eintrag auf Wikipedia darüber: *Canadian Humour.* Der Artikel beginnt mit dem Satz: *Canadian humour is an integral part of the Canadian Identity*[18] (s. Grund 106). Kanadischer Humor ist ein Bestandteil der kanadischen Identität. Auch das trägt natürlich zum Glück bei!

### 8. Grund

## Weil es noch unberührte Natur gibt

*And into the forest I go, to lose my mind and find my soul.*
(John Muir)[19]

Klingt nach diesen Esoterik-Aufbau-Sätzen, und im Grunde will natürlich keiner wirklich seinen Verstand verlieren … ABER:

Da ist ein großes Aber, denn sonst würden doch nicht so viele in der Wildnis Abenteuer suchen oder zumindest davon träumen. *Ruf der Wildnis* von Jack London ist ein Klassiker, *In die Wildnis* von Jon Krakauer ein Bestseller, und es gibt zahlreiche Bücher über Erlebnisse in der (kanadischen) Wildnis. Mit dem Kanu, mit Schlittenhunden, auf dem Yukon, durch die Wildnis, Winter in der Blockhütte … spannende Geschichten über Leben abseits der Norm und Reisen abseits der ausgetretenen Pfade. Es gibt offensichtlich etwas, was viele Menschen an diesen Abenteuern fasziniert. Gestern Abend habe ich eine Bärin mit zwei Jungen gesehen, direkt vor dem Haus, zum Glück getrennt durch den Fluss. Sie lief langsam am Ufer entlang, die beiden Kleinen trödelten hinter ihr her. Jetzt im August sind die Brombeeren reif, da kommen die Bären ins Dorf.

Und natürlich im Oktober, wenn die Lachse den Fluss hochkommen und kurz vor der Brücke sterben. Dann liegt der ganze Fluss voller toter Lachse, manche zerfallen bei lebendigem Leib, und Fleischfetzen treiben mit der Strömung zur Mündung. Dann kommen nachts die Bären, und nach zwei Tagen ist der Fluss wieder sauber. Ist es das, was fasziniert, das perfekte Zusammenspiel in der Natur? Es gibt nur noch wenige Orte auf der Welt, an denen man Natur erleben kann, die nicht von Menschen verändert wurde. Die meisten Wälder, die man sieht, sind keine ursprünglichen Wälder mehr, kein *first growth*. Die Wälder, die wir heute sehen, wurden aufgeforstet, sie werden wirtschaftlich genutzt und »gemanagt«. Man muss heute sehr weit reisen, um das Ursprüngliche zu finden.

Ist es die Suche nach dem Ursprünglichen, nach einem irdischen Paradies, das Menschen dazu bringt, tage- oder wochenlang die »Zivilisation« zu verlassen und auf einem *trail* durch die Wildnis zu gehen? Im wahrsten Sinne über Stock und Stein, das Gepäck auf dem Rücken, alles dabei vom Kaffee bis zum Schlafsack.

Im Diner im Dorf sitzt eine Gruppe junger Männer. Sie sind den »Nootka Trail« gelaufen, und als sie aufstehen, sieht der Tisch wie ein Schlachtfeld aus. Sie haben richtig gut gegessen und dazu richtig gut Bier getrunken. Nach einer Woche Mahlzeiten mit lauwarmen Gerichten aus Trockenpulver sind ein kanadisches Frühstück oder Burger mit Pommes ein Festessen.

Einer der Männer steht neben mir an der Kasse. Er sieht gleichzeitig erschöpft und glücklich aus. Ich frage ihn, ob er die Wanderung noch mal machen würde. Er sagt, nicht sofort. Aber irgendwann? Ja, auf jeden Fall!

Das gute Gefühl, etwas geschafft zu haben, seine Grenzen auszutesten, etwas Neues zu empfinden. Sich mit dem Kajak oder Kanu auf einem Fluss durch die Wildnis zu kämpfen. Beeren zu sammeln. Fische zu angeln. Pilze zu sammeln. Selbst wenn man es selber so nicht durchführen möchte, ist es faszinierend, Geschichten darüber zu hören.

Am besten abends am Lagerfeuer, wenn das Feuer flackert und die Nacht um einen herum so schwarz ist, dass einen jedes Geräusch aus dem Wald zusammenzucken lässt. Ist das ein Bär? Man möchte ihn sehen und dann vielleicht doch lieber nicht.

Wer diese Erlebnisse sucht, der ist in Kanada richtig.

9. Grund

## Weil Kanada gleich zwei Nationalsportarten hat

*Ah, it's not a bad game, but it's not old-time hockey.*

Das ist der Satz, mit dem man laut *So, You Want to Be Canadian* (Buch von Colburn/Sorensen)[20] angeblich jedes Hockeyspiel kommentieren kann. Auch wenn man keine Ahnung hat, worum es geht. Jeder sagt Hockey, aber gemeint ist natürlich *ice hockey*. Glaubt man den Klischees über Kanada, gehört Hockey zu Kanada wie Ahornsirup und Höflichkeit. Jeder Kanadier spielt Hockey oder sieht sich zumindest die Spiele an. Aber stimmt das auch?

Hier die Ergebnisse einer Umfrage unter kanadischen Freunden.

Alex schreibt: *I might be the only Canadian who doesn't regularly watch hockey.*

Na, mal gucken, ob das stimmt …

Tim schreibt: *Hi Anna, ich schreibe dir wegen des Hockeys. Viele meiner Freunde sagen, dass Hockey ein Teil unserer Kultur ist. Ich gucke die Spiele, aber so wie die Canucks* im Moment spielen, ist das schwer mit anzusehen. Hockey passt wirklich in diese ganze »Tim Hortons und wir sind hier in Kanada alle Schlittschuh laufende Holzfäller, die Ahornsirup machen und höflich sind«-Vorstellung.*

Greg schreibt: *Ich bin wirklich kein Sport-Fan. Ich glaube, dass Hockey, das professionell in der NHL** gespielt wird, sich über die Jahrzehnte verändert hat. Es war eine kleine Liga mit 6 Teams, 2 davon in Kanada, Toronto und Montreal. Heute sind es mehr als 20 Teams***, hauptsächlich US, und es scheint ein genauso großes, kommerzielles Business zu sein wie Basketball, Baseball und Football. Viel interes-*

---

* *Canucks: Eishockeymannschaft aus Vancouver.*
** *National Hockey League*
*** *Es sind sogar 31 Teams in der NHL.*

*santer ist das Amateur-Hockey, ganz besonders das Frauen-Hockey bei den Olympischen Spielen.*

Kim schreibt: *Als Teenager war ich ein großer Montreal-Fan, aber hauptsächlich wegen eines Spielers, also war ich wohl nicht so sehr Hockey-Fan. Aber es ist wunderbarer Sport, wenn er richtig gespielt wird. Mein Sohn würde zu Hockeyspielen gehen, wenn er es sich leisten könnte, aber sie sind zu teuer, also geht er stattdessen zu den Lions Football Spielen.*

Meine Nachbarin Louise schreibt: *Ich finde Hockey langweilig und langsam und mag das Kämpfen nicht.*

Alle schreiben mir übrigens, dass die Gewalt und die Kämpfe beim Eishockey so extrem zugenommen haben. Hockey wird seit dem 19. Jahrhundert gespielt. In der Wikipedia ist ein Foto, auf dem Lady Isobel in Toronto mit anderen Frauen 1888 Hockey spielt.[21] Sie war eine der ersten Eishockey spielenden Frauen, und nach ihr wurde der Isobel Cup der National Women's Hockey League benannt.

In den Jahren 2013–2015 waren 721.000 Hockeyspieler registriert, jetzt sind es gut 100.000 weniger. Auch die Zuschauerzahlen nehmen ab. Aber natürlich kennt immer noch jeder Wayne Gretzky, den berühmtesten Hockeyspieler Kanadas. Er hat in seiner 20-jährigen Laufbahn 894 Tore geschossen! Ähnlich berühmt ist der ehemalige Eishockeyspieler Tim Horton, allerdings mehr für die Gründung der gleichnamigen Fast-Food-Kette.

Und Lacrosse? Lacrosse ist der offizielle nationale Sommersport in Kanada, Hockey der offizielle nationale Wintersport. Wie viele Kanadier Lacrosse spielen ist schwer zu sagen. Es entstand aus einem Ballspiel der Ureinwohner Ost-Kanadas und ist einer der ältesten Mannschaftssports Nordamerikas. Hunderte von Teilnehmern kamen zusammen, die Regeln wurden jeweils am Vortag des Spieles festgelegt. So was wäre heute vermutlich überhaupt nicht mehr möglich, die prügeln sich ja sowieso schon viel zu viel auf dem Spielfeld.

Ja, Hockey ist zwar kein schlechtes Spiel, aber es ist eben nicht mehr das Gleiche wie früher, *it's not old-time hockey*!

10. Grund

## Weil in Kanada Cannabis legal ist

*I find it quite ironic that the most dangerous thing about weed is getting caught with it.*
(Bill Murray)[22]

Der Countdown läuft! Wenn Sie das hier lesen, ist Cannabis in Kanada legal. Damit ist Kanada das zweite Land der Welt, das Cannabis vollkommen legalisiert. Das erste Land ist? Na? Uruguay. (Hätten Sie das gedacht?)

Und so läuft der Countdown ab:

Die kanadische Regierung hat eine Seite, auf der man sich gründlich über Marihuana informieren kann. Ja, richtig, eine *WEBSEITE* des *STAATES* klärt über eine Droge auf. Und zwar im Sinne von: Das ist die Substanz, das bewirkt sie, auf diese Art und Weise kann man sie zu sich nehmen, und hier kann man sie kaufen. Und zwar bei uns, beim Staat.

In der Küche lerne ich beim Abwaschen und Kochen, wie man sich verhält, wenn man von dieser Substanz zu viel zu sich genommen hat. Der Radiosender CBC Radio One hat einen Notarzt aus Toronto eingeladen, der die Wirkung von Cannabis erklärt. Schließlich hat nicht jeder Erfahrung damit. Der Notarzt sagt, jetzt wo es legal wird, können auch Konsumenten in Versuchung kommen, die es bisher noch nicht probiert haben.

Aber nicht nur die, auch die alten 68er sind gefährdet. Wer lange nicht mehr gekifft hat, wird nicht damit rechnen, dass die THC-Werte im Cannabis heute höher sind als damals in den 60er-Jahren. Und es dauert eine Weile, sagt der Notarzt, bis der Verbraucher seine *proper serving size* herausfindet. Schließlich reagiert jeder anders, man muss also seine persönliche Dosis finden. Und was ist mit Kindern, die aus Versehen vom Vorrat der Erwachsenen naschen?, fragt der Radiosprecher. Der Notarzt erklärt, was passiert und wann man zum

Arzt muss. Auch die Polizei bereitet sich auf neue Einsätze vor. Der Konsum von Cannabis wird zwar legal sein, aber Auto fahren darf man natürlich nicht, wenn man es konsumiert hat. Darauf machen die Zeitungen seit Wochen aufmerksam. Es wird keiner sagen können, er habe das nicht gewusst.

Und die Polizisten selber? Die dürfen auch. *Police can smoke pot, but must be fit for duty*, lautet die Überschrift eines Artikels in der *Vancouver Sun*. Polizisten dürfen Haschisch rauchen, müssen aber fit für den Dienst sein.[23] (Eigentlich eine Selbstverständlichkeit, aber schön, dass die *Vancouver Sun* noch mal drauf hinweist.)

Und die Bierbrauereien? Die sehen nicht ihre Felle wegschwimmen, sondern arbeiten im Gegenteil mit Hochdruck an der Entwicklung einer Cannabis-Biersorte.

Auf der Seite des *Government of Canada* heißt es auch, man soll nicht davon ausgehen, dass sofort ab Tag X (der Tag wurde ein paar Mal verschoben, aber nun soll es wirklich losgehen) alles überall gekauft werden kann.[24] Das muss sich ja schließlich alles erst einspielen, und Essbares und Konzentrate werden erst im Laufe des Jahres auf den Markt kommen.

Alles in allem klingt es nach Aufbruch. Vernünftig ist die Entscheidung allemal, sie vollzieht nur, was in Kanada schon lange Realität ist. Nur dass die Ware bisher in illegalen *grow-ops* gezüchtet wurde. Bei uns im Dorf flog so eine *grow-op* mal auf, als es anfing zu schneien. Das kommt hier an der Westküste von Vancouver Island ja nicht so oft vor. Am nächsten Morgen waren die Straßen und die Hausdächer weiß. Nur ein Haus hatte ein schneefreies Dach. Weil dort nämlich für die Pflänzchen bis unters Dach geheizt wurde. Das war dann das Ende der Produktion.

Und wie ist die Stimmung in der Bevölkerung?

7 von 10 Kanadiern finden die Legalisierung gut. Mehr als die Hälfte würde einen Haschisch-Brownie oder -Muffin probieren. Fast 40 % sind bereit, *Cannabis cuisine* im Restaurant zu bestellen. Aber nur ein Viertel ist gewillt, das gewohnte Glas Bier oder Gläschen

Wein durch Cannabis zu ersetzen.[25] *Cannabis cuisine* ist natürlich nicht auf Restaurants beschränkt. Es gibt reichlich Webseiten, auf denen man Rezepte findet. Wie z.B. das für die *Ganja Gummy Bears*, Gummibärchen mit Kick zum Selbermachen.[26]

Das Image von Marihuana wandelt sich mit der Legalisierung. Im Supermarkt ist schon die Zeitschrift *Modern Marijuana* erhältlich. Ihr Zielpublikum ist nicht der *outdated pothead*, sondern der *smart and sophisticated Cannabis connoisseur*.[27]

Jetzt stellen sich womöglich die Restriktionen für den Alkoholverkauf in Kanada als großer Vorteil heraus. Dadurch hat der kanadische Staat nämlich jahrzehntelange Erfahrung im staatlichen Verkauf von Drogen. Na, und wer nicht will, der muss ja nicht. Aber für einige ist der Besuch eines *Cannabis cuisine*-Restaurants vielleicht eine Reise nach Kanada wert. Und die neue Biersorte macht doch auch neugierig, oder etwa nicht?

Kapitel 2

# On the Road – Unterwegs

## 11. Grund

# Weil die Autokennzeichen Slogans haben

*Wild Rose Country and Land of Living Skies.*
(Autokennzeichen Saskatchewan)

Die meisten der kanadischen Provinzen und Territorien zeigen durch einen Slogan auf ihren Autokennzeichen, was sie an ihrer Heimat so besonders finden. Natürlich haben die Schilder außerdem auch Nummern und Buchstaben, die die Autos identifizieren. Kanadische Nummernschilder sind allerdings nicht an das Auto gebunden, sondern an den Besitzer.

Wenn man das Auto wechselt, kann man sein *license plate* behalten. Wenn man die Versicherung wechselt ebenso. (Ich habe jetzt schon das dritte Auto mit dem gleichen Nummernschild. Ich hatte einige Monate lang sogar nur das Nummernschild und kein Auto dazu. Aber das ist eine andere Geschichte.)

Wenn man die Versicherung für das Auto abschließt, bekommt man Aufkleber für Tag, Monat und Jahr ausgehändigt, an dem die Versicherung ausläuft. Diese Aufkleber klebt man auf das hintere Nummernschild. In Alberta geht es gar nicht anders, die haben sowieso nur hinten ein Kennzeichen. Vorne ist nichts.

Aber das Ungewöhnliche an den Kennzeichen sind die Slogans. Jede oder doch zumindest fast jede Provinz und jedes Territorium hat einen Slogan, so wie ja auch jede Provinz ein Motto hat.

Ontario, die Provinz, in der sich die Hauptstadt Ottawa befindet, hat das Motto *Yours to Discover* oder *Tant à Découvrir* – so viel zu entdecken. Auch die Prince Edward Island hat den Slogan auf Englisch und Französisch: *Birthplace of Confederation* und *Berceau de la Confédération*. Die PEI hat sich zwar erst nach der Gründung Kanadas der Konföderation angeschlossen, aber dort fand 1864 die *Charlottetown Conference* statt, die 1867 zur Gründung Kanadas führte.

Quebec, die französischsprachige Provinz, hat einen kryptischen Slogan auf Französisch: *Je Me Souviens*, ich erinnere mich. Der Satz stammt von Eugène-Étienne Taché, Politiker und Architekt des Parlamentsgebäudes von Quebec. Er ließ den Satz unter das Wappen von Quebec in Stein meißeln. An was man sich dabei nun erinnert ist umstritten, dazu gibt es verschiedene Meinungen.

Der Slogan auf den Schildern des Territoriums Yukon: *The Klondike* bezieht sich natürlich auf den größten nordamerikanischen Goldrausch aller Zeiten (s. Grund 72). Das Territorium Nunavut hat keinen Slogan, aber einen Eisbären, die Aurora Borealis und einen *Inukshuk* auf dem Schild (s. Grund 101).

Manitoba nennt sich *Friendly Manitoba*. Ich versuche herauszubekommen warum, meine Recherche im Netz bleibt ergebnislos. Ich frage meine Nachbarin Louise. Ihre Antwort: »*I have no idea.*« Nehmen wir mal an, die Leute sind dort durchweg besonders freundlich.

Die Northwest Territories weisen mit *Spectacular Northwest Territories* auf ihre spektakuläre Natur hin, British Columbia betont, was viele so empfinden: *Beautiful British Columbia*. Und Nova Scotia ist *Canada's Ocean Playground*. Die Prärie-Provinz Saskatchewan mit der großen Weite lobt ihre weiten Himmel mit dem Slogan *Land of Living Skies*.

Alberta nennt sich *Wild Rose Country*. Und alle Frauen, die wie ich früher am Sonntagabend genüsslich die ZDF-Abendsendung *Im Tal der wilden Rosen* gesehen haben, werden sofort ein klares Bild von Alberta vor Augen haben.[28]

12. Grund

## Weil Fähren hier die Highways verlängern

*Add the Ferry to your travel plans,*
*and add memories to your journey.*
(NORTHUMBERLAND FERRIES)[29]

Eine Zeit lang gab es auf der Fähre auf der Strecke Vancouver-Nanaimo ein Buffet in der Cafeteria, das eine gendergerechte Werbung hatte. Für die Männer reichten vier groß gedruckte Worte: *All. You. Can. Eat.* Für die Frauen gab es einen kleingedruckten Text, in dem in zehnmal so vielen Worten detailliert die Vorzüge des Buffets angepriesen wurden: internationale Küche, exotische Geschmacksrichtungen, globaler Gourmet-Genuss etc.

*The way Atlantic Canada was meant to explored – by sea*, heißt es auf der Webseite der Fähren, die Nova Scotia, New Brunswick, und die Prince Edward Inseln miteinander verbinden (Dt.: Die Art, auf die die Atlantischen Provinzen entdeckt werden sollten – auf dem Seeweg).

Wer in Kanada unterwegs ist, wird wohl auch irgendwann eine Fähre benutzen. Nicht der schlechteste Teil der Fahrt! Auf den großen Fähren sind vorne und hinten Panoramafenster. Man sieht die Küste an sich vorbeiziehen, die Inseln, und manchmal auch Wale und Delfine. Es gibt eine Cafeteria (s.o.) und ein Café, eine Kinder-Spielecke und Internet. Und natürlich einen *gift shop* mit lokaler Literatur, Zeitschriften, Schmuck, Kleidung, Tüddeltaddel und Souvenirs.

Je kleiner die Fähre, desto kleiner das Angebot. Logischerweise. Das Boot, das die Passagiere von Langdale nach Gambier Island bringt, kann nur knapp 30 Leute mitnehmen und bietet so gut wie keinen Komfort, abgesehen von einem Sitzplatz. Klar, dass auf dieser Fähre auch keine Autos mitgenommen werden können. Wer auf Gambier Island ein Auto haben möchte, muss es per Floß einschiffen.

In Kanada sind Fähren oft Teil des Straßensystems, wie z.B. in Toronto, Vancouver und Quebec City. Insgesamt gibt es 181 Fährrouten in Kanada, selbst die Prärie-Provinzen haben 25 Fährverbindungen. Die Fähren sind für den Verkehr so wichtig, dass im Radio durchgesagt wird, wie voll die nächsten Fähren sind. Außerdem gibt es an wichtigen Terminals Webcams, auf denen man die aktuelle Verkehrslage sehen kann.

Die längste Straße Kanadas ist der *Trans-Canada Highway*. Er hat zwei Anfänge, *Mile 0* im Westen in Victoria und *Mile One* im Osten in St. John's auf Newfoundland. Von Meile Null bis Meile Eins sind es über 7.000 km. Damit ist der Highway die drittlängste durchgehende Straßenverbindung der Welt, nach der Transsibirischen Straße in Russland und dem Highway 1 in Australien.

Der *Trans-Canada Highway* ist die einzige Straße Kanadas, die durch alle zehn Provinzen führt. Ob es noch einen Highway auf der Welt gibt, der am Anfang und am Ende eine Fährverbindung hat? Beim *Trans-Canada Highway* jedenfalls ist es so. Im Osten setzt man mit der Fähre von Argentia oder Port aux Basques nach North Sidney über, im Westen führt er über die Fähre von Vancouver nach Nanaimo.

Die meisten Betreiber der Fähren sind in der CFA – der *Canadian Ferry Association* – zusammengeschlossen. Für die meisten Fährfahrten muss man ein Ticket kaufen. Die Fahrpreise sind immer wieder in der Diskussion. Denn Einwohner von Orten, die nur per Fähre erreicht werden können, sind auf die Fähren angewiesen. Für jeden größeren Einkauf, für jeden Arztbesuch. Und wenn die Fähren ein Teil des Straßensystems sind, müsste da nicht der Staat für günstige Preise sorgen?

Aber es gibt auch staatliche Fähren, auf denen man umsonst mitfahren kann. Die Kootenay Lake Ferry, die West- und Ostseite des Kootenay-Sees verbindet, ist laut Wikipedia »*the longest free scenic ferry in the world*«.[30] Wetterbedingt fährt sie allerdings nur im Sommer.

Meine längste Fährfahrt in Kanada dauerte 27 Stunden, eine Fahrt von Prince Rupert nach Port Hardy. Es kam Sturm auf, und die Fähre musste sich auf der Höhe von Bella Coola im Fjord verstecken. Als ich am nächsten Morgen in die Cafeteria kam, musste ich beim Geruch von Spiegeleiern leider wieder mal feststellen, dass ich nicht bei jedem Wellengang seefest bin. Da hätte mich keine Werbung der Welt zum Essen überreden können. Weder die schönen Worte der Gourmetküche noch das *All You Can Eat*. (Das schon gar nicht.) Aber mal abgesehen davon, war es eine wunderschöne Fahrt, die mir in guter Erinnerung bleiben wird.

13. Grund

## Weil ein Flug mit einem Buschpiloten ein Erlebnis ist

*Pioneers in the sky.*
(CBC)[31]

Mein West Coast Wild Adventure[32] beginnt damit, dass Louis einen Besen aus seinem Wasserflugzeug holt, auf die Schwimmer steigt und kräftig die Flügel abbürstet. Es ist Mitte Januar, es war eine kalte Nacht an der Westküste von Vancouver Island, und die Flügel sind vereist. Dann steigen wir ein. Vier Personen können in der Cessna 180 mitfliegen, aber wir sind heute nur zu zweit. Also kommt das Gepäck auf den Rücksitz, und los geht's.

Das Wasserflugzeug erinnert ein bisschen an einen VW, nur enger. Und damit werden wir gleich in die Luft steigen. Aber ich habe volles Vertrauen, ich weiß, Louis ist ein erfahrener Buschpilot, der seit 50 Jahren fliegt. Da irritiert mich auch der Schraubenzieher nicht, der in der Lenksäule steckt und offensichtlich irgendetwas festhält.

Louis erklärt mir die Kopfhörer, damit wir uns während der Fahrt verständigen können. Dann läuft der Motor an, das Flugzeug beschleunigt auf dem Wasser und hebt mit 96 km/h ab.

Wasserflugzeuge gibt es seit gut 100 Jahren. Sie haben mit dazu beigetragen, die unzugängliche Wildnis zu erschließen. Es gab keine Straßen, und die vielen Seen und Fjorde boten sich als Landefläche an. Es gibt auch heute noch Gebiete, die nur so erreicht werden können, wie z.B. der weite größtenteils unbesiedelte Norden über dem 60. Breitengrad. Dort bekommen die Flugzeuge im Winter Skis statt Schwimmer, sodass sie auf den Eisflächen landen können.

Auch heute noch gibt es in ganz Kanada selbstständige Buschpiloten wie Louis. Buschflieger fliegen Post, Medikamente und Ersatzteile ein, bringen Waldarbeiter in Camps, Arbeiter zu Fischfarmen und Touristen zu exklusiven *lodges*. Sie fliegen Wanderer zu abgelegenen *trails* (und holen sie wieder ab! Hoffentlich!!), Angler zum Fliegenfischen an die Seen in Saskatchewan und Abenteurer in die Wildnis im Yukon.

Louis lebt von verschiedenen Aufträgen. Er kontrolliert für die Regierung den Bestand von Seelöwen und Robben an der Küste, fliegt Touristen zu den heißen Quellen bei Tofino, zu *trailheads* für Wanderungen im Regenwald oder zum Sightseeing über die zerklüftete Küste Vancouver Islands.

Anderthalb Stunden dauert der Flug von Tahsis nach Ucluelet. Auf dem Flug werden Geschichte und Legenden lebendig. Louis zeigt mir die Resolution-Bucht im Nootka Sound, in der Käpt'n James Cook 1778 mit seinen Schiffen geankert hat. Von hier aus wurde British Columbia entdeckt. Während wir Yuquot überfliegen, wechselt Louis ein paar Worte über Funk mit dem Leuchtturmwärter und dreht eine Extrarunde, damit ich besser fotografieren kann (s. Grund 99).

Wir überfliegen Escalante, dort hat in einer einsamen *cabin* im Zweiten Weltkrieg angeblich ein deutscher Spion gelebt. Eines Tages war er verschwunden, das Mittagessen stand noch auf dem Tisch. Niemand weiß, was damals passiert ist …

Wir überfliegen das Land, auf dem Cougar Annie eine Gartenversandhandlung betrieben hat. Auch Cougar Annie ist eine Legende in dieser Gegend (s. Grund 95). Louis hat sie noch gekannt.

Wir sehen von oben eine ehemalige *residential school*, ein verlassenes Gebäude, unzugänglich an der Küste gelegen. »Es war furchtbar, die Kinder gegen den Willen ihrer Eltern aus ihrem Zuhause zu reißen«, sagt Louis. Er hat früher Kinder der *First Nations* in diese *residential school* geflogen. Eine Maßnahme der kanadischen Regierung, um die Kinder der »Wilden« zu zivilisieren. Eine Maßnahme, deren Auswirkungen bis heute in der Gesellschaft spürbar sind. Die letzte *residential school* wurde erst 1983 geschlossen. Jetzt bemüht sich die kanadische Regierung um Wiedergutmachung (s. Grund 82).

Nach anderthalb Stunden kommt Ucluelet in Sicht, ein kleiner Küstenort mit dem Slogan *Living on the Edge*, Leben am Ende der Welt. Wir landen im Hafen, und Louis vertäut sein Flugzeug am Anleger. Mitten im Wasser, angenagelt an einen Holzpfeiler, hängt ein Stoppschild. Für Flugzeuge? Für Boote?

In Ucluelet an Land mache ich ein letztes Foto von der Cessna mit der Aufschrift *West Coast Wild Adventure* und beschließe, dass das für mich ab jetzt die schönste Art des Reisens ist. Einzige Passagierin in einem Wasserflugzeug mit einem erfahrenen Piloten, der mir alles erklärt und noch mal umdreht und eine Extra-Runde dreht, damit ich besser fotografieren kann.

**14. Grund**

## Weil man in Kanada mit einem Kajak Schiff fahren kann

*There is always a safe harbour waiting for you.*
(Loveyourskeletons.com)[33]

So eine Fahrt mit einem Versorgungsschiff ist eine fantastische Möglichkeit, anderen bei der Arbeit zuzusehen und selber nichts zu tun. Auch heute noch gibt es Orte an der Küste, die keine Straße haben und daher per Schiff oder Wasserflugzeug versorgt werden müssen.

So versorgt zum Beispiel die »Uchuck III« seit über 60 Jahren von Gold River aus den Nootka Sound.

Von Ende Juni bis Anfang September kann man mittwochs und samstags mit der Uchuck Tagesausflüge nach Yuquot machen. Aber die Versorgung der Küstenorte muss natürlich das ganze Jahr über gewährleistet sein, also fährt das Schiff jeden Dienstag alle Orte an, an denen es etwas zu erledigen gibt, und nimmt auch Passagiere mit.

Es ist ein Sommertag Ende August, morgens um 8.00 Uhr. Die Passagiere machen es sich an Bord gemütlich. Ein Paar aus den Niederlanden guckt etwas verunsichert, alle außer ihnen sprechen englisch. Ein junges Paar hat eine große Kühlbox dabei. Es gibt Bänke und eine Art Gartenstühle an Deck, die man sich hinstellen kann, wo man möchte. Wir sehen dem kleinen *tugboat* zu, das wendig mächtige Holzstämme durch das Wasser schubst und dabei nicht umfällt, egal wie sehr es in Schräglage gerät.

Der Kran der Uchuck hievt Kisten, Fässer und Undefinierbares an Bord. Am Kai steht ein Pick-up beladen mit Autoreifen und Gasflaschen, die auch noch mitsollen.

Pünktlich um 9.00 Uhr geht es los, alles ist eingeladen, selbst die Kajaks. Sie gehören einer Gruppe aus Seattle, die sich im Nootka Sound aussetzen lassen will. Wir sind alle wetterfest gekleidet, besonders natürlich die Kajakfahrer. Hier draußen auf dem Wasser kann das Wetter jederzeit umschlagen, da muss man auf alles gefasst sein.

Nach einer Weile riecht es an Bord angenehm nach Curry. Die Köchin der kleinen Kantine bereitet das Mittagessen vor, sie kocht jeden Tag frisch, man kann ihr zusehen, wie sie in der Kajüte in zwei großen Töpfen rührt.

Ein Paar belädt ein himmelblau gestrichenes Ruderboot aus Holz. Der Mann verteilt das Gewicht gleichmäßig und sichert alles mit Seilen ab. Die Frau nimmt einen Muffin und einen *Bagel* aus den Vorräten und steckt zwei Äpfel in ihre Hosentaschen.

Um 11.30 Uhr legt die Uchuck am *Kendrick Arm Logging Camp* an. 90 Arbeiter arbeiten in diesem Holzfäller-Camp. Müll wird eingeladen, Benzinfässer werden ausgeladen. Der Kranführer balanciert die Ware in der Luft. Zwei Männer in schmutzigen orangen Arbeitsanzügen beladen einen Pick-up. Und alles zusammen sieht so richtig nach Männerspielzeug aus: der Kran, die Pick-ups, das Boot.

Mittags um 12 Uhr gibt die Köchin in der Kantine das Essen aus. In den beiden großen Töpfen sind Chilisuppe und Kichererbsensuppe entstanden. Die Sandwiches werden frisch zubereitet, dick belegt mit Roastbeef, Gurken, Salat und Tomaten. Das junge Paar plündert seine Kühlbox und gönnt sich einen üppigen Lunch an Deck.

Eine Weile später werden die acht Kajaks zu Wasser gelassen. Dabei kommt das Kajak auf eine Art Palette, wird vom Kran hochgezogen, auf das Wasser geschwenkt und zu Wasser gelassen. Wenn die Holzpalette tief genug im Wasser ist, schwimmt das Kajak. Man sieht den Kajakfahrern an, dass es ihnen nicht so ganz geheuer ist, aber am Ende sind alle auf dem Wasser. Ein paar Stopps später nimmt die Uchuck in Yuquot 15 erschöpfte Wanderer vom Nootka Trail an Bord (s. Grund 64).

Dann beginnt der Rückweg. Die Köchin hat frischen Kaffee gekocht, und immer, wenn es etwas Besonderes zu sehen gibt, läutet die Schiffsglocke, und der Kapitän macht eine Durchsage.

Wir sehen einen Killerwal und zwei Buckelwale. Das Boot stoppt, damit wir besser sehen können. Hier im Nootka Sound hat übrigens auch der Babywal Luna gelebt, über dessen Tod sogar die *Bild*-Zeitung in Deutschland berichtet hat (s. Grund 84).

Der nächste Stopp ist die Resolution Bay. Hier sieht es aus wie überall im Nootka Sound: Wasser, bewaldete Küste, kleine steinige Strände. Aber die Resolution Bay ist ein historischer Ort, denn hier hat 1778 Käpt'n Cook mit seinen Schiffen gelegen.

Um 17 Uhr sind wir wieder in Gold River. Die Männer der Uchuck beginnen mit dem Ausladen. Die Passagiere gehen von Bord. Wir haben jetzt lange genug Leuten bei der Arbeit zugesehen. Und die

Wale, Lunas Lieblingsbucht, Käpt'n Cooks historischer Liegeplatz, die Schönheit des Nootka Sounds und die schwebenden Kajaks waren eine interessante Zugabe. Und wenn man bedenkt, dass man sonst für eine zwei- bis dreistündige Walbeobachtung mindestens die gleiche Summe zahlt und viel weniger erlebt, dann war es auch noch ein richtig guter Deal. (www.getwest.ca)

15. Grund

## Weil jeder vierte Kanadier ein Boot besitzt

*A Canadian is somebody who knows*
*how to make love in a canoe.*
(PIERRE BRETON, 1973)[34]

Pierre Breton hat diesen Satz vermutlich doch nicht gesagt, steht aber trotzdem dazu. Ist ja auch eine schöne Aussage. Die beiden C's – Canada & Canoe – gehören in Million Lakes Country einfach zusammen. Warum also nicht auch ein bisschen *canoedling – in the evening* machen, wie es auf einer alten Postkarte[35] im Canadian Canoe Museum in Ontario heißt.[36] Übrigens dem einzigen Kanu-Museum Nordamerikas.

Aber geht das wirklich? Sex im Kanu? Laut einer Statistik des kanadischen Magazins *Maclean's* haben es die meisten Kanadier in Ontario (14 %) versucht, und die wenigsten in Manitoba und Saskatchewan (2 %).[37] Leuchtet ein, wenn man am Wasser wohnt, gibt es mehr Gelegenheit, und die Versuchung ist größer. Laut einer nicht repräsentativen Umfrage der Zeitung *The Globe and Mail* haben es konkret allerdings nur wenige Kanadier versucht – und dabei sind die meisten auch noch gekentert. Für diejenigen, die es ausprobieren wollen, gibt die Zeitschrift *Cosmopolitan* sogar Tipps zum canoe canoodling.[38]

Kanus haben für die Erschließung Kanadas eine große Rolle gespielt. »*Water is not just a metaphor in Canada; it is the means by which we discovered this continent and made it part of us*«, schreibt Adrienne Clarkson im Magazin *Canada's History* zum 150. Jahrestag der Gründung Kanadas. Wasser war die beste Möglichkeit, diesen Kontinent zu entdecken und zu einem Teil von uns zu machen. Die Flüsse und Seen sind Wege in der Wildnis.

Zwei Mio. Seen hat Kanada schätzungsweise, sie machen 7,6 % der Landfläche aus. Dazu kommen die Flüsse und eine Küstenlinie von fast 243.000 Kilometern! Die *coastline* von Kanada ist die längste Küste eines Landes der Welt.

Kein Wunder, dass 43 % aller Kanadier 2016 Boot gefahren sind. Die Kanadier besitzen 8,6 Mio. *recreational boats*, also Boote für die Freizeit, aber aus der Statistik wird nicht klar, ob auch Kanus und Kajaks mitzählen.[39] Seit ein paar Jahren braucht man in Kanada übrigens für Motorboote eine Lizenz. Kanus sind davon ausgenommen, solange sie keinen Motor an Bord haben. Jeder Küstenort hat eine oder mehrere Marinas, in der die Boote im Sommer liegen. Die meisten nutzen ihre Motorboote zum Angeln, und in den Marinas können die Fische dann auch gleich gewogen und ausgenommen werden.

Bei uns im Dorf gibt es jeden Freitagabend von Juni bis September *Rock on the Dock*, d.h. ein Buffet und dazu Live Music. Meist Folk, Country oder Blues. Die letzten Angler sind dann noch dabei, ihre Lachse zu zerlegen. Die Atmosphäre ist locker und leger. An den Waagen hängen die Fische an ihrem Kiefer an den Haken, das Maul leicht offen. Der Angler notiert das Gewicht und schreibt es an die Wand – täglicher Wettstreit, wer den größten Fisch gefangen hat. Weißkopfseeadler fliegen über das *Inlet*, manchmal taucht der Kopf einer Robbe auf, die das Treiben auf dem Dock beobachtet.

Ich gehöre nicht mehr zu den 43 %, die im Jahr Boot fahren. Erstens bin ich ja keine Kanadierin und zähle nicht zur Statistik, und zweitens ist meine Erfahrung mit Booten leider eher so, dass ich hinterher immer nass bin. Selbst ohne *canoedling* kippt mein Kanu erstaunlich oft …

16. Grund

## Weil der Alaska Highway in Kanada anfängt

*I survived the Alaska Highway.*
(Aufdruck auf Sweatshirts)

Der Alaska Highway endet zwar in Delta Junction, Alaska, aber er fängt in Dawson Creek, BC, und somit in Kanada an. Nicht zu verwechseln mit Dawson City, der Stadt mit dem Gold Rush (s. Grund 27). In Delta Junction, einem kleinen Ort mit erstaunlich vielen Restaurants, laufen Alaska Highway und Richardson Highway zusammen, und von hier aus sind es nur noch 1,5 Stunden bis nach Fairbanks. In Delta Junction haben wir den Alaska-Anfängerfehler begangen, ein ganzes Sandwich zu bestellen, also eins für jeden. Damit waren wir dann gleich für die nächsten Tage versorgt.

Der Alaska Highway wurde 1942 in Rekordgeschwindigkeit gebaut, 2288 km Highway durch die Wildnis, um militärisches Material aus den USA nach Alaska zu bringen. Heute ist der Highway durchgehend geteert, aber Wikivoyage empfiehlt trotzdem Vorsichtsmaßnahmen, wenn man sich auf diese Strecke begibt.[40]

Man soll Essen und Wasser für zwei Tage dabeihaben, außerdem Decken, ein Erste-Hilfe-Set und natürlich Reservereifen, denn der nächste Abschleppdienst kann 1.000 km entfernt sein. Man muss immer mit *potholes* (Löchern) und Rissen im Belag rechnen. Und im Winter kann es bis –40 °C werden. Da macht ein *emergency heating kit* Sinn: eine leere Kaffeedose aus Metall plus Teelichter und Streichhölzer. So hat man eine Notheizung für den Fall, dass man an kalten Tagen irgendwo in der Wildnis eine Panne hat.

Der Alaska Highway führt durch weite, unbesiedelte Gebiete, die wenigen Orte am Wegesrand sind berühmt. Watson Lake im Yukon mit seinem Schilderwald, dem *Sign Post Forest*. Angefangen wurde das Aufstellen der Schilder von heimwehkranken Soldaten, heute stehen dort mittlerweile eine halbe Mio. Straßen- und Ortsschilder aus der ganzen Welt. Dürfen Sie dort einfach Ihr Schild aufstellen? Theoretisch schon. Aber praktisch unmöglich wegen Platzmangel. In der Toad River Lodge irgendwo am Highway beeindruckt die Sammlung von Baseballkappen.

Schilderwald, Baseballkappen und unendliche Wälder – das sind die Bilder, die in Erinnerung bleiben.

Für mich sind es außerdem der Kinobesuch in Fort St. John (Film vergessen, aber ein wunderbar warmes Kino!), das Museum in Whitehorse, wo ein Schauspieler das Gedicht *The Cremation of Sam McGee* von Robert Service rezitierte. (Ein Gedicht, das man besonders gut versteht, wenn man in einem kalten Frühling in Kanada eine Campingtour macht …) Und die Grenze im Nichts am Beaver Creek. Dort ist Kanada zu Ende. Hier in der Nähe ist auch der Ort, wo die kälteste Temperatur überhaupt gemessen wurde – in Snag waren es am 3. Februar 1947 minus 62,8 °C. (Da werden allerdings auch die Teelichter in der Kaffeedose keine große Hilfe mehr sein.)

Ab Beaver Creek führt der Alaska Highway dann wirklich durch Alaska. Wer die Fahrt machen will, ohne sich Kälte, Pannen, und Teelichtheizung auszusetzen, kann das gemütlich zu Hause am PC tun. Jemand hat auf youtube Clips eingestellt, die die Fahrt auf dem Alaska Highway von Dawson Creek nach Tok in Echtzeit zeigen – 82 Folgen, ist ja schließlich eine lange Strecke.[41] Warum er die letzten 173 km nach Delta Junction nicht auch noch gefahren ist? Keine Ahnung.

17. Grund

## Weil man in Kanada Highways adoptieren kann

*So long, big city, it's time to say goodbye.*
*I'm longing for those country roads;*
*I need to see the sky.*
(Neil Diamond, *Blue Highway*)[42]

Ich habe etwas Neues für meine *bucket list* entdeckt! Vielleicht ist es ja auch ein Tipp für Ihre? Und zwar den Cabot Trail Highway in Nova Scotia. Laut *Lonely Planet* gehört dieser 300-km-Loop am Cape Breton zu den besten *road trips* der Welt.

Eine oft gestellte Frage zu diesem Highway lautet: Soll man ihn im Uhrzeigersinn fahren oder lieber andersrum? Antwort: Das kommt darauf an, ob Sie schwindelfrei sind. Für die wirklich Schwindelfreien gibt gegen den Uhrzeigersinn erst den richtigen Kick.

Kanada hat viele spektakuläre Highways. Am Anfang der Listen stehen meist der Cabot Trail, der Sea to Sky Highway und der Icefields Parkway. Der Sea to Sky Highway in BC führt 160 km von Vancouver nach Pemberton, etwas nördlich von Whistler. 45 km der Strecke hat man die steilen Berge auf der einen und den Blick auf das Wasser des Howe Sounds auf der anderen Seite. Der Icefields Parkway in Alberta führt mitten durch die kanadischen Rocky Mountains, 230 km Postkartenlandschaft von Lake Louise bis Jasper, mit vielen lohnenswerten Stopps. Sie werden sich also für zwei, drei Stopps entscheiden müssen, sonst kommen Sie nie in Jasper an.

Soll es das blaugrüne Wasser des Peyto Lake sein? Hier hat Bill Peyto gelebt, einer der ersten Wildnisführer in den Rockies und ein Mann, der sein raues Wild-West-Image mit Lederkleidung und Revolver konsequent pflegte.

Oder möchten Sie über das Geröllfeld laufen und die Gletscher am Columbia Icefield besichtigen?

Oder doch lieber den Mistaya Canyon, die Athabasca Falls oder die Tangle Falls besichtigen?

Viele Highways in Kanada haben einen Namen: Trans-Canada Highway, Yellowhead, Crowsnest, Alaska Highway, Coquihalla und so weiter. Die Highways haben aber nicht nur Namen, sondern können auch adoptiert werden. Am Straßenrand sieht man Schilder mit *Adopt a Highway* und darunter den Namen eines Vereins oder einer Firma. Das bedeutet, dass sich um diesen Abschnitt die »Adoptiveltern« kümmern, sie sammeln zum Beispiel Müll ein und entfernen Unkraut.

Insgesamt 38.000 km Highways hat Kanada, das ist für ein Land dieser Größe nicht mal viel. *Motorways*, d.h. richtige Autobahnen, gibt es nur in der Nähe der Metropolen, aber nicht als Verbindung. Wer also von Toronto nach Calgary oder Winnipeg will, kommt schneller ans Ziel, wenn er durch die USA fährt.

Das Gegenstück zum kurvigen Cabot Trail sind die Highways in den Prärien. Wie mit dem Lineal gezogene Straßen ziehen sich über Hunderte von Kilometern durch die ebene Landschaft, die auch fürs Auge wenig Abwechslung bietet. Meine Nachbarin, die viele Jahre in Moose Jaw, Saskatchewan wohnte, erzählte mir, dass sie früher auf den Autofahrten immer Bücher las. Und zwar nicht als Beifahrerin, sondern als Fahrerin! Ich war geschockt. Aber sie ist der Meinung, nicht lesen und vor Langeweile einschlafen wäre gefährlicher als beim Fahren zu lesen. Womöglich hat sie sogar recht.

Die einzige Fahrt, die man nicht in seine *bucket list* aufnehmen kann, ist eine Fahrt nach Nunavut. Zu dieser Provinz im Nordosten Kanadas gibt es keine Straßenverbindung.

18. Grund

## Weil ein Leben ohne Trucks, Pick-ups und Vans undenkbar ist

*Truckers have been known to tell stories as engaging as a fisherman …*
(TECHWORM.NET)[43]

»Wenn du einen Holzlaster um die Ecke kommen siehst, ziehst du den Kopf ein und duckst dich, sonst rasiert der dir glatt den Kopf ab mit seinen Baumstämmen«, das sind Judys Fahrtipps für die *logging roads* – Schotterstraßen in der Wildnis, die dazu dienen, eine Infrastruktur für die Holzindustrie zu schaffen (s. Grund 75).

Auf diesen Straßen haben die Holzlaster unbedingte Vorfahrt, schon deshalb, weil sie so schwer bremsen können. Ob das mit dem Kopf abrasieren stimmt, sei dahingestellt. Vielleicht ist es auch nur eine Legende, so wie der Ratschlag, in der Wildnis *cougar hats* zu tragen. Mützen, auf denen hinten Augen angenäht sind, weil Pumas angeblich nie von hinten angreifen.

Die *super-trucks* der Holzindustrie dürfen nur auf *logging roads* fahren, sie sind bis zu vier Meter breit und haben 200 Tonnen Gesamtgewicht! Ein wahrer Gigant unter den Lastern ist der »Terex Titan«. Von 1973 bis 1998 war er der größte Truck der Welt – fast 7 Meter hoch. Er hatte 16 Zylinder, 3.300 PS und wog voll beladen 548,6 Tonnen. Heute ist er eine Touristenattraktion in Sparwood, BC.

Aber auch die »normalen« Trucks sind beeindruckend. Die kantigen Zugmaschinen sind meist silbern, knallrot oder gelb, die Reifen fast mannshoch. Sie versorgen ganz Kanada – *from the Maritimes through the Rockies, from North to South*, heißt es auf einer Trucker-Webseite.[44] Von den Küstenprovinzen durch die Rockies, von Norden nach Süden. Sie fahren bis in die *remote areas*, die abgelegenen Gegenden, und ohne die Trucks wäre die Versorgung des riesigen Landes nicht möglich.

Selbst die meisten abgelegenen Orte haben ein Café und einen Laden, für die Lebensmittel, Haushaltswaren und Baustoffe herangeschafft werden müssen. Klar, dass die Waren dann entsprechend teuer sind. Je entfernter von den Metropolen, desto teurer wird der Einkauf im Supermarkt. Zwei Äpfel für 3 $, eine Zwiebel 1 $, eine Packung Vanilleeis und ein Becher Joghurt 20 $ – aber das ist natürlich immer noch besser, als selber den ganzen Tag unterwegs zu sein und Hunderte von Kilometern zu fahren. Auch der Transport der Waren nach Alaska läuft über Kanadas Highways.

Und was passiert, wenn so ein großer Transporter in der Wildnis kaputtgeht oder verunglückt? Dann wird das Essen verschenkt, ehe es verdirbt.

Meine Freundin Cathy wohnt mit ihrer Familie seit einem Jahr in Dease Lake im Norden BCs. Jeden Montag schickt sie eine E-Mail, in der sie über ihren Alltag und die Besonderheiten des Lebens so weit hoch im Norden berichtet:

*Freitag wurden wir mitten in der Nacht von einem Telefonanruf geweckt. Es war das Paar, das eine der Kirchen hier in Dease Lake betreut. Es war wieder ein Laster verunglückt. Dieses Mal war er mit frischem Alaska-Wildlachs beladen, auf Eis in 50-Pfund-Kartons. (…)*

*Durch all die Leute, die von diesem Laster Lachs geholt und verteilt haben, hat wohl die ganze Stadt am Samstagabend frischen Lachs gegessen. Wir haben es jedenfalls, gebacken mit Zitrone, Butter und Dill.*

*Immer wenn diese Lasterunfälle passieren, gehen wir durch ein Auf und Ab der Gefühle: Oh ja! Gratis Essen, super! Oh warte – geht es dem Fahrer gut? Es geht ihm gut? Nur eine kleine Beule am Kopf, aber sonst alles in Ordnung? Super! Lass uns das gratis Essen feiern.*

Wer so weit abgelegen wohnt, braucht zuverlässige robuste Autos. Da machen die Fords, GMCs und RAMs Sinn. Am besten mit Allradantrieb. Viele Straßen außerhalb der Metropolen sind Schotterstraßen, *gravel roads*. Viele Kanadier haben schwere Boote, die sie mit ihren Autos ziehen, wenn es im Sommer zum Angeln geht (s. Grund 15). Und wer alle zwei Wochen 350 Kilometer fährt, um für die Familie einzukaufen, kann den Stauraum in einem Van gut gebrauchen.

Ein Laster steht an der Tankstelle. Ein echter Brummi: eckige knallrote Zugmaschine, glänzender Chrom, mächtig, kräftig. Der Fahrer mit Cowboyhut. Der schnurgerade Highway im Hintergrund. Eine Touristin macht ein Foto. Solche Trucks sieht man in Europa nicht, die würden in vielen Orten gar nicht um die Ecken kommen.

### 19. Grund

## Weil die Eisenbahngesellschaft so stilvolle Hotels gebaut hat

*We travel not to escape life, but for life not to escape us.*
(UNBEKANNT)[45]

Ein anderer kluger Reisespruch lautet: *Worst travels make the best stories* – schlechte Reisen ergeben die besten Geschichten. So wie damals, als wir noch jung waren und ohne Hotelreservierungen reisten. Das führte dazu, dass ich eine Nacht in Vancouver in einem »Hotelzimmer« in Chinatown schlafen musste, in dem ich nicht aufrecht stehen konnte, so niedrig war die Decke. Oder zu dem Zimmer, in dem wir landeten, als wir bei der Ankunft in Vancouver eine Unterkunft buchten, die auf der Anzeigentafel in der Pacific Central Station aushing. Im »Hotel Sophie« (Name geändert).

In der Beschreibung klang es gut und erst als wir das bläuliche Licht des Namens flackern sahen, kamen uns Zweifel. Kurze Zeit später waren die Zweifel ausgeräumt. Ich sah zufällig, wie eine zierliche Chinesin die Tür zum Nebenzimmer öffnete, in dem ein Mann dick wie ein Wal auf dem Bett lag. Zwei Nächte schliefen wir in diesem zwielichtigen Etablissement, mit bläulich flackerndem Licht vor dem Fenster und Geräuschen aus dem Zimmer nebenan.

Am anderen Ende der Skala sind die Hotels, die die Eisenbahngesellschaft am Ende des 19. Jahrhunderts baute. Schlossartige Gebäude aus Granit mit Kupferdächern, die Geschäftsleuten, Touristen und Durchreisenden eine luxuriöse Unterkunft boten. Mit komfortabel ausgestatteten Zimmern, Empfangshallen mit dunklem Holz und Messingbeschlägen, und aufmerksamen Angestellten in Uniform. Viele dieser Hotels bestehen heute noch, sie gehören zu den besten und bekanntesten in Kanada, wie z.B. das Empress Hotel in Victoria, und die Hotels Chateau Lake Louise und Banff Springs in den Rocky Mountains.

Das Banff Springs Hotel war das zweite Hotel, das die Canadian Pacific Railway eröffnete. Das erste Grande Hotel der Eisenbahngesellschaft in einer Stadt war das Hotel Vancouver, das im Mai 1888 in Betrieb genommen wurde. Der Nachfolger dieses Hotels ist das Fairmont Hotel Vancouver. Das Frühstück ist richtig gut, von lecker zurechtgemachten Lachshäppchen bis zu cremigem Joghurt ist alles vorhanden. Müslis, Brote, herzhafte Käse. Dazu getrocknete Cranberrys, Nüsse und frisches Obst von Melone bis Himbeeren.

Die Preise für diese Luxushotels sind entsprechend, ähnlich teuer ist der Aufenthalt in einer *lodge*. Die teuerste Unterkunft Kanadas ist die King Pacific Lodge auf Princess Royal Island, BC.[46] Zur teuren Unterkunft kommt noch der Flug, denn anders kann man die Lodge nicht erreichen.

Aber es gibt auch günstige Hotels, und natürlich Motels, B&B und airbnb. Die Motels sehen irgendwie alle gleich aus. Ein lang gestreckter Bau, meist Erdgeschoss plus erster Stock. Fast immer liegen diese Motels an den Ausfallstraßen der Orte. Sie haben Namen wie Blue Sky Motel, Riverside Motel oder Harbour Inn. Wenn man nachts aufwacht, muss man eine Weile überlegen, in welcher Stadt man sich befindet. Selbst die Tagesdecken auf den Betten sehen aus, als ob sie alle vom gleichen Lieferanten kommen. Aber die Zimmer sind sauber und meistens hat man eine Mini-Küche mit Mikrowelle, Kühlschrank und Kaffeemaschine im Zimmer.

Vorsicht ist manchmal bei einigen günstigen »Hotels« angebracht. Wenn man von drinnen laute Musik hört, während einem eine sexy gekleidete Frau mit hochtoupierten Haaren sagt: »Suchen Sie sich lieber etwas anderes«, dann sollte man dem Ratschlag folgen (zumindest wenn man das Hotel nicht nur für eine Stunde will, sondern für die ganze Nacht).

Eine weitere Art durch Kanada zu reisen ist ein Wohnmobil zu mieten. Dann ist man unabhängig, flexibel und muss weniger im Voraus buchen (s. Grund 20). Aber das eine schließt das andere ja nicht aus. Schließlich kann man durchaus im Wohnmobil durch das Land reisen und sich trotzdem den *afternoon tea* im Empress Hotel in Victoria gönnen. Oder zumindest eine Nacht in einem der schönen Eisenbahnhotels wohnen, die an die alte Zeit erinnern.

## 20. Grund

# Weil Campingplätze hier so groß wie Baugrundstücke sind

Schon mal was von *Glamping* gehört? *Glamping* erfreut sich zunehmender Beliebtheit. *Glamping* hat eine eigene Wikipedia-Seite, sogar in sieben Sprachen. *Glamping* ist seit einigen Jahren ein offizielles Wort im *Oxford Dictionary.* Aber was ist *Glamping* nun eigentlich?

*»Glamping is where stunning nature meets modern luxury.«* (Glamping.com)[47]

Glamping ist, wenn moderner Luxus und überwältigende Natur zusammenkommen. Das Wort *Glamping* entstand aus *glamour* plus *camping* und ist etwas für Leute, die einerseits das Erlebnis Natur möchten und trotzdem nicht auf Luxus verzichten wollen. Die Unterbringung ist in Edel-Zelt, Baumhaus, Hütte, Tipi oder Jurte, und das an den schönsten Stellen der Welt. Dementsprechend sind die Preise, da kann die Nacht durchaus 1.535 $ kosten.

Das Buch *Camp Free in B.C.* ist dagegen mittlerweile nur noch antiquarisch zu haben.[48] Der Titel hielt auch nicht, was er versprach, aber es machte trotzdem Sinn für uns, weil wir dadurch auf unseren Reisen günstige Campingplätze fanden. Kanada ist das perfekte Land zum Campen. Die Kanadier sind sowieso Outdoor-Fans, wie schon das Angebot zur Sommersaison in den entsprechenden Läden zeigt (s. Grund 62). Von Mai bis Oktober sind die Camper unterwegs und die Campingplätze gut gefüllt.

Es gibt sowohl staatliche als auch private Campingplätze. Besonders groß und schön sind die staatlichen Campingplätze in den Naturparks. Jeder einzelne Stellplatz ist riesig, mit der Enge auf vielen europäischen Campingplätzen hat das nichts zu tun. Auf dem Platz gibt es einen Holztisch mit zwei Bänken und eine Feuerstelle, und zum Nachbarplatz Sichtschutz durch große Bäume und Büsche. An zentralen Stellen auf dem Gelände gibt es einfache Toiletten und Wasserhähne. Die Campinggebühr beträgt je nach Ort um die 20 Dollar. Für beliebte Plätze empfiehlt sich in der Hochsaison allerdings eine Reservierung. In abgelegenen Regionen gibt es aber auch immer noch *camp free*-Campingplätze. Es gibt einige Webseiten, auf denen man die entsprechenden Infos findet.*

Die meisten kanadischen Camper stellen allerdings keine Zelte auf, es sei denn das Extra-Zelt für die Kinder. Kanada ist das Land der Wohnmobile. Die »RVs«, die *recreational vehicles,* sind überall unterwegs. Viele Kanadier haben ein Wohnmobil, und auch viele Touristen mieten sich *Rvs* für ihre Tour.

Manche Touristen, die länger bleiben, kaufen sich auch einen Camper, den sie am Ende der Reise wieder verkaufen. Neulich traf ich ein junges Paar aus Deutschland, die sich so einen Camper gekauft hatten. Er war voll ausgestattet, einschließlich eines singenden Fisches an der Wand! Mit zwei Liedern zur Auswahl! (Wie hießen noch mal die beiden Lieder? Kurz gegoogelt und dabei Big Mouth

---

* *Z.B. hier: www.tour-guide-canada.com/free-campsites.html*

Billy Bones entdeckt – ein singendes Fischgerippe, das sich bewegt … lieber aufgehört zu googeln).

Wildcampen ist übrigens nicht oder nur sehr eingeschränkt möglich. Die einzige legale Möglichkeit, die Nacht umsonst zu verbringen, ist auf einem Parkplatz vor einem Walmart. Deswegen sieht man dort Nacht für Nacht aufgereiht Wohnmobile stehen. Man könnte es also als *Walmamping* bezeichnen.

Zwischen *Walmamping* und *Glamping* gibt es zum Glück ein großes Mittelfeld an Campingmöglichkeiten. Einen Vorteil hat das Campen auf jeden Fall: Man ist mobil und flexibel. Wenn's nicht gefällt, kann man weiterziehen, wenn's schön ist noch ein bisschen bleiben.

Oben fehlt der Spruch? Okay – hier ist einer:

*Camping is the answer.*
*Who cares what the question is.*[49]

## Kapitel 3

# City Lights

21. Grund

## Weil Vancouver zu den Top 5 der lebenswertesten Städte der Welt gehört

*By Sea, Land and Air We Prosper.*
(MOTTO DER STADT VANCOUVER)

Zu Wasser, zu Lande und in der Luft schaffen wir Wohlstand, lautet das Motto der Stadt Vancouver. Das ist der Stadt gelungen. Entstanden ist Vancouver aus einer Mischung aus Goldrausch, Sägewerken, der Eisenbahn und einem Saloon. Mit dem *Fraser Gold Rush* kamen die Männer ins Land. Die Sägewerke lieferten Holz in die ganze Welt – selbst der Kaiser von China bestellte Balken für das Tor des Himmlischen Friedens in der Verbotenen Stadt. Der englische Dampfschifffahrtskapitän John Deighton eröffnete einen Saloon für die Seeleute und Sägewerksarbeiter. Und 1885 war die Eisenbahnverbindung von Ost nach West ist fertig (s. Grund 93).

1886 wird die Stadt Vancouver gegründet. Und jetzt, gut 130 Jahre später, zählt Vancouver zu den besten Städten der Welt. Es gibt viele Seiten, auf denen die besten, lebenswertesten, glücklichsten Städte gelistet werden. Vancouver ist überall auf den ersten Plätzen.

Hier meine ganz persönlichen Gründe, Vancouver zu lieben:

Die Luft, das Licht, der Blick – die Großstadt Vancouver liegt am Wasser und in der Nähe von Bergen. Man kann auf dem False Creek mit einem Wassertaxi oder Kajak fahren, und am Jericho Beach am Strand spazieren gehen und den Sonnenuntergang sehen – alles mitten in der Stadt mit Blick auf die Berge!

Kleine getrocknete Fische und für mich Undefinierbares in den Auslagen, Regale mit Tees und Kräutermedizin, chinesische Tusche und Pinsel und Mah-Jong-Spiele findet man in Chinatown um die Main Street. Und der Dr Sun Yat-Sen Classical Chinese Garden ist der erste außerhalb Chinas angelegte Chinesische Garten, eine Oase in der Stadt (s. Grund 100).

Das Museum of Anthropology auf dem Gelände der Universität hat eine umfangreiche Sammlung an Kunst und Kunsthandwerk der *First Nations.* Hier ist auch die berühmte Skulptur von Bill Reid über die Entstehung der Welt *Raven and the First Men* (Rabe und die ersten Menschen). Der West Broadway ist nur eine der vielen Straßen, die mit Läden und Restaurants, Bistros und Cafés zum Bummeln einladen. Außerdem lohnt sich natürlich ein Shoppingbummel auf der Robson Street. Etwas exklusiver auf der Alberni Street. Wer es ganz exklusiv mag, findet im Fairmont Hotel Downtown Läden von Dior, Hermes, Gucci und Co.

Die angeblich weltbesten *cinnamon buns* gibt es bei Grounds for Coffee in der Alma Street Nr 2565. Schon auf der Straße duftet es nach Zimt und Gebackenem. Und egal, ob es nun die weltbesten oder nur einfach richtig gute leckere sind – wenigstens einmal sollte man diese gerollten Zimtkuchen mit Frischkäse-Zuckerguss probieren, am besten mit Butter (Kalorien hier oder her). Denn *cinnamon buns* gehören in Kanada einfach dazu (s. Grund 36).

Für Kunstliebhaber lohnt sich ein Besuch in der Vancouver Art Gallery mit Bildern von der *Group of Seven* und Emily Carr (s. Grund 105). Der Museumsshop ist klasse zum Stöbern für Mitbringsel und Kunstbücher. Und wer nicht ins Museum möchte, aber eine angenehme Esplanade für einen Snack sucht, ist dort in der Cafeteria gut aufgehoben.

Granville Island ist mein absoluter Lieblingsort in Vancouver. Auf dieser Insel mitten in der Stadt, entstanden in einem ehemaligen Industriegebiet, findet man einen Markt mit lokalen Produkten, Restaurants, und Läden und Ateliers für Kunsthandwerk. Der Kids Market ist ein Spielzeugparadies für die Kleinen. Straßenkünstler bieten an mehreren Stellen Musik. Aber Achtung, Möwen! Wer draußen mit Blick auf die Boote isst, sollte auf sein Sandwich gut aufpassen (s. Grund 110).

Das edelste Kunsthandwerk findet man auf dem Circle Craft Market im Convention Centre am Canada Place. Hier stellen im

November die besten Kunsthandwerker aus ganz Kanada aus (s. Grund 102).

Gastown heißt das Viertel um die Water Street mit den vielen Souvenirläden. Hier steht auch die berühmte, überall abgebildete Dampfuhr, die alle Viertelstunden eine kleine Melodie spielt. Am Ende der Water Street auf dem Maple Tree Square steht in Bronze John Deighton, genannt *Gassy Jack*. Nach ihm – dem Gassy Jack, dem geschwätzigen Jack – wurde der Stadtteil benannt, weil er hier seinen Saloon betrieb.

Und zum krönenden Abschluss kann man sich ein Essen im Top of Vancouver Restaurant im Harbour Centre gönnen. Das Essen ist gut, der Blick fantastisch – in einer Stunde dreht sich das Restaurant einmal, und wenn man dort abends isst, kann man nicht nur den Rundblick über Vancouver, sondern auch gleich noch den Sonnenuntergang genießen.

Das ist natürlich noch lange nicht alles! Es gibt den 400 ha großen Stanley Park, Grouse Mountain, die Suspension Bridge, Canada Place, Science World and *much, much more …*

**22. Grund**

## Weil in Victoria im Winter die Rosen blühen

*Victorians take their snowfalls very seriously.*
(VISITORINVICTORIA.CA)[50]

»Du verbringst deine Winter in Kanada?«, war jedes Mal die ungläubige Frage, wenn ich im November oder Dezember nach Kanada flog. Allerdings flog ich nicht nach Pangnirtung in Nunavut, Whitehorse im Yukon oder Chibougamau in Quebec, sondern nach Vancouver Island im Südwesten BCs. Und das ist ein großer Unterschied.

Natürlich schneit es auch in Victoria. Am 9. Dezember 2016 waren es 10 cm Schnee, eine echte *snowpocalypse* für die Einwohner der *Garden City* Victoria. Wenn das passiert, lacht sich der Rest des Landes tot, und die Tageszeitungen veröffentlichen hämische Cartoons. Mit anderen Worten, man sieht in Victoria eher Rosen im Dezember blühen als Schnee liegen. Und *Anna's Hummingbird*, der Annakolibri, überwintert sogar in Victoria! Victoria hat das mildeste Klima von ganz Kanada. Im Sommer sind es selten über 30 °C, im Winter selten unter null.

Victoria liegt an der Südspitze von Vancouver Island, in dieser Metropole wohnen ca. 360.000 Menschen, das sind mehr als die Hälfte der Einwohner Vancouver Islands, das ja immerhin so groß wie die Niederlande ist. Die Stadt entstand wie so viele Städte in Kanada durch einen Handelsposten der Hudson's Bay Company und wurde durch den Goldrausch groß (s. Gründe 92 und 72). Benannt wurde der Handelsposten 1843 nach der damaligen Königin der Kronkolonie Britisch Kolumbiens, Queen Victoria. 1866 wurde Victoria Hauptstadt von BC und ist es bis heute. Und auch die Queen ist nach wie vor das Staatsoberhaupt von Kanada (s. Grund 91).

Die Innenstadt mit dem Parlament, den Geschäftsgebäuden in der Government Street und dem mächtigen Fairmont Empress Hotel hat auch heute noch ein ausgesprochen britisches Flair.

Das Fairmont Empress gehört für das *National Geographic Traveler Magazine* (amerikanische Ausgabe) zu den »*World's Most Iconic Hotels*«[51]. Hier kann man übrigens seit der Eröffnung 1908 jeden Nachmittag in der Lobby Lounge den *afternoon tea* genießen. Mit vorheriger Reservierung, versteht sich. Preis 78 $ plus *tax*, die Champagner-Version etwas teurer, aber auf der anderen Seite: wenn schon, denn schon! Es ist ein absolut stilvolles Ereignis, das sich immerhin täglich mehr als 400 Gäste gönnen (*www.teaattheempress.com*).

Danach bietet sich ein Stadtrundgang durch die Innenstadt an. Vom Fairmont Empress aus schlendert man durch die Government St zum Schaufensterbummel und Shoppen. Hier befindet sich laut *National Geographic*[52] übrigens die drittbeste Buchhandlung der Welt: Munro's Books (s. Grund 103).

Ein Stückchen weiter in Richtung Chinatown in der Government St 1318 zwischen Johnson St. und Yates St. ist Roberta's Hats, ein Laden mit Hüten für Männer und Frauen in allen Formen und Farben, aus Wolle oder Stroh, vom Barett bis zum Bowler. 300 Meter weiter beginnt Chinatown. Es ist die älteste Chinatown Kanadas, und nach San Francisco sogar die zweitälteste Nordamerikas. Jetzt links in die Fisgard St einbiegen, und nach 100 m gibt es auf der linken Seite eine schmale Gasse, deren Eingang man leicht verpassen kann: die Fan Tan Alley. Die schmalste Gasse des Landes, mit kleinen Läden von Kunsthandwerkern und Designern.

Zwei Orte, die man unbedingt besichtigen sollte, sind das Royal BC Museum und die Butchart Gardens. Besonders sehenswert im Museum sind die First Peoples Gallery über die Kultur der First Nations, und die Becoming BC Gallery über die Entstehung Britisch Kolumbiens.

In diesen Räumen geht man durch die Kulissen einer historischen Stadt: die Räume eines Hotels, die Eisenbahnstation von Port Moody, und ein altes Kino, in dem in einer Dauerschleife *Gold Rush* von Charlie Chaplin läuft. Hier ist auch ein Nachbau der *Discovery*, des Schiffs, das unter Käpt'n Vancouver fuhr. Der Vorgänger dieser *Discovery* war eines der Schiffe, mit denen Käpt'n James Cook 1778 im Nootka Sound landete (s. Grund 99).

Der zweite Ort, den man unbedingt besuchen sollte, sind die Butchart Gardens, die Gärten in Brentwood Bay, knapp 20 km nördlich von Downtown Victoria (s. Grund 78). Es lohnt sich, selbst im Winter. Im Dezember bietet der Garten eine grandiose Beleuchtung für die Weihnachtsstimmung. Nur Schnee gibt es dazu eher selten, es sei denn, Victoria erlebt gerade wieder eine *snowpocalypse*.

23. Grund

# Weil auf Vancouver Island die Zeit etwas langsamer geht

*Relax, this ain't the mainland.*
(Autoaufkleber auf Vancouver Island)

»Entspann dich, das ist nicht das Festland«, heißt es auf einem Autoaufkleber, den Autos auf Vancouver Island gerne am Heck haben.

Inselgefühl auf einer Insel, die so groß wie die Niederlande ist, aber mit 750.000 gerade mal so viele Einwohner wie Frankfurt am Main hat. Damit zählt Vancouver Island in Kanada übrigens zu den besiedelten Gebieten!

Neulich saß ich in einem kleinen Café in Chemainus. Chemainus ist berühmt für seine *murals*: 42 Wandgemälde zur Geschichte der Stadt machen das kleine Zentrum zu einer Freiluft-Galerie. Es war Sonntag, und in der Hauptstraße fand ein großer Flohmarkt statt. Eine Frau setzte sich zu mir an den Tisch und begann ein Gespräch, so wie es hier in Kanada oft üblich ist (s. Grund 43).

Sie kam aus Port Hardy, der nördlichsten Stadt von Vancouver Island. Von dort aus fährt das Fährschiff nach Bella Coola und Prince Rupert. Es stellte sich heraus, dass wir beide unser *grocery shopping*, also unsere Lebensmitteleinkäufe, in Campbell River machen. Sie fährt von Port Hardy aus nach Campbell River, ich von Tahsis. Sie hat den längeren Weg, aber die besser ausgebaute Straße, so fahren wir beide gut zweieinhalb Stunden, eine Strecke. Dieses *grocery shopping* erklärt vermutlich, warum Campbell River trotz seiner nur 35.000 Einwohner eine so gute Infrastruktur hat; die Stadt versorgt schließlich das ganze nördliche Drittel von Vancouver Island.

Der Süden und die Ostküste bis Campbell River sind relativ dicht besiedelt. Allein im Großraum Victoria wohnt gut die Hälfte aller Einwohner Vancouver Islands. Die Westküste, das Inland und der Norden sind größtenteils Wildnis, die Orte vereinzelt und klein.

Vancouver Island bietet für jeden etwas: die Großstadt Victoria mit Restaurants und Kultur, und attraktive kleinere Städte wie Nanaimo, Courtenay, Comox, Campbell River an der Ostküste, Tofino und Ucluelet an der Westküste und im Norden Port McNeill und Port Hardy. Und dazu eine spektakuläre Natur: Berge und Pazifik, die Strait of Georgia mit den vielen Inseln zwischen Vancouver Island und Festland, Fjorde an der Westküste, und Flüsse und Seen für Kajak und Kanutouren im Inland.

Und natürlich *wildlife*. In Küstenstädten wie Tofino und Campbell River kann man Wal- und Bärenbeobachtungen buchen. In den Fjorden und in der Strait of Georgia tummeln sich die Robben. Weißkopfadler jagen über den Flüssen, und Bergpumas leben in den Bergen. Insgesamt 7.000 Schwarzbären leben auf Vancouver Island, kein Wunder, dass sie manchmal sogar in die Orte kommen (s. Grund 54).

Auf Vancouver Island ist der älteste *Provincial Park* von BC, der 1911 gegründete Strathcona Provincial Park. In diesem Park befinden sich die »Della Falls«, die mit 440 m fast achtmal höher als die Niagarafälle sind! Aber im Gegensatz zu den überlaufenen Niagara Falls sind sie relativ unzugänglich. Man kann sie nur per Hubschrauber oder durch Bootsfahrt plus Wanderung zu erreichen. An der Westküste im Süden ist der Pacific Rim National Park Reserve mit dem mittlerweile berühmten West Coast Trail. Dieser Trail ist so gefragt, dass die Anzahl der Wanderer, die täglich starten dürfen, auf 75 Personen pro Tag begrenzt werden musste (s. Grund 64).

Manchmal treffen diese beiden Welten aufeinander. Die beiden Gäste im Aufzug des Hotels Chateau Victoria sehen aus, als ob sie seit Tagen nicht geduscht haben. Haben sie auch nicht, sie haben den West Coast Trail bewältigt. Jetzt kommt die heiße Dusche als Belohnung. Danach vermutlich ein gutes Dinner in einem der vielen Seafood-Restaurants von Victoria, wie z.B. im Finn's in der 1208 Wharf St.

Für mich ist das Beste an Vancouver Island, dass man hier alles haben kann. Natur und Komfort, Wildnis und Stadt liegen dicht beieinander. Vancouver Island ist der Grund, warum ich seit über 20 Jahren jedes Jahr einige Monate in Kanada verbringe. Weil hier das Leben nämlich wirklich entspannt ist.

### 24. Grund

## Weil in Calgary das größte Rodeo der Welt stattfindet

*Calgary is Canada in a Stetson.*
(Lonely Planet)[53]

Und das beginnt gleich auf dem Flughafen von Calgary. Die Airport Ambassadors, die freiwilligen Helfer auf dem Flughafen von Calgary sind nicht zu übersehen in ihren roten Westen und weißen Hüten. Seit 1991 gibt es die White Hat Volunteers am YYC, 440 Volontäre, von denen jeder vier Stunden in der Woche den Ankommenden am Flughafen für Infos und Hilfe zur Verfügung steht.

Ein Programm, das es übrigens an vielen kanadischen Flughäfen gibt. Und anscheinend brauchen sich die Flughäfen keine Sorgen um Nachwuchs zu machen, der Flughafen von Edmonton hat sogar eine Warteliste, in die sich Bewerber eintragen lassen können, wenn sie *Airport Ambassador* werden möchten.[54]

Genauso freundlich und offen wie die Ankunft ist der Aufenthalt in der Stadt. Calgary gehört übrigens zu den fünf saubersten Städten der Welt! Die Straßenbahn in der Innenstadt ist im Downtown-Bereich kostenlos. Einfach einsteigen und mitfahren. Um die Innenstadt von Calgary für Fußgänger attraktiver zu machen, gibt es die »+15 Skyways«. Ein 18 km langes System aus überdachten Fußwegen und Brücken, sodass man bei Regen trockenen Fußes und im Winter warm durch die ganze Innenstadt gehen kann. Und zwar durch die Gebäude hindurch. Also so sieht es konkret aus: Die Hochhäuser in Calgarys Innenstadt sind durch überdachte Brücken miteinander verbunden, die 15 Fuß (4,5 m) hoch über der Straße verlaufen. Daher der Name »+15 Skyways«.

Vom Calgary Tower hat man einen schönen Blick auf die Stadt: den Bow River, das Rathaus, den Saddledome – Multifunktionshalle und Arena des Eishockeyvereins Calgary Flames (s. Grund 9).

Um den Saddledome liegt das *Stampede*-Gelände. Seit 1912 gibt es die *Stampede*. Das bedeutet, dass Calgary zehn Tage lang für alles andere lahmgelegt ist, weil jeder zum Rodeo geht. Mein Sitznachbar im Flugzeug erzählt, dass er jedes Mal für die gesamte Zeit eine Familienkarte kauft, da können sie zu allen Veranstaltungen gehen. Zum *tie-down roping* (Kälber mit einem Lasso einfangen), *bull riding*, bei dem sich der Reiter acht Sekunden auf dem Bullen halten muss, *saddle bronc* und *bareback bronc* (Reiten mit und ohne Sattel auf widerborstigen Pferden), und zu den vielen Musikveranstaltungen. Das Rodeo in Calgary ist die größte Rodeo-Show der Welt, die größte Freiluftveranstaltung der Welt, und zieht 1,5 Mio. Besucher jährlich an.

Im Olympic Plaza, dem kleinen Olympia Park in der Innenstadt, wurden während der Olympischen Winterspiele 1988 die Medaillen verliehen. Und so kommt es, dass man hier den Namen Katarina Witt findet, die damals für die DDR im Eiskunstlauf die Goldmedaille gewann.

Im Olympic Plaza befindet sich auch die Statuengruppe der *Famous Five*: Emily Murphy und ihre Mitstreiterinnen. Emily Murphy wird 1916 Richterin, aber ihre Bewerbung, für den Senat zu kandidieren, wird abgelehnt, da sie als Frau nicht als *person* gilt. Emily Murphy zieht vor den obersten Gerichtshof und gewinnt. Die *Famous Five* waren sogar eine Zeit lang auf den 50-$-Noten abgebildet.

Der Olympic Plaza liegt gleich in der Nähe der Stephen Ave. Die Stephen Ave ist eine Fußgängerzone auf der 8. Ave SW, und dort findet man Restaurants, Bistros, Cafés. Hier ist auch *der* Spezialladen für Westernkleidung! Vom Stiefel bis zum Stetson findet man bei Lammle's Western Wear alles – nur für den Fall, dass Sie sich nun auch so einen Stetson zulegen möchten.

25. Grund

## Weil in Montreal aus Straßenkunst einer der besten Zirkusse der Welt entstand

*Life is full of adventure.*
*There's no such thing as a clear pathway.*
(GUY LALIBERTÉ)[55]

20 aktuelle Produktionen, 160.000 Mio. Zuschauer, Auftritte in 400 Städten. Das ist der Cirque du Soleil heute, ein Unternehmen mit 5.000 Angestellten und Auftritten weltweit. Gegründet wurde er 1984 von Guy Laliberté in Montreal.

Überhaupt – Montreal!

»Vielfalt von Kulturen, eine vibrierende, dynamische Stadt mit guten Restaurants, eine Art kleines New York, und so grün mit seinen Bäumen und Parks überall! Und im Sommer die vielen Festivals, die das Leben feiern, und *Tam-Tams*, das Kult-Trommeln und Gemeinschaftspicknick im *Parc du Mont Royal* an den Sonntagen ...« Carl kommt richtig ins Schwärmen, als ich ihn frage, ob Montreal eine hohe Lebensqualität hat. Er kann es vergleichen, er hat 20 Jahre in Vancouver gelebt, dann eine Zeit lang in Florida, jetzt ist er wieder in Montreal.

Ich frage ihn, ob er auch findet, dass es in Montreal mehr Musiker und mehr Festivals als in anderen kanadischen Städten gibt. Seine Antwort: *YES YES on all counts!* Absolut, auf jeden Fall.

Außerdem hat Montreal die französische Kultur des *joie de vivre*, bei dem Familie und Leben wichtiger sind als die Arbeit. Und der Kaffee ist mindestens so gut wie in Italien, es gibt sogar ein Little Italy. (Carl empfiehlt die »Bar Sportivo«, 6804 Boulevard Saint Laurent, dort gibt es einen Espresso wie in einer italienischen Osteria.)

Die einzige Klage von Carl: die langen kalten dunklen Winter ...

Montreal hat ein maritimes Klima, das bedeutet kalte Winter, warme Sommer. Die Winter sind so kalt, dass sich das Leben teilweise unterirdisch abspielt. 33 Kilometer Tunnel unter der Erde verbinden neun Hotels, Parkhäuser und mehrere Malls mit 2.000 Läden. 500.000 Menschen bewegen sich täglich in dieser unterirdischen Stadt. Es gibt sogar einen extra Stadtplan für die unterirdische Stadt. Wer nicht will, muss nicht raus in die Kälte, sondern kann direkt von der Metro-Station aus in die Läden gehen.

Kanada ist offiziell zweisprachig, was in der Realität bedeutet, dass man in Quebec mehrheitlich französisch spricht und im Rest des Landes hauptsächlich englisch. Über die Hälfte der Einwohner Montreals hat Französisch als Muttersprache, ein Fünftel Englisch, die restlichen Einwohner eine andere Sprache. Ich frage meinen Freund Alex, der in Montreal aufgewachsen ist, ob er sich eigentlich als »französisch« empfindet.

Seine Antwort: *I think with the Italian immigrant family history and bilingual parents, I am a pretty typical Montreal born an glop hone kid.*

*An glob hone kid*?, texte ich zurück.

*Anglophone,* textet er zurück, *stupid phone.*

Familiärer Migrationshintergrund, erste Sprache Englisch, zweite Französisch, ein bisschen Italienisch von der *nonna* – ein typischer Montrealer eben.

Kein Wunder eigentlich, dass in diesem Ambiente aus Multi-Kulti, französischer Lebensart und Festivals der Cirque du Soleil entstanden ist.

## 26. Grund

# Weil auch Toronto eine Stadt mit hoher Lebensqualität ist

*Toronto is New York run by the Swiss.*
(Peter Ustinov)[56]

Dieser Satz von Peter Ustinov von 1987 wird immer wieder zitiert. Er war als Lob gemeint, aber beinhaltet er nicht auch so etwas wie Langeweile? Ganz aktuell gehört Toronto jedoch zu den Top-Städten in Nordamerika. Von den zehn Städten mit der höchsten Lebensqualität in Nordamerika sind fünf in Kanada, auf Platz eins ist Vancouver, auf Platz zwei Toronto.

In der Bibliothek habe ich ein Toronto-Kinder-ABC gefunden – mal gucken, was es so bietet.[57]

*U is for Union Station:* Nie habe ich so ein geregeltes Einsteigen in einen Zug erlebt wie in Toronto. Wir wurden durch eine Absperrung auf den Bahnsteig geleitet, und mussten dann der Reihe nach einsteigen, wobei jeder vom Schaffner einen Sitzplatz zugewiesen bekam. So kam es, dass mein Mann und ich in verschiedenen Reihen landeten. Alles Bitten half nichts, der Schaffner blieb hart. Ordnung muss sein. Eine Frau sah die Szene und tauschte dann ihren Platz mit meinem Mann. Sozusagen hinter dem Rücken des Schaffners. Das muss Peter Ustinov gemeint haben, als er vor 30 Jahren seinen berühmten Spruch über Toronto machte.

*K is for Kensington Market:* Toronto heute ist anders, lebendiger geworden, immer noch wohlgeordnet, aber nicht mehr langweilig. Über die Hälfte der Einwohner in Toronto sind Immigranten, die aus 100 Kulturen kommen und 180 verschiedene Sprachen sprechen. Im Viertel Kensington Market wohnten vor über 100 Jahren die schottischen und irischen Immigranten. Heute hat das Viertel eine bunt gemischte Bevölkerung und bietet eine Vielfalt an Läden, Restaurants und Cafés.

*M is for Maple Leafs:* 100 Jahre Maple Leafs! Der Eishockeyverein wurde 1917 gegründet und hat 13-mal den Stanley Cup gewonnen. Der Stanley Cup ist die wichtigste Eishockeytrophäe der Welt. Somit sind die Maple Leafs nach den Canadiens der zweitwichtigste Eishockeyverein Kanadas.

*P is for Pearson International Airport:* Der Flughafen von Toronto ist der größte Flughafen Kanadas – 47 Mio. Passagiere im Jahr, 49.000 Arbeitsplätze, Drehscheibe für USA und interkontinentale Flüge. Er wird 2018 zum besten großen Flughafen Nordamerikas gewählt. Für die Kanadier trägt dazu wahrscheinlich bei, dass es auf dem Flughafen acht Tim Hortons gibt, das sind genauso viele wie in der 80.000-Einwohner-Stadt Nanaimo.

Es gibt in jedem Terminal einen Tim Hortons vor dem Check-in, und einen nach der Sicherheitskontrolle. So kann man sich noch mal heimatlich stärken, ehe man das Land verlässt.

Alphabet beiseite – Toronto hat natürlich noch viel mehr zu bieten.

Der CN Tower, das Wahrzeichen Torontos, war lange Zeit das höchste Gebäude der Welt. Die Yonge Street, die in Toronto als Einkaufsstraße beginnt, galt lange als längste Straße der Welt, mit Eintrag im *Guinness Buch der Rekorde.* Laut Wikipedia allerdings ein Irrtum, denn die Yonge Street ist nur 56 km lang.

Toronto ist auch ein guter Ausgangspunkt, um Ontario zu erkunden. Zum Lake Huron im Osten sind es knappe drei Stunden, in den Alonquin Provincial Park im Norden ebenfalls. Und die weltberühmten Niagara-Fälle sind nur anderthalb Stunden entfernt (s. Grund 66).

27. Grund

# Weil man in Dawson City eine geklonte Hütte besichtigen kann

*During the gold rush it's a good time*
*to be in the pick and shovel business.*
(MARK TWAIN)[58]

Eine geklonte Hütte? Aber ja – die Blockhütte von Jack London gibt es nämlich gleich zweimal. Der Autor von *Ruf der Wildnis* und *Wolfsblut* hat 1898 ein Jahr in der Nähe von Dawson City gelebt. Später hat man seine cabin im Jack London Museum von Dawson City wieder aufgebaut. Allerdings hat man sich die Originalhütte mit Londons Heimatstadt in Kalifornien geteilt. Aus eins mach zwei, jede Stadt bekam eine Hälfte des Originals, der Rest wurde neu gebaut – eine Art Hausklonen. Wie so viele hat Jack London im Yukon nach Gold gesucht, aber erfolgreicher war er mit seinem Schreiben als beim Schürfen.

Einige sind im Goldrausch reich geworden, aber sehr viele haben Geld verloren. Schon Mark Twain hat gesagt: *During the gold rush it's a good time to be in the pick and shovel business.* Während des Goldrausches lohnt es sich, im Pickel- und Schaufelgeschäft zu sein.

Auch heute gibt es noch Erzindustrie in Dawson City. Wenn man auf die Stadt zufährt, ist es zunächst ein Schock – die Erde ist zerwühlt, die Landschaft zerstört. Die Stadt Dawson City lebt von ihrem Image als Goldgräberstadt, der Tourismus ist als zweites ökonomisches Standbein dazugekommen. Daher werden konsequenterweise die Straßen Downtown nicht geteert. So sieht es immer noch aus wie damals, als Ende des 19. Jahrhunderts die Goldgräber über den Chilkoot Trail nach Dawson City kamen (s. Grund 72).

Das Spielcasino Diamond Tooth Gertie's Gambling Hall bietet ein Ambiente im Klondike-Style, wurde aber erst 1971 vom Touristenverein eröffnet. Eine Mischung aus Casino, Varieté und Mitmach-Show. Man kann sogar beim Tanz »Gerties Strumpfband« gewinnen. An dem Abend, als wir dort sind, gewinnt es ein »Hans from Germany«.

Im Downtown Hotel ist der *Sourtoe Cocktail* die Attraktion. Im Whisky befindet sich ein menschlicher Zeh, und nur wer den Zeh mit den Lippen berührt, bekommt das Zertifikat. Schon zu den Zeiten des Goldrausches gehörten zu den Spielhallen die *Queens of the Dance Halls*, die sich Tänze bezahlen ließen, oder Männer in Separées lockten, wo diese 30 $ für Champagner springen ließen. Pierre Berton schreibt in seinem Buch *The Klondike Quest*, dass eine der Damen, Cécile Marion, für ihr Gewicht in Gold versteigert wurde.

Diese Tanzmädchen spielen auch eine Rolle in dem Film *Gold Rush*, den Charlie Chaplin 1925 drehte. Die berühmteste Szene ist der »Brötchentanz«, den Chaplin mit zwei auf Gabeln aufgespießten Brötchen vorführt. Der Film läuft übrigens in einer Dauerschleife im Royal British Columbia Museum in Victoria.

Von Dawson City aus sind es nur noch knapp 80 km bis Alaska, über den Top of the World Highway. Oder man kann auf dem Dempster Highway hoch nach Tuktoyaktuk in den Northwest Territories fahren.

Der Goldrausch, Jack Londons Romane und der Film von Charlie Chaplin haben die kleine Stadt am Yukon zu einem Mythos gemacht.

## 28. Grund

## Weil die Himmel über der Prärie spektakulär sind

*Where the skies are bigger than anywhere else.*
(Connie Kaldor)[59]

Zum Thema Leben in Saskatchewan befrage ich meine Nachbarin. Sie hat 20 Jahre als Lehrerin in Moose Jaw gelebt. Ich möchte von ihr wissen: Was ist das Schöne an Saskatchewan?

»Die Himmel«, antwortet Louise.

»Und was noch?«

»Die Himmel«, sagt Louise.

»Ja, aber was noch, was ist so besonders an Saskatchewan, was ist spektakulär?«, frage ich weiter. Louise überlegt einen Moment.

»Die Himmel«, sagt sie und nickt dazu. »Das ist das Spektakuläre an Saskatchewan, die Himmel.«

Saskatchewan hat die endlosen Himmel sogar auf seinen Nummernschildern: *Land of Living Skies*. Lebende Himmel, weil der Himmel über der Prärie sich ständig verändert. Wunderschöne weiße Wolken, die am Himmel ziehen. Traumhafte Sonnenuntergänge, weil es keine Hügel gibt, die die Sicht behindern. Am schönsten sind die Sonnenuntergänge zur Erntezeit, wenn der Staub des Getreides in der Luft die Sonnenuntergänge rosa färbt.

Die Hälfte des kanadischen Weizens wird in Saskatchewan angebaut, gefolgt von Alberta und Manitoba. Diese drei Staaten werden auch als die »Präriestaaten« bezeichnet. In den Präriestaaten ist es im Winter bitterkalt und im Sommer richtig heiß. Aber die Hitze und die Regen bringenden Gewitter sind gut für die Landwirtschaft. Deswegen haben sich in dieser Gegend damals auch die Hutterer und Mennoniten angesiedelt (s. Grund 87).

Weiter Blick, goldgelbe Weizenfelder und blaue Himmel, das ist die Schönheit der Prärie. Ab und zu wird die Weite von *grain elevators* unterbrochen, Getreidespeichern, die meist an den Eisenbahnlinien liegen. Heute werden viele nicht mehr benutzt, und einige werden in Kunstzentren oder Restaurants umgewandelt.

Aber es gibt doch noch einen Pluspunkt für die Prärien, sagt Louise nach einer Weile: Das Autofahren ist einfach, weil die Straßen so gerade sind. Auf den 70 km von Moose Jaw bis Regina nicht eine einzige Kurve! Wie gemacht für die selbstfahrenden Autos, im Grunde fahren sie dort jetzt schon selbst. Wer in Saskatchewan oder Manitoba lebt und nicht nur Weizenfelder und Himmel sehen möchte, sondern auch Kultur erleben, fährt dazu in eine der drei großen

Städte: Saskatoon, Regina, Winnipeg. Wer in Alberta lebt, hat mit Calgary und Edmonton zwei große Städte für Kulturerlebnisse.

Die Prärien sind flach. Die Prärien sind so flach, dass es ein *running gag* ist. Man kann Tage vorher sehen, wenn Besuch im Anmarsch ist. Man kann den Großeltern drei Stunden hinterherwinken, wenn sie abfahren. Man kann den Hund noch drei Tage sehen, wenn er wegläuft.

Auch die Comedyserie *Corner Gas* lebt von diesem *running gag*. Die Serie lief von 2004 bis 2009. Sie spielte an einer Tankstelle in Saskatchewan, in dem fiktiven Ort Dog River, der 60 km von der nächsten Tankstelle entfernt liegt, und zwar in jede Richtung. Die Sendung gewann mehrere Preise und lief in 26 Ländern. Zum Abschluss der Serie wurde der 13. April in Saskatchewan vom Premierminister zum *Corner Gas Day* erklärt.

Hier der Anfang der ersten Folge: An der Tankstelle arbeiten Brent und Hank, als ein Geschäftsmann kommt, um sein Auto aufzutanken. Er sieht auf die weite Prärie und sagt: *Hier gibt es nichts zu sehen*. Darauf:

*Brent: He says there's nothin' to see. (Er sagt, hier gibt es nichts zu sehen.)*

*Hank: There's lots to see. Nothing to block your yiew. (Es gibt viel zu sehen. Nichts behindert hier die Sicht.)**

Saskatchewan hat seinen Namen übrigens nicht vom *Sasquatch*, dem Big Foot, sondern der Name ist aus der Sprache der Cree entstanden: *kisiskăciwani-sipiy*. Das bedeutet *swift flowing river*, sanft fließender Fluss. Auch der Name Manitoba kommt aus der Sprache der Cree: *manitou-wapow* für die *Straits of Manitou, the Great Spirit*, der Name der Canyons im Lake Manitoba. Die Provinz Alberta wurde nach einer Halbdeutschen benannt – der sechsten Tochter von Königin Victoria und Prinz Albert von Sachsen-Coburg und Gotha.

---

* *Und für die, die jetzt gerne einen Blick in die Weite werfen wollen, hier »Corner Gas«, Folge 1, »Ruby Reborn«: www.youtube.com/watch?v=TH0wQI0hUTE*

Der Chorus des Songs von Connie Kaldor lautet übersetzt: »Wo die Himmel größer sind als anderswo, so weit das Auge sehen kann.« *Wild Rose Country* Alberta, *Land of Living Skies* Saskatchewan und *Friendly* Manitoba, das sind die Prärien:

*Where the skies are bigger than anywhere else,*
*as fas as the eye can see.*

**29. Grund**

## Weil auf Prince Edward Island schottisch getanzt wird

*However, you can never consider yourself*
*an Islander if you are »from away«.*
(Meine Bekannte Teresa M.)

Egal, wie lange man auf PEI, Prince Edward Island, lebt, man wird nie ein echter Islander sein, allenfalls ein *Islander by choice*, ein Wahl-Inselbewohner. Prince Edward Island gehört wie New Brunswick und Nova Scotia zu den »Maritimes«, den Atlantikprovinzen im Osten Kanadas. In diesen drei Provinzen leben 1,8 Mio. Menschen.

Die PEI haben rund 150.000 Einwohner, von denen die meisten in den beiden Städten Charlottetown und Summerside wohnen. Die Insel hat eine Postkartenlandschaft mit grünen Wiesen und roten Sandstränden und -klippen. Und *jeder* Kanadier kennt Anne of Green Gables, das rothaarige Waisenmädchen, das auf PEI aufwächst. Lucy Maud Montgomery schrieb das gleichnamige Buch 1908, sechsmal wurde die Geschichte bisher verfilmt, das letzte Mal im Jahr 2017. Es heißt, dass Astrid Lindgren *Anne of Green Gables* geliebt habe, und das kleine rothaarige Mädchen vielleicht eine Vorlage für Pippi Langstrumpf sein könnte.

Touristen können die Schauplätze dieser Geschichte besichtigen, aber natürlich hat die Insel erheblich mehr zu bieten. Den Greenwich National Park mit seinen Sanddünen und Board Walks. Das Bilderbuchdorf Victoria-by-the-Sea. Die *fall colors* im Herbst, wenn die Blätter der Ahornbäume sich rot färben. Dazu eine reiche Musikszene von keltischer Musik über Bluegrass, Blues zu Klassik und Rock. Geiger, die zu *ceilidhs* – den schottischen Tänzen – aufspielen. Und natürlich *seafood*! Die Restaurants bieten Lobster, Austern und Muscheln frisch aus dem Atlantik.

Aber die PEI haben auch eine historische Bedeutung, sie bezeichnen sich als *Birthplace of Confederation of Canada*, weil hier die entscheidenden Besprechungen zur Gründung Kanadas stattfanden, auch wenn PEI sich erst später anschloss. Sie haben es sogar als Motto auf ihren Autokennzeichen.

Meine Bekannte Teresa kam das erste Mal 1960 als sechsjähriges Mädchen mit ihren Eltern auf die Prinz Edward Island. Sie hatte natürlich alle Anne-of-Green-Gables-Bücher gelesen und träumte davon, genau wie Anne durch die Felder am Ozean zu laufen. Das ist ihr gelungen, sie lebt heute mit ihrem Mann und zwei Pferden auf PEI und arbeitet als Dozentin für Tiermedizin an der Uni in Charlottetown.

Sie wird für immer auf PEI bleiben, eine *Islander by choice*. Und im Winter, wenn das raue Atlantikklima herrscht, und der Wind so stark ist, dass die Brücke zum Festland gesperrt wird? Dann deckt sie sich wie alle echten *Islander* mit *storm chips* (Kartoffelchips) ein und macht es sich mit einem Film zu Hause gemütlich.

30. Grund

## Weil Banff die glücklichste Stadt in Canada ist

*If we can't export the scenery, we'll import the tourists.*
(William Cornelius Van Horne)[60]

Ich bin heute noch froh, dass ich bei meinem abendlichen Bummel durch Banff mein Portemonnaie nicht dabeihatte. Mindestens zehn Juweliere gibt es in Banff, die verführerische Schmucksteine verkaufen. Dunkelrosa Rhodonit, farbiger Rainbow Jasper, grüne Jade liegen in den Auslagen. Als Perlenketten, Armbänder, Anhänger. Besonders bunt ist der Ammolit, ein Stein, der in Alberta abgebaut wird. Bunt, ungewöhnlich und teuer.

Aber ist die große Anzahl der Juwelierläden ein Grund dafür, dass Banff als die glücklichste Stadt Kanadas gilt? Bei Expedia auf Platz 1.[61]

Wahrscheinlich ist der Grund eher die *scenery* und die besondere Lage inmitten der kanadischen Rocky Mountains. Banff ist eine kleine Stadt mit knapp 8.000 Einwohnern, und so wird es auch bleiben. Der Zuzug ist begrenzt, da nur nach Banff ziehen darf, wer hier auch einen Arbeitsplatz hat. Banff ist die größte Ansiedlung im Banff-Nationalpark, der immerhin fast neunmal so groß wie Hamburg ist.

Mehr als 4 Mio. Besucher kommen jedes Jahr in den Park, von denen die meisten auch Banff besuchen. Zum Glück bleibt der Touristenstrom hauptsächlich im Zentrum der Kleinstadt, das in der Tat ja praktisch nur aus der Banff Avenue besteht. Hier sind die Hotels, die Restaurants, die Souvenirshops. Außerdem ein Supermarkt und das Info-Center. Und natürlich die Juweliere.

Erstaunlicherweise hat die Stadt trotz der vielen Touristen ihre Lebensqualität für die Einwohner behalten, denn sobald man in eine der Nebenstraßen geht, die übrigens alle Namen von im Park lebenden Tieren tragen, wird es ruhig. In der Beaver St, Squirrel St, Otter St findet ganz normales Kleinstadtleben statt.

Banff liegt in der Provinz Alberta, 140 km von Calgary entfernt. Die größten Attraktionen sind der Lake Louise, der Moraine Lake und der Sulphur Mountain.

Wer möchte, kann mit einer Gondel hoch auf den Gipfel des Sulphur Mountains fahren. Von dort hat man einen großartigen Blick, inklusive den Bow River und das Banff Springs Hotel. Das Banff Springs Hotel, ein schlossähnlicher Bau inmitten einer grandiosen Berglandschaft, und das Chateau Lake Louise am Lake Louise gehören zu den berühmtesten Hotels Kanadas.

Was haben Margaret Thatcher, Michail Gorbatschow und Michelle Pfeiffer gemeinsam? (Außer, dass ihre Vornamen mit »M« anfangen.) Sie waren alle Gäste des Banff Springs Hotels. So wie auch Robert Kennedy, Indira Gandhi, Pierre Trudeau *and many, many more.*

Sogar Marilyn Monroe hat hier gewohnt, als sie in den 50er-Jahren mit Robert Mitchum *River of No Return* drehte. Einige Szenen spielen an den Bow Falls, einem ebenso beliebten Ausflugsziel wie Moraine Lake und Lake Louise.*

»*If we can't export the scenery, we'll import the tourists*«, hat William Cornelius Van Horne, der erste Generalmanager der Eisenbahn, gesagt. Wenn wir die Landschaft nicht exportieren können, dann werden wir die Touristen importieren. Das ist ihm gelungen. In einem Maß, dass es beginnt, die Schönheit genau dieser Landschaft zu gefährden.

Der Parkverwaltung ist das Problem bewusst, und man überlegt, wie man den Park schützen kann. Damit die Schönheit erhalten bleibt und Banff noch lange mit zu den glücklichsten Städten Kanadas zählt.

---

* *In diesem Link sieht man beides, die junge Marilyn Monroe und die Bow Falls: www.youtube.com/watch?v=XBbZSrplnGU.*

Kapitel 4

# Soups, Sandwiches, Salmon

31. Grund

## Weil man in Kanada wie ein Holzfäller frühstückt

*Make your benny triple awesome.*
(Speisekarte in einem Diner)

Manche Hotels bieten ein continental breakfast an, das bedeutet übersetzt: ein Muffin, ein Becher Kaffee und mit viel Glück noch ein Glas Orangensaft aus Konzentrat dazu. Das sogenannte »kontinentale Frühstück« ist sozusagen das Gegenteil eines anständigen kanadischen Frühstücks.

Ein kanadisches Frühstück ist üppig und beinhaltet meistens Eier in irgendeiner Form. Als Spiegeleier, verlorene Eier, Rühreier, Omelett oder im Pfannkuchen. Normalerweise gibt es zwei Eier zum Frühstück, aber wer will, kann meistens auch auf drei aufstocken.

»*Make your benny triple awesome*«, heißt es dann auf der Speisekarte. Mit *benny* ist das verlorene Ei gemeint. *Eggs Benedict* sind ein Frühstücksklassiker in Nordamerika: zwei verlorene Eier auf einem *English muffin* plus dicker Scheibe Schinken, unter einer schweren holländischen Soße versteckt, und mit *hash browns*, leckeren gebratenen Kartoffeln, serviert. Es gibt auch eine Benny-Variante mit geräuchertem Lachs: *Smoked salmon benny*. Jetzt mein Favorit, früher war es die Variante mit Spinat: *Eggs Florentine*.

Wie die Eier gehört auch eine Portion Fleisch in Form von gebratenem Speck, Schinken oder Würstchen zum Frühstück. Wahlweise in der Variante »und« statt »oder«, also gleich alles drei: gebratener Speck, gekochter Schinken und die Würstchen. In der *Yukon Bite*-Variante ist es drei mal drei, also drei von jedem. Dazu kommen als Beilage immer *hash browns* und gebutterter Toast mit Marmelade und Erdnussbutter.

Beliebt sind zum Frühstück auch süße Varianten, also *pancakes* und *French toast*. *Pancakes* sind dicke Pfannkuchen, *French toast* ist eine dicke Scheibe süßer gebratener Toast, und beides wird mit Sirup serviert. Schon die Beschreibungen auf der Speisekarte machen satt!

Und wo bekommt man so ein kanadisches Frühstück?

Zum einen in Kettenrestaurants wie z.B. White Spot oder Ricky's All Day Grill. Aber es gibt zum Glück auch noch viele unabhängige Diners und Cafés. Manche bieten sogar *breakfast all day* an, also Frühstück den ganzen Tag. (Nein, das ist kein Widerspruch in sich – Frühstück schmeckt immer!)

Sogar in der Kirche bei uns im Ort gab es eine Zeit lang jeden Montagvormittag Frühstück. Die Kirche war direkt am Fjord, man ging durch einen vollgerümpelten Raum mit gespendeter *second-hand* Ware und kam in einen Raum mit Tischen und Stühlen. Es war simpel, wurde aber dadurch gemütlich, dass »man« sich dort traf. Manchmal waren wir bis zu 40 Frühstücker, vom Rentner bis zum Baumpflanzer, von der Postfrau bis zur jungen Mutter mit ihren Kindern.

Man konnte wählen – Eier, Pfannkuchen, Speck, *hash browns*, Kaffee, Tee, alles zu je 1,50 $. Da wurde man für sechs Dollar satt und tat ein gutes Werk, dann das Geld ging in die Spendenkasse für das neue Kirchendach. Das brauchte in der Tat dringend eine Renovierung, einer der Dachbalken sah wirklich nicht gut aus. Oder wie Tony es ausdrückte: Dieser Balken wird nur noch vom Glauben gehalten.

Ja, und eines Tages wollte die Kirche eine Versicherung abschließen, und die Versicherung bestand verständlicherweise darauf, dass vorher das Dach repariert wurde. Daraufhin wurden zwei Dachdecker angeheuert, die aber leider bei der Renovierung die Kirche abbrannten. Diese kanadischen teerpappenähnlichen Dachschindeln werden nämlich mit Hitze verschweißt. Die beiden Dachdecker machten Mittagspause. Und nach der Mittagspause war die Kirche weg.

Und nun haben wir kein Pfannkuchen-Frühstück in der Kirche mehr. Und wenn man es recht überlegt, waren es auf eine verdrehte merkwürdige Art genau unsere Pfannkuchen, deren Erlös das Ende ausgelöst haben.

Was immer man wählt, ein kanadisches Frühstück macht selbst Holzfäller satt. Eine Portion *Eggs Benedict* mit Lachs oder Schinken hat fast 900 Kalorien, wie viele Kalorien das *Yukon Bite Breakfast* hat, möchte man gar nicht wissen. Aber wem das alles zu viel ist, der kann ja ein *continental breakfast* frühstücken, da sind die Kalorien übersichtlich.

## 32. Grund

## Weil es hier beim Chinesen Smörgasbord gibt

*This Canada Day, I'd love to go out for some traditional Canadian cuisine if there was such a thing.*
(UNBEKANNT)[62]

Vor dem chinesischen Restaurant am Island Highway in Campbell River steht ein großes Schild: Smörgasbord. Erste Reaktion: ja, was denn nun – chinesisch oder Smörgasbord?? Aber in der Tat ist das Smörgasbord beim Chinesen chinesisch, denn es handelt sich um ein chinesisches Buffet.

Fragt man sich natürlich, wieso es so heißt. Klar, Chinesisch kann nicht jeder. Aber Schwedisch doch auch nicht. Sinnvoll wäre also eine Ausschilderung auf Englisch, oder? Aber dann stelle ich fest, a) alle Kanadier wissen, dass es sich dabei um ein Buffet handelt, und b) die Chinesen haben das schon immer so ausgeschildert.

Ich frage meine Freunde, woher der Name kommt. Antwort: Das war schon immer so. Also frage ich Wikipedia. Und es war wirklich schon immer so. Chinesische Restaurants gibt es in Kanada länger, als es Kanada gibt, und es gibt sie bis heute überall, selbst im kleinsten Ort. Das liegt am *Gold Rush* von 1858 und am Eisenbahnbau 1885.

Die Chinesen wurden für den Eisenbahnbau angeheuert und blieben danach im Land. Sie eröffneten kleine günstige Restaurants oder arbeiteten als Köche in *logging camps*, Fischfabriken oder bei reichen Familien.

In Gastown, der Ansiedlung, aus der später Vancouver entstand, gibt es chinesische Restaurants, in denen die Holzfäller und Sägewerksarbeiter essen. Darunter auch Schweden. Die Schweden schlagen vor, dass das Essen nicht einzeln am Tisch serviert wird, sondern auf einem Beistelltisch. Und diese Art, die *Smörgas* (Butterbrote) auf einem *Bord* (Tisch) zu servieren, hatte den Namen »*Smörgasbord*«.

Zur Geschichte der chinesischen Restaurants gibt es im Royal Alberta Museum sogar eine Ausstellung: *Chop Suey on the Prairies* – Chop Suey in der Prärie.[63]

Es gibt natürlich nicht nur chinesische *ethnic cuisine* in Kanada. Jede Einwandergruppe hat ihre Gastronomie mitgebracht. Ein schönes Beispiel ist das Kochbuch, das wir hier im Ort zusammengestellt haben und das in der Kunsthandwerks-Coop verkauft wird. Jede(r) hat dazu beigetragen, und es gibt einen guten Einblick in die Herkunft der Bewohner. Dementsprechend vielfältig ist auch das Angebot an Restaurants. Aber am beliebtesten von allen Restaurants mit internationaler Küche sind nach wie vor die chinesischen, und zwar bei 63 % aller Kanadier *(statistica.com)*.

Im Gegensatz zum Zitat oben gibt es allerdings doch auch eine kanadische Küche (s. Grund 35).

## 33. Grund

# Weil man hier früh lernt, sich zu entscheiden

*Your new life coach is an algorithm.*
(SPARK, CBC ONE)[64]

Das Problem mit Entscheidungen ist so alt wie das Sprichwort über den Esel zwischen den zwei Heuhaufen. Es heißt ja immer, dass man umso besser in einer Sache wird, je mehr man sie trainiert. Um Entscheidungen zu trainieren, gibt es in Kanada zwei perfekte Trainingsfelder: Restaurants und Supermärkte.

Die erste Trainingsstunde kann man gleich morgens beim Frühstück im *diner* haben. Zunächst entscheidet man sich für ein Frühstück (s. Grund 31). Danach geht es dann erst richtig los, wie bei den fallenden Dominosteinen löst die Entscheidung für ein bestimmtes Frühstück nämlich eine Reihe von Folgeentscheidungen aus. Unter dem Druck der Kellnerin, die mit gezücktem Block und Stift neben einem steht, muss man auf die Schnelle entscheiden:

*White toast or multigrain?* (Weißer Toast oder Mehrkorn?)

*The potatoes – shredded or cubed?* (Die Kartoffeln als Raspeln oder Stücke?)

*Bacon, sausage or ham?* (Speck, Würstchen oder Schinken?)

*Fried, poached or scrambled* eggs? (Spiegeleier, verlorene Eier, Rühreier?)

*Fried – over easy or sunny side up?* (Spiegelei – auf beiden Seiten gebraten oder nur einer?)

*Well done or soft?* (Hart oder weich?)

Ich esse gerne Spiegelei, auf einer Seite gebraten, und das Eigelb noch weich, also *runny sunny.*

Beim Einkauf im Supermarkt ist es auch nicht besser. Wer einmal bei Superstore vor dem Joghurtregal stand, wird verstehen, was ich meine. Das Joghurtregal ist 30 Meter lang, gefühlte 300. Mit oder ohne Geschmack, mit Aroma oder Früchten, Bio, griechisch, Balkan, welche Fettstufe, welche Firma, welche Größe, welcher Preis? Und wenn man schon beim Joghurt eine halbe Stunde braucht, um sich zu entscheiden, wie lange wird dann erst der ganze Einkauf dauern??

Die *cereals*, die Palette an Frühstücksflocken, stellen eine ähnliche *challenge* (Herausforderung) dar.

Und die Chips erst! Einer der langen Gänge bietet nur Chips auf den mehrstöckigen Regalen. Chips oder Tacos? Original oder mit Geschmack? *Barbeque, Bacon, Sour Cream*? Mit Paprika oder ohne? Mit Essig? Glatt oder onduliert, in Öl frittiert, im Ofen gebacken, viel Salz, wenig Salz, große Tüten, kleine Tüten, Familien- oder Partygröße, Sonderangebote …

Das perfekte Training zur Entscheidungsfindung! Und wenn es zu anstrengend ist? Dann kann man sich Hilfe holen, zum Beispiel, indem man sich einen *decision maker* kauft. Die gibt es schon ab 11,95 $!

So eine Entscheidungshilfe mit Magnetkugel über Metallplatte ist allerdings mehr was für den Schreibtisch und zum ständigen Mitnehmen ein bisschen zu unhandlich. Obwohl es anscheinend Leute gibt, die es gerne immer bei sich hätten. Auf der amerikanischen (zum Glück nicht auf der kanadischen) Seite von amazon fragt ein Kunde: »*Would that decision maker work on the lunar surface of the Earth's moon?*« (Funktioniert diese Entscheidungshilfe auch auf dem Mond?)[65]

Der Sender CBC Radio One, der alle aktuellen Themen aufgreift, stellt das Buch *Algorithms to live by* vor und macht ein Interview mit dem Autor Brian Christian.[66] In diesem Buch geht es darum, wie man leichter Entscheidungen treffen kann, um unter den alltäglichen Entscheidungsherausforderungen nicht zusammenzubrechen.

Eine Variante ist die 37-%-Regel. Man entscheidet einfach nach 37 % der gesichteten Möglichkeiten. Dann hat man im Grunde genug Möglichkeiten abgewogen, um eine gute Wahl zu treffen. Jede weitere Investition an Zeit und Energie für die perfekte Wahl steht in keinem Verhältnis zur Verbesserung der nach 37 % getroffenen Wahl.

Eine andere vorgeschlagene Variante ist der Zufall. Das geht gut im Supermarkt oder Restaurant. Also zum Beispiel von der Speisekarte einfach das dritte Gericht auf Seite 2 wählen. Beim Kauf von Joghurt die dritte Sorte auf Meter fünf, im dritten Regal von oben. Bei den Chips geht man ähnlich vor.

Das Buch ist noch nicht mal ein Jahr auf dem Markt, läuft aber gut. Sogar unsere Bibliothek hat es schon. Das habe ich mir jetzt natürlich bestellt und bin gespannt! Obwohl – wenn man das anwendet, ist ja der Trainingseffekt beim Essen und Einkaufen hin, und dann lernt man es womöglich nie.

### 34. Grund

## Weil jeder kanadische Haushalt mindestens einen Lachs in der Tiefkühltruhe hat

*Give a man a fish, and he will eat for a day. Teach him how to fish, and he will sit in a boat and drink beer all day.*
(UNBEKANNT)[67]

Natürlich kann man Lachs im Laden kaufen, aber ich wette mal, dass die meisten Lachse, die hier landesweit in den Tiefkühltruhen lagern, nicht gekauft sind. Sondern geangelt. Das bedeutet nicht, dass sie umsonst waren. Eher im Gegenteil. In einem Laden habe ich ein Schild gesehen, dessen Text ungefähr so lautete:

Gib einem Mann einen Fisch, und er hat einen Tag zu essen.

Lehre ihn das Fischen und er kauft ein Boot, eine Angel, Haken, Köder etc. … Kosten pro Fisch 13.799 $.

Das ist vermutlich knapp geschätzt, denn dazu kommen noch die Kosten für die Angellizenz, Regenkleidung, *fish finder* und das Bier an Bord.

Jeder, der einen Angler kennt, weiß, was ich meine. Trotz der hohen Kosten pro Fisch lassen sich jedoch viele Kanadier nicht davon abhalten, ihren Lachs selber zu angeln. Gleich nach der Angeltour wird der *Chinook, Coho, Sockeye, Pink* oder *Chum Salmon* in der Marina gewogen, und das Gewicht an eine große Tafel geschrieben. Abends kommt der Lachs auf den Grill, wird geräuchert oder eingefroren (s. Grund 6). Wer weiter weg wohnt, lässt sich den Fisch transportgerecht verpacken.

Nur eins darf der Angler auf keinen Fall – den Fisch vor Ort verkaufen. Das ist strafbar. Pech für die Leute, die in einem Ort ohne Supermarkt mit Frischeangebot wohnen, nicht angeln und trotzdem gerne mal frisch gefangenen Wildlachs essen würden. So wie ich.

Es gibt allerdings noch eine dritte Variante: Man kann einen Lachs geschenkt bekommen. Das ist legal. Aber dazu muss man natürlich jemanden kennen, der einem einen schenkt.

An einem Sonntag im August saßen wir mit zwölf oder 14 Leuten gemeinsam beim Sonntagsbrunch in Sally's Diner. Sonntags gibt es Frühstück bis mittags, und als Extra und nur sonntags gibt es auch *Eggs Benedict,* auf Schinken oder Lachs (s. Grund 31). Die Kirchgänger kommen nach dem Gottesdienst, wir anderen gehen direkt zum Brunch. An diesem Sonntag hatten die Kirchgänger den Priester mitgebracht, der beschlossen hatte, eine Woche Urlaub dranzuhängen. Zum Angeln. Und weil der Lachs für die *Eggs Benedict* aus war, kam die Sprache darauf, dass man im Dorf keinen Lachs kaufen kann, weil er ja nicht verkauft, sondern nur verschenkt werden darf.

»Und Sie?«, fragte mich der Priester, der mir gegenübersaß. »Haben Sie jemanden, der Ihnen Lachs schenkt?«

»Nein«, sagte ich. »Leider nicht.«

»Wissen Sie was«, sagte der Priester, »ich bin hier eine ganze Woche zum Angeln, ich verspreche Ihnen einen Lachs.«

Zwei Tage später klingelte es an der Tür, ich machte auf – da standen der Priester und ein zweiter Mann. Der Priester übergab mir einen großen Lachs.

»Hier bitte«, sagte er, »von mir gefangen und vom Bischof ausgenommen!«

Ich war erst mal sprachlos. Und fragte dann schüchtern, wie ich das denn gut machen könne.

»Ein Lächeln von Ihnen ist mir Lohn genug«, sagte der Priester.

Er und der Bischof gingen. Ich zerlegte meinen Lachs, fror ihn ein und hatte nun auch endlich einen in der Tiefkühltruhe. Wie ein echter Kanadier.

### 35. Grund

## Weil eine Poutine richtig satt macht

*You can't beat bannock and bacon cooked over the fire.*
(HOSTELWORLD.COM)[68]

Wie schmeckt ein Burger? Ich behaupte mal: Wer Burger nur aus Fast-Food-Restaurants kennt, der weiß nicht, wie ein »richtiger« Burger schmeckt. Ein richtiger Burger in einem Diner oder Restaurant in Kanada ist dick, saftig und voll beladen. So voll beladen, dass man sich fragt: Wie isst man den, ohne sich zu bekleckern?

Manche behaupten ja, es gebe keine traditionelle Küche. Was soll das sein, traditionelle kanadische Küche? Also mal gucken, was die hier so essen …

Das ist interessant!

87 % aller Kanadier haben Ketchup in ihrem Kühlschrank. Sie haben sogar einen größeren Pro-Kopf-Verbrauch an Ketchup als ihre Nachbarn im Süden.[69] Nur die Finnen essen mehr Ketchup als die Kanadier. Es gibt sogar eine Sorte Chips mit Ketchup. Überhaupt werden hier viel Chips gegessen, aber das zählt ja nicht wirklich als kanadische Küche. Und der Ketchup klärt die Frage auch noch nicht.

Meine weitere Recherche ergibt: *Poutine* und *macaroni and cheese* sind die absoluten kanadischen Klassiker.

*Macaroni and cheese? Seriously??* Ein Fertiggericht aus der Packung ist eine Art Nationalgericht??? Ich recherchiere weiter, für *Macaroni and cheese* gibt es 7.490.000 Einträge in 0,67 Sekunden. Selbst Ex-Premierminister Stephen Harper gibt zu, dass er es für seine Kinder kocht. (Wenn man das kochen nennen kann.)[70]

*Why do Candians eat so much Kraft Mac & Cheese?*, fragt Foodrepublic.com. Eine Antwort auf die Frage, warum Kanadier so viel davon essen, gibt es auf der Seite nicht. Es wird also genauso ungeklärt bleiben wie die Frage, ob *Mac & Cheese* nun schädlich oder gesund sei. Beide Seiten haben ihre Argumente. Contra: kalorienreich, kaum Nährwert, viele Chemikalien, vs. Pro: Proteine, Kupfer, Selen.[71]

Landesweiter Klassiker Nr. 1 ist allerdings die *poutine*, die eigentlich aus Quebec stammt. Frittierte Kartoffelschnitze mit *cheese curds* (einer Art Käse), mit brauner Soße überbacken. *Poutine* schmeckt ausgezeichnet, hat aber auch den Beinamen *heart attack in a box.*

»*Canada's national dish: 740 colories – and worth every bite?*« – sind die 740 Kalorien jeden Bissen wert?, fragt der Sender CNN. Vermutlich, denn das Volk hat die *poutine* längst zum Nationalgericht erklärt.[72]

Neben diesen beiden Klassikern bietet die kanadische Küche:

*Burger, bacon, butter tarts:* Burger gibt es in allen möglichen Varianten, meist aus Fleisch, aber auch als Lachs-Burger. Ein Blick in die Truhe im Supermarkt zeigt: *Bacon* ist nicht gleich *bacon*, das Angebot ist groß. Am besten schmeckt er dünn und sehr kross gebraten. Gerne zum Frühstück. Na, und die süßen *buttertarts* sind dann was für hinterher oder zwischendurch.

*Soups, sandwiches, salads:* Kräftige Suppen, hoch belegte Sandwiches und verschiedene Salate gibt es in Kanada häufig zum *lunch*. Im Shot in the Dark Café in Campbell River sind die Sandwichs 10 cm hoch belegt (940, Island Highway). Wem das zu viel ist, der kann auch ein *half sandwich* bestellen, das wahlweise mit Tee oder Kaffee für 11 Dollar serviert wird.

*Salmon:* Gegrillt, geräuchert, gebacken – der Lachs ist aus der kanadischen Küche in den Küstenregionen nicht wegzudenken (s. Grund 34).

*Steak:* Die besten Steaks gibt es logischerweise in Alberta, denn dort in der Prärie sind die Weiden für das Vieh. Dort gibt es übrigens auch noch Cowboys, und auf der jährlichen *Stampede* in Calgary zeigen sie ihr Können (s. Grund 24). Auf der Seite www.foodnetwork.ca findet man Empfehlungen für die besten Steakhäuser in ganz Kanada.[73] Die Steakhaus-Kette The Keg gibt in fast allen Provinzen, dort kann man zu vernünftigen Preisen sehr gute Steaks essen.

*Lobster rolls & berry pies:* Im Osten gibt es in Nova Scotia die *lobster rolls*, in Saskatoon die *berry pies*, und in Montreal außer der *poutine* noch die *bagels* und *smoked meat.*

Und wie schmecken nun diese von Hostelworld angepriesenen *bannocks* mit Speck? Die sind durchaus lecker, diese flachen Brote, die man in der Pfanne brät, im Ofen backt oder über dem offenen Feuer auf einem Stock röstet. Wobei ein Teil des guten Geschmacks womöglich daher kommt, dass man sie ausgehungert abends am Lagerfeuer isst. Aber zum Glück sind sie ja nicht das Einzige, was die kanadische Küche bietet!

### 36. Grund

## Weil es hier die besten Cinnamon Buns der Welt gibt

*Icing on the cake: 1. Something that makes a good situation even better,*
*2. An unexpected additional good thing.*
(Cambridge Dictionary)[74]

Bei uns im Dorf wohnt ein Mädchen, dessen Hobby Kuchen backen ist. Ihre Kuchen waren schon nach kurzer Zeit der Renner im Dorf. Die Eltern brachten sie sogar ein halbes Jahr lang einmal in der Woche zu einem Kuchenbackkurs nach Courtenay, was ja immerhin 400 Kilometer Fahrt bedeutete. Aber was tut man nicht alles für seine Kinder und für guten Kuchen.

Ihre Kuchen werden immer ausgefallener. Zu Dans Geburtstag entwarf sie ein Kanu aus Schokoladenkuchen, bei den Nachbarn gab es eine mit Smarties verzierte Kit-Kat-Torte, deren Kaloriengehalt weit im fünfstelligen Bereich lag, und zu meinem Geburtstag buk sie eine Torte mit Wald, Bergen und Wasserfällen aus *icing*. Ihre Kuchen sind bestimmt die besten im Umkreis von 250 Kilometern.

Aber ob die *cinnamon buns* des Grounds for Coffee-Cafés in Vancouver in der Alma Street wirklich die weltbesten sind? Wer will das beurteilen. Immerhin werden sie dort mehrmals täglich frisch gebacken, mit einer Frischkäse-Glasur warm serviert und haben einen legendären Ruf.

Überhaupt – die Kanadier haben ein Faible für Süßes. Das fängt schon beim Frühstück an. Natürlich gibt es auch das kanadische Frühstück mit Eiern und Speck (s. Grund 31), aber für einige beginnt der Tag süß.

Zum Beispiel mit einem *French toast*. Dazu wird eine Brotscheibe in eine Mischung aus Eiern und Milch oder Sahne getaucht, in Butter gebraten und mit Zucker, Marmelade oder Ahornsirup serviert. Oder mit den berühmten kanadischen *pancakes:* dick, weich, und mit Butter und Ahornsirup serviert. Wem das zu mächtig ist, der kann einen Muffin bekommen. Die gibt es in *ALLEN* Varianten. Besonders beliebt ist der *blueberry muffin*, der Blaubeermuffin, da ist drin, was dransteht.

Das ist beim *Beaver Tail* (Biberschwanz) zum Glück nicht so. *Is there a Canadian treat any more Canadian than the beloved Beaver Trail?* Gibt es eine kanadische Leckerei, die kanadischer ist als der geliebte Biberschwanz?, lautet die Frage auf der Seite theculturetrip.com.[75] Der *Beaver Tail* ist ein in Fett ausgebackener Teig mit verschiedenen süßen Extras obendrauf. Vor 40 Jahren wurde die Kette »BeaverTails« in Ontario gegründet – jetzt gibt es sie in fünf

Ländern, darunter in Dubai in den Vereinigten Arabischen Emiraten. Ach ja – und es heißt, Präsident Obama habe auf seinem ersten Staatsbesuch in Ottawa extra den ByWard Market aufgesucht, um dort einen *Beaver Tail* zu probieren!

Bei dem *Alberta Whisky cake* hofft man dann wieder, dass drin ist, was dransteht. Eine weitere kanadische Spezialität ist der *Nanaimo bar*, benannt nach einer Stadt auf Vancouver Island. Eine Art Blechkuchen aus drei Schichten: Kokos-Schoko-Keksboden, Cremeschicht, dicke Schokoglasur. Schmeckt ausgezeichnet, aber viel kann man davon nicht essen (jedenfalls nicht auf einmal).

Auch die Eissorten haben teils merkwürdige Namen, wie zum Beispiel *Moose Track* (Elchspur) oder *Tiger Tiger*, ein Orangeneis mit Lakritze. Sieht aus wie Tiger, und es gibt Leute, die das mögen. Ich zum Beispiel. Aber nicht nur, die Sorte ist nämlich erstaunlich oft ausverkauft. Andere Sorten heißen genau nach ihren Bestandteilen: *Bubble Gum, Cotton Candy* (Zuckerwatte), *Cookie Dough* (Kuchenteig), da weiß man gleich, was einen erwartet.

Und gerne hat man hier auch beides zusammen – das Eis und den Kuchen. Also nicht *icing on the cake*, sondern *ice cream on the cake.* Vanilleeis zum *apple pie* oder *jiffy pudding*, warm serviert mit kaltem Eis. Neueste Mode sind die *ice cream sandwiches*. Da sind viele Kombinationen möglich, die man alle zu Hause ganz einfach selber machen kann, wie zum Beispiel: *mint chocolate chip ice cream + double chocolate cookies.*

Ob die *cinnamon buns* im Grounds for Coffee nun wirklich die weltbesten sind, weiß ich nicht. Aber sie schmecken ausgezeichnet, ich hab's getestet.

37. Grund

## Weil man aus Ahornsirup Schneebonbons machen kann

*... a sad sort of vulnerability was wafting from her, making the night smell like maple syrup.*
(Sarah Addison Allen, *The Girl Who Chased the Moon*)[76]

Was ist das Drama bei Ahornsirup? Meine Freundin Jo meint, in allem Geschriebenen müsse Drama sein. Aber wo soll ich bei Ahornsirup das Drama finden? Was ist Ahornsirup eigentlich? Fangen wir mit den Fakten an, vielleicht taucht das Drama ja auf ...

Ahornsirup ist der eingedickte Xylemsaft des Zuckerahorns (Acer saccharum), 100 g haben 260 Kalorien (so gesehen ein Diät-Drama).

In Kanada werden 71 % der Weltproduktion an Ahornsirup hergestellt, davon wiederum 91 % in Quebec. Kanadischer Ahornsirup wird in 50 Länder exportiert. Man hat im Jahr 2007 laut der Webseite puremaplefromcanada.com mehr Ahornsirup in die USA exportiert, als geerntet wurde! Betrugs-Drama? Nein. Man hatte noch Reserven aus Vorjahren.[77] Aber was wird in Zukunft?

*Maple syrup snow candy*, also Schneebonbons, macht man, indem man den heißen Ahornsirup in den Schnee wirft, um einen Stil wickelt und als Lolli in den Mund steckt.

Die internationale Nachfrage nach *maple syrup* war noch nie so hoch wie jetzt. Dazu kommen zwei Jahre niedrige Produktion im »Saudi-Arabien des Sirups« – das treibt die Preise nach oben! (*The Globe and Mail*)

Die alteingesessene Firma Jakeman's, die seit 1876 Ahornsirup herstellt, hat nicht mehr genug eigene Ernte, um der Nachfrage nachzukommen, und muss dazukaufen.

Es geht hier nicht nur um *maple syrup* für die klassischen kanadischen *pancakes*, man braucht ihn auch für andere Produkte, als da sind: Ahornkekse, mit Ahorncreme gefüllte Kekse, Ahornzucker,

Ahornbutter (mmhhh – so lecker!!!), Ahorneiswein, Ahorn-Toffees, Ahorn-Tee, Ahorn-Schokolade …

Also mal ganz ehrlich, alleine die Wortkombination *Milk chocolate maple cream* lässt einem doch das Wasser im Mund zusammenlaufen!

Das Ende vom Lied: Um 30 bis 40 % sind die Preise gestiegen, sogar die Landwirte bekommen mehr.

Und zum Marinieren für die leckeren *barbeque ribs* braucht man ihn übrigens auch.

Damit alles mit rechten Dingen zugeht, gibt es die Federation of Quebec Maple Syrup Producers, damit der edle Sirup nicht mit Zuckerwasser verdünnt wird.

Wird er allerdings doch, auch legal. Das bedeutet Augen auf beim Ahornsirupkauf. Das, was in den meisten *diners* und Restaurants zum Pfannkuchen serviert und im Supermarkt verkauft wird, heißt nämlich *breakfast syrup* oder *pancake syrup* und besteht aus allem Möglichen, nur nicht aus Ahornsirup.

Und da taucht auch endlich das Drama auf – eine Art Postraub in Ahorn-Land. 540.000 Gallonen (!!!) Ahornsirup verschwinden 2012 aus dem zentralen Ahorn-Reservelager. (Zu kompliziert zu erklären, hat was mit Warezurückhalten zum Preiseregulieren zu tun, daher ja auch »Saudi-Arabien des Ahornsirups«.) Jemand hatte den Inhalt der Fässer ausgetauscht, Wasser statt Ahornsirup. Glücklicherweise konnten die Täter verfolgt und ein großer Teil des Sirups gerettet werden. Aber 10.000 Barrel Sirup hatten die Täter schon außer Landes geschafft.[78]

Und da sage noch einer, bei Ahornsirup gäbe es kein Drama.

Der Moraine Lake ist einer der für ihre intensive türkisblaue Farbe berühmten Seen im Banff-Nationalpark in den kanadischen Rocky Mountains.

**Oben:** Schöne Aussicht auf Vancouver, British Columbia. **Unten links:** Die Steam Clock an der Ecke von Cambie Street und Water Street in Gastown, Vancouver, ist ein beliebtes Fotomotiv. **Unten rechts:** Sie sind noch immer im Einsatz – die altmodisch anmutenden gelben Schulbusse.

**Oben:** Getrocknete chinesische Spezialitäten in den Auslagen eines Lebensmittelladens auf der Main Street in Chinatown, Vancouver. **Unten:** Der Dr Sun Yat-Sen Classical Chinese Garden ist eine Oase der Ruhe in der Großstadt Vancouver.

Oben: Auf Stegen entlang des Canyons, das Rauschen des Wassers im Ohr: Je weiter man geht, desto eindrucksvoller wird der Johnston Canyon. Unten links: Das Willkommensschild in Tahsis, Vancouver Island, BC, erinnert an die historische Bedeutung des Ortes. Unten rechts: Achtung, Puma gesichtet – mit diesem Straßenschild wird in Tahsis vor Cougars gewarnt.

**Oben links:** Bär am Straßenrand in British Columbia. **Oben rechts:** Blick zu den Baumkronen im Regenwald auf Vancouver Island. **Unten:** So wie hier auf der Mountain-Autobahn in BC werden Baumstämme überall in Kanada transportiert.

**Oben:** Abendstimmung in Calgary, Alberta, der Stadt der Calgary Flames und des Rodeos. Im Vordergrund die Multifunktionsarena Saddledome, im Hintergrund die Skyline. **Unten:** Das jährlich in Calgary stattfindende Rodeo ist das größte der Welt.

**Oben links:** Der Schnitzer Sanford Williams bei der Arbeit an einer Maske. **Oben rechts:** Totems entstehen in einer Werkstatt auf Granville Island, Vancouver. **Unten:** Der Künstler Quentin Harris vor einem seiner Gemälde in Esperanza, einem Therapiezentrum an der Westküste von Vancouver Island.

**Oben:** Verschneite Wälder, schneebedeckte Berge, das ist die Winterlandschaft im Yukon, nördlich von Whitehorse. **Unten:** Bei der Länge der kanadischen Züge kann es eine Weile dauern, bis man weiterfahren kann …

**Oben:** Die West Edmonton Mall in Edmonton, AB, war einst das größte Einkaufszentrum der Welt.
**Unten:** Die Himmel über Saskatchewan sind abwechslungsreich und immer beeindruckend.

**Oben:** Lebensmittelladen und Post in einem – der Denman Island General Store auf Denman Island, BC.
**Unten:** Wasserflugzeuge am Anleger von Nootka Air in Gold River, BC.

**Oben:** Winterstimmung auf dem Highway 28 von Campbell River nach Gold River, Vancouver Island. **Unten links:** Ein Angler nimmt seinen frisch gefangenen Coho aus. **Unten rechts:** das rote Fleisch des Wildlachses.

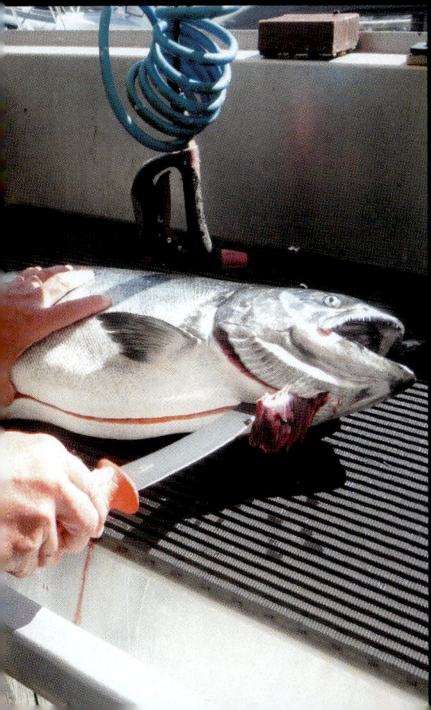

Am Leiner River Estuary, an der Westküste von Vancouver Island.

**Oben:** Saskatoon spiegelt sich im South Saskatchewan River.
**Unten:** Lila Beeren in Downtown Vancouver.

**Oben:** Grüne Wiesen, blauer Himmel, weiße Wolken und eine Tiefpumpe – Landwirtschaft und Öl in Alberta. **Unten links:** Humorvolle Werbung für Würmer als Angelköder in einem kleinen Laden in Campbell River, BC. **Unten rechts:** Granville Island, Vancouver: Die Warnung vor den Möwen ist berechtigt – blitzschnell reißen sie einem das Sandwich aus der Hand.

Die katholische Kirche in Yuquot (früher Friendly Cove) an der Westküste von Vancouver Island wurde 1956 gebaut.

38. Grund

## Weil Kanada nicht nur Bear Country, sondern auch Beer Country ist

*Alcohol ...... because no great story*
*ever started with a glass of milk!*
(WERBESLOGAN)[79]

»*We were so drunk*«, so beginnen viele Geschichten der *tree planter*, der Baumpflanzer. Nach den harten Tagen im Busch kommt am freien Tag das große Besäufnis. Viele Storys ranken sich in Kanada um das raue Leben der Goldsucher, Sägewerksarbeiter, Holzfäller und Baumpflanzer, besonders in der »guten alten Zeit«.

Das waren noch Zeiten, als die Sägewerksarbeiter aus Tahsis an jedem Freitagabend eine Abordnung nach Zeballos schickten, um den Alkohol fürs Wochenende zu besorgen! Tahsis hatte keinen Alkoholshop, Zeballos hatte einen. Also fuhren vier oder fünf Männer mit dem Boot das Tahsis Inlet runter und das Zeballas Inlet wieder hoch, und wenn sie ein paar Stunden später zurückkamen, lag das Boot tief im Wasser. Je tiefer, desto besser, weil mehr Alkohol an Bord.

Der Angler und sein Sixpack sind ein kanadischer Witze-Klassiker (nein, nicht das Model-Mann-Sixpack, sondern das Bier-Sixpack). In der Marina hängt ein großes Schild: *beer free tomorrow!* (Auf das natürlich schon am zweiten Tag keiner mehr reinfällt.) Und im *gift shop* gibt es Kühlschrankmagneten mit schlauen Sprüchen wie: *We are a drinking town with a fishing problem.* (Wir sind eine trinkende Stadt mit einem Angelproblem.)

Vermutlich haben die Ausschweifungen der guten alten Zeit dazu geführt, dass der Alkoholverkauf in Kanada heute streng geregelt ist. Etwas unterschiedlich von Provinz zu Provinz, aber kurz zusammengefasst etwa so: Alkohol darf ab 18 bzw. 19 Jahren getrunken werden, und der Verkauf ist streng reglementiert, indem er hauptsächlich in staatlichen Läden abläuft.

Diese *liquor stores* bemühen sich, vom saufenden Sägewerksarbeiter-Image so weit wie möglich entfernt zu sein, und fördern durch ein internationales Weinangebot, ein großes Sortiment von Bier und Spirituosen und eine gute Beratung ein Gourmet-Image. Der »BC Liquor Store« hat sogar ein eigenes Magazin zum Thema Wein, mit Sonderthemen wie *buy local.*

*Buy local* – bedeutet das, man kann kanadische Weine kaufen? Aber ja – Kanada hat sogar sehr gute eigene Weine. Weinanbaugebiete gibt es von Quebec im Nordosten bis zu Vancouver Island im Südwesten. Die besten Anbaugebiete sind die Niagara Peninsula in Ontario und das Okanagan Valley in BC (www.winesofcanada.com). Von der Niagara Peninsula kommen übrigens die teuersten kanadischen Weine, nämlich der »Inniskillin Cabernet Franc Icewine«, ein Eiswein für rund 240 CAD.

Aber auch das Bier gewinnt an Image, *microbreweries* überall bieten lokale Biere. Und die kanadische Zeitschrift *Chatelaine* hilft mit dem Reiseartikel: »*The ultimate Canadian two-four: Our dream craft beer collection, from coast to coast*« dabei, den Überblick zu behalten. *Two-four* steht in Kanada für 24, im Sinn von 24 Bierflaschen, also ein Kasten.

Gerade entsteht wieder eine neue Biersorte in Kanada. Mal sehen, wie erfolgreich sie wird. In Kanada sind die Brauereien nämlich dabei, ein *Cannabis beer* zu entwickeln, rechtzeitig für die Legalisierung von Cannabis am 17. Oktober 2018.

Beim Marihuana wird der Staat den Verkauf übernehmen, das Mindestalter für den Konsum wird 18 Jahre sein. Wer das Cannabisbier verkaufen darf, wird sich zeigen.

Aber so viel ist jetzt schon klar, mit der Legalisierung von Cannabis gibt es neben Wein und Bier eine weitere (legale) Variante für die Entstehung von großartigen Geschichten!

39. Grund

## Weil eine hausgemachte Barbeque-Sauce den Rippchen den richtigen Kick gibt

*Canadians sure love to barbeque, eh?*
(HUFFPOST CANADA)[80]

Aber nicht nur. Es gibt auch noch andere Arten, das Essen zuzubereiten. Sie haben also irgendwo den Lachs bekommen – geangelt, geschenkt oder aus dem Supermarkt (s. Grund 34). Und was nun? Was fangen Sie damit an? Oder möchten Sie lieber Rippchen grillen? Freunde – kanadische, deutsche, internationale – zum Essen einladen? Hier elf Tipps fürs kanadische Dinner zu Hause!

*Lachs in der Pfanne:* Zunächst den Lachs filetieren, aber unbedingt die Haut dran lassen. Das Lachsfilet waschen, mit Zitrone beträufeln und salzen, dann zuerst die Seite ohne Haut in der Pfanne anbraten, bis sie braun ist. Lachs wenden und bei mittlerer Hitze braten, bis er durch, aber nicht trocken ist.

*Pizza mit Lachs und Frischkäse:* Pizzaboden (gekauft oder selbst gemacht) mit Frischkäse (*cream cheese*) bestreichen und mit Dill und Pfeffer würzen. Mit geriebenem Käse bestreuen. Im Ofen backen und geräucherten Lachs auf der Pizza verteilen.

*Baked potato skins:* Dicke Kartoffelschalen mit 1 cm Kartoffel schneiden. Erst kochen, dann fritieren. Danach mit Schnittlauch, Speck und Käse im Ofen überbacken. Mit *sour cream* (Sauerrahm) servieren.

*Baked potatoes:* Kartoffeln mit Schale in größere Stücke schneiden, mit Olivenöl bestreichen und salzen. Ca. 45 min im Ofen backen, bis sie gut durch sind.

*Susan's homemade BBQ sauce:* Es gibt viele Rezepte für die Marinade, mit der man die Rippchen bestreicht. Hier Susans Version, für 3 Pfund Rippchen. *Cup* wird in Kanada als Mengenangabe in Rezepten verwendet, ein Cup entspricht einer Tasse.

- 2 Cups brauner Zucker
- ¼ Cup Mehl
- 1/3 Cup Wasser
- ½ Cup Weißweinessig
- 2 Tl Ketchup
- 2 Tl Sojasoße
- ½ Tl geriebener Ingwer

Die Zutaten gut miteinander vermischen und erhitzen, über die Rippchen gießen und 5–6 Stunden auf sehr kleiner Flamme schmoren. (6 Pers.)

*Pancakes,* auch *flapjacks* genannt

- 190 g Mehl mit 3,5 Tl Backpulver
- 1 Tl Salz
- 10 g Zucker
- 0,3 l Milch
- 30 g Butter
- 1 Ei

Mehl mit Backpulver, Salz und Zucker vermischen. Mit Ei, Milch und geschmolzener Butter zu einem geschmeidigen Teig vermischen. In der Pfanne von beiden Seiten goldgelb backen. Ergibt ca. 4–5 kleine Pfannkuchen.

*Judy's jiffy pudding*

- 130 g Mehl mit 2 Tl Backpulver
- 1 Prise Salz
- 2 Prisen Muskatnuss, gemahlen
- 110 g brauner Zucker
- 1/8 l Milch
- 1 Tasse Rosinen
- 2 Tl weiche Butter
- 220 g brauner Zucker
- 0,4 l kochendes Wasser

Mehl mit Backpulver, Salz und Muskatnuss mischen. 110 g braunen Zucker, Milch und Rosinen einrühren. In eine Form füllen und die Butter und 220 g braunen Zucker drauf geben. Dann mit dem kochenden Wasser übergießen. Nicht rühren! Sofort in den Ofen schieben und ca. 45 min. backen. Warm servieren. Am besten mit Vanilleeis!

### 40. Grund

## Weil heiße Schokolade ein Nationalgetränk ist

*Add a cute, sparkly maple leaf garnish, and a simple mug of white hot chocolate becomes the perfect patriotic beverage.*
(Canadian Living, Dez. 2013)[81]

Die heiße weiße Schokolade mit dem roten Ahornblatt aus Zucker als das »perfekte patriotische Getränk«. Ja, die Kanadier haben ein entspanntes Verhältnis zu ihrer Flagge. Sie sind stolz auf ihr Land und zeigen das auch (s. Gründe 81 und 49). Sogar mit einem Becher *hot chocolate*. Die in der Tat so etwas wie ein Nationalgetränk ist.

Die »Historical Society« des Ortes lädt zu einer Veranstaltung zum *Canada Day* ins Museum ein und veranstaltet u.a. ein Quiz zur Geschichte Kanadas. Dazu gibt es Hotdogs, Kuchen, und – natürlich – heiße Schokolade. Beim *Polar Bear Swim*, dem traditionellen Schwimmen am 1. Januar, bei dem sich 20 Mutige ins eiskalte Wasser trauen und 200 Neugierige zuschauen, gibt es *hot dogs & hot chocolate*. Auch für die Zuschauer, die in der Kälte stehen. Denen tut die heiße Schokolade schließlich auch gut.

Heiße Schokolade ist in Kanada ein Klassiker, der auch in den Filialen der Kette »Tim Hortons« neben Kaffee das Hauptgetränk ist. Und die kanadische Zeitschrift *Chatelaine* schreibt zum Winteranfang, man solle sich auf den Winter vorbereiten, indem man sich das Notwendige besorgt, d.h. Stiefel, einen dicken Parka und viel heiße Schokolade: *»by stocking up on essentials, such as boots, a solid parka and lots (and lots) of hot chocolate«*.[82] Sie empfiehlt außerdem die besten Cafés für heiße Schokolade einmal quer über den Kontinent, von Victoria über Winnipeg bis Quebec.[83]

Und falls jetzt jemand Appetit bekommen hat, hier ein Rezept. Es gibt viele, aber im Grunde sind sie alle gleich:

- 30 g Kakaopulver oder geriebene Schokolade
- 15 g Zucker
- 1 Tasse Milch

Einfach die Milch erhitzen (nicht kochen) und die Schokolade und den Zucker darin schmelzen. Wahlweise kann man auch noch mit Zimt, Muskatnuss, Nelken oder Vanille würzen. (Oder, nicht und. Obwohl – warum eigentlich nicht?) Außerdem kann man es natürlich mit Brandy oder Eiswein aufpeppen und das Ganze mit Schlagsahne toppen und Schokoladenraspeln bestreuen! Selbstverständlich kann man den Zucker durch Süßstoff, Honig, Agavensirup oder Ahornsirup ersetzen, wie manche Rezepte vorschlagen. Und statt Milch kann man Wasser nehmen, oder Milch aus Mandeln, Soja oder – Sie wissen, was ich meine.

Das wirklich Wichtige ist: Schokolade + Süßes + Flüssigkeit. Heiß. Und das zu jedem Anlass. Auf jeden Fall im Winter. Wenn man vom Ski fahren zurückkommt, vom Schlittschuhfahren, wenn man in einer eiskalten Arena ein Hockeyspiel verfolgt hat, oder beim *Tobogganing* zehnmal vom kufenlosen Gefährt in den Schnee gefallen ist – dann ist *hot chocolate* genau das Richtige! Und zwar in jedem Alter.

Kapitel 5

# Thank You & Sorry!

41. Grund

## Weil die Kanadier das höflichste Volk der Welt sind

*Thank you for riding the elevator with us.*
(IM AUFZUG IM FAIRMONT HOTEL)

»Thank you for riding the elevator with us«, sagt die Frau, als ich im 8. Stock des Hotels aussteige. Danke, dass Sie mit uns im Aufzug gefahren sind. Das verblüfft mich ja nun doch. Ja, die Kanadier sind unglaublich höflich. Selbst wenn man aus dem Bus aussteigt, bedankt man sich beim Fahrer. Ich erzähle das einem deutschen Bekannten und sage, dass ich diese Geste gut finde. Der guckt mich verblüfft an und sagt: »Wieso bedanken? Man hat doch für das Ticket bezahlt.«

Kanadier bedanken sich immer, nicht nur im Bus, obwohl sie das Ticket ja auch bezahlen, auch sonst ist Danken angesagt. Die Antwort darauf lautet übrigens: *You are welcome.* Unter jüngeren auch manchmal: *no problem.* Oder auch: *no worries,* keine Sorgen. Manchmal wird es fast ein bisschen viel, *thank you – you are welcome, thank you – no problem, thank you – no worries …*

Und wenn was schiefgeht, sagt man: *sorry.* Es heißt, Kanadier sagen sogar »*sorry*«, wenn sie angerempelt werden. Und in der Tat, das stimmt.

»*Hey, if you bump into me … well, I'm sorry. I didn't mean to be in the way of you going about your life*«, sagt Emily Keeler in einer Sendung des Senders CBC. (Hey, wenn du mich anrempelst, dann tut mir das leid. Ich wollte dir nicht im Weg sein.) Titel der Sendung: »*Sorry – can we talk about why Canadians apologize so much*«[84]. (Sorry – können wir darüber reden, warum Kanadier sich so oft entschuldigen.)

Keelers Erklärung dafür ist, dass eine feste Identität fehlt, dass es keinen Mainstream gibt und dass diese Lockerheit der Identität zu einem »*live and let live*« (leben und leben lassen) führt. In der Tat hat man in Ontario sogar extra ein Gesetz erlassen, das es einem

Anwalt erlaubt, seinen unschuldigen Klienten zu verteidigen, obwohl der sich entschuldigt hat. In diesem »*Apology Act*« von 2009 wird festgelegt, dass ein »*sorry*« ein Ausdruck der Sympathie oder des Bereuens ist, ohne ein Schuldgeständnis zu beinhalten.[85]

Auf jeden Fall entschärft dieses Verhalten Konflikte und macht das Zusammenleben einfacher. Auf YouTube existiert ein Live-Mitschnitt mit dem Titel *Real Canadian Road Rage*. Ein Autofahrer schneidet beim Abbiegen einem Motorradfahrer den Weg ab. Der Autofahrer hält, der Motorradfahrer wendet und fährt zum Autofahrer. Und beide versichern sich eine Minute lang gegenseitig, dass alles okay ist und dass sie »*sorry*« sind.[86]

Übrigens macht das Entschuldigen laut einer Studie der Universität von Waterloo angeblich glücklich (s. Grund 2), verbessert Beziehungen und kann sogar Strafen für zu schnelles Fahren senken! Laut dieser Studie werden Geschwindigkeitstickets um 51 $ reduziert, wenn man sich beim *cop* entschuldigt.[87]

Zum höflichen Verhalten gehört auch, dass man lächelt, sobald man mit jemandem Augenkontakt hat. Für Kanadier ist es in Europa ungewohnt, ja irritierend, wenn sie jemanden ansehen und der- oder diejenige nicht zurücklächelt. Für einen Kanadier ist das schon fast ein Affront.

Ein weiteres Verhalten, das das Leben in Kanada so angenehm macht, sind die Komplimente. Komplimente gehören zum täglichen Leben. Kinder lernen schon früh, an dem anderen etwas Lobenswertes zu finden und ihm ein Kompliment zu machen. Das ist aber eine schöne Bluse, ein besonders leckerer Kuchen, ein gutes Essen, was auch immer – ein Kompliment geht in Kanada immer.

Selbst die Verkäuferin im Laden, sogar im Supermarkt, sagt vielleicht bei einem Artikel, den sie gerade abrechnet: »Das ist aber ein schönes T-Shirt, die habe ich hier noch gar nicht gesehen.« Das mag manchem oberflächlich vorkommen, aber hier wird es mit solcher Selbstverständlichkeit und Echtheit gesagt, dass es glaubwürdig klingt. Und wenn's das nicht ist, was soll's. Lieber ein Kompliment zu viel als zu wenig. Aber sich dafür zu bedanken, dass ich mit der Familie im Aufzug des Hotels hochfahre … ich weiß nicht …

Ich frage meine kanadische Freundin Judy, was sie davon hält.

»Die hat dich hochgenommen«, sagt Judy, »oder es waren Amerikaner, die sich über die kanadische Höflichkeit lustig machen. Oder sie haben gehört, dass man hier so höflich ist, und wollten sich richtig benehmen.«

Man kann's eben auch übertreiben, selbst die kanadische Höflichkeit. *Sorry*, ich wollte damit niemandem zu nahe treten. Nicht mal den Amerikanern.

## 42. Grund

## Weil man hier gemeinsam Babymützen strickt

*The Careless Quilter.*
(Buchtitel eines Handarbeitsbuchs von 1994)[88]

Noch ehe bei uns im Dorf ein Baby geboren wird, beginnt die Mützenproduktion. Modelle mit Puscheln, Zipfeln oder Öhrchen, und solange man noch nicht weiß, ob es ein Junge oder Mädchen wird, einfach in neutralen Farben. Sobald das Baby auf der Welt ist, hat die Mama höchstens noch die Qual der Wahl, welche Mütze für welchen Tag.

Daraus kann man zwei Dinge schließen, erstens Babys sind im Dorf gerne gesehen, und zweitens handarbeiten die Frauen hier gerne. Die Babys sind schon deswegen gerne gesehen, weil die Schule in dem kleinen Ort ständig latent von Schließung bedroht ist. Sollten es eines Tages weniger als acht Schüler sein, wird die Schule geschlossen. Jeden Sommer, ehe das neue Schuljahr beginnt, herrscht das große Bangen. Eine Familie mit zwei Kindern zieht weg. Das ist schlecht. Eine andere Familie zieht ein. Vier Kinder! Super.

Die Küstenwache kündigt an, im Ort einen neuen Standort mit vier Mitarbeitern zu errichten. Sehr gut, hoffentlich sind es junge Familien mit schulpflichtigen Kindern!

Wird ein Baby geboren, ist sofort Hoffnung da. Zunächst wird es in den Kindergarten gehen, sodass der weiterhin besteht, und dann eingeschult werden und die Schule erhalten. Das ist den Frauen im Dorf auf jeden Fall ein Knäuel Wolle und ein paar Stunden Stricken wert. Zumal viele im Dorf sowieso gerne handarbeiten.

Stricken und *Quilten,* also Patchwork herstellen, stehen dabei an erster Stelle. Häkeln geht natürlich auch. Es gibt einen wöchentlichen Handarbeitstreff, die *Ladies Craft Night,* jeden Mittwochabend. Jede Frau bringt ihr aktuelles Projekt mit, das kann frau bewundern lassen oder sich Ratschläge holen. Und einmal im Jahr wird gemeinsam gepatchworkt. Dabei arbeiten aber nicht alle Frauen an einer Patchworkdecke, so wie bei den Amish, sondern jede Frau produziert ihren eigenen *quilt.* Linda, die *Queen of Quilting,* also die Frau, die seit Jahrzehnten wunderschöne aufwendige Patchworkdecken herstellt, erklärt das Prinzip und steht mit Rat zur Seite.

Es findet in der Schule statt, weil dort reichlich Platz und große Tische sind. (Die Schule ist für 200 Schüler ausgelegt, so viele Schüler hatte der Ort, als er noch eine Stadt mit 2.000 Einwohnern war. Jetzt s.o. bangt das Dorf um jeden Schüler. Platz gibt es in dieser Schule also mehr als genug.) Mittags essen wir gemeinsam. Jeweils zwei Frauen haben zusammen das Essen vorbereitet. Und so vergehen die drei Tage wie im Flug – Stoff zerschneiden, Streifen nähen, Quadrate nähen, die Decke zusammenfügen, hochhalten und bewundern lassen.

Das Patchwork-Handwerk wurde von den Siedlerfrauen aus England mitgebracht. Und beim *frontier life* in der Wildnis war es für das Überleben wichtig. Nicht nur das *Quilten.* Die Frauen spannen Wolle, färbten mit Pflanzen, webten und strickten, machten Seife und zogen Kerzen. Abgetragene Kleidungsstücke wurden nicht weggeworfen, sondern zerschnitten und zu schweren Bettdecken verarbeitet, die im kanadischen Winter wärmten. Die Muster, nach denen die Decken gearbeitet wurden, wurden von Generation zu Generation überliefert.

Noch heute sind diese handwerklichen Fertigkeiten hoch angesehen und verbreitet. Es gibt eine große Anzahl von Spezialzeitschriften, die sich mit Nähen, Stricken, Häkeln und Patchwork beschäftigen. Ebenso Bücher vom traditionellen *Quilting* bis zu *The Careless Quilter*.

Der Titel – der nachlässige Patchworker – sollte einen aber nicht dazu veranlassen zu denken, so eine Patchworkdecke wäre mal eben schnell hergestellt. Ein *Quilt* erfordert viele Arbeitsstunden. Daher trafen sich die Siedlerfrauen früher zu einer *quilting bee* und arbeiteten gemeinsam an einem großen *Quilt*. Es ist klar, dass während so einer »Patchwork-Biene« auch Neuigkeiten ausgetauscht wurden, ganz so wie bei unserer *Ladies Craft Night*.

Und für so einen Handarbeits- plus Klatschabend ist das Stricken einer Babymütze perfekt, da wird das Thema für den Klatsch ja gleich mitgeliefert, sozusagen.

## 43. Grund

# Weil hier jeder mit jedem redet, und das jederzeit

*Are you waiting for your pet seal?*
(Passant auf der Uferpromenade in Nanaimo)

Wir sitzen auf einer Bank am Hafen von Nanaimo auf Vancouver Island und gucken gelassen auf die Boote, die am Kai dümpeln. Noch zwei Stunden, dann geht unsere Fähre. Die Koffer sind gepackt, das Motelzimmer verlassen. Für ein paar Stunden sind wir »heimatlos«.

Ein Mann kommt vorbei und fragt: »*Are you waiting for your pet seal?*«

Was so viel heißt wie: Wartet ihr auf euren Lieblingsseehund? Wir lächeln zurück und murmeln irgendwas. Der Mann geht gut gelaunt weiter. Das ist typisches kanadisches Verhalten. Die Leute reden miteinander. Im Bus zum Beispiel. Passagiere, die sich nicht kennen, tauschen sich aus. Oft über Unverfängliches wie das Wetter: *beautiful day today*. Manchmal etwas Persönliches. »*Nice necklace*«, sagt der junge Mann, der mir gegenübersitzt. Das ist weder Anmache noch Abschätzung eines Taschendiebes, sondern einfach nett gemeint.

Es ist ein ständiges Miteinander-Sein. Warum das so ist? Zum einen sind die Kanadier wirklich nett. Sie sind höflich, sagen bitte und danke, und entschuldigen sich für alles und jedes (s. Grund 41).

Zum anderen ist man in der Tat beim Leben vor allem in dünn besiedelten Gebieten wirklich auf seine Nachbarn angewiesen. Das gute Verhältnis zueinander macht also Sinn. Schon aus Eigennutz. Der Nachbar könnte schließlich irgendwann der Einzige sein, der einen in einem Blizzard retten kann.

Kanadische Gespräche mit Fremden beginnen meist mit einem: »*Where are you from?*« Eine verständliche Frage in einem Land, das ein junges von Einwanderung geprägtes Land ist und dessen Einwohner sehr mobil leben. Viele Kanadier ziehen im Laufe ihres Lebens aus beruflichen oder privaten Gründen mehrmals um.

*Where are you from*?

Die Frage hilft, Kontakt aufzunehmen und den anderen einzuordnen. Sie zeigt Interesse, man nimmt den anderen wahr. Selbst auf den Gruppenreisen lernen die Gäste Kanadier kennen. Na ja – was heißt »kennenlernen«. Das ist natürlich kein echtes tiefes Kennenlernen. Aber die Gäste kommen vom Mittagsessen oder einem Ausflug zurück und erzählen, sie haben ein nettes älteres Paar getroffen, die aus was weiß ich woher kommen und auf dem Weg nach Florida sind. Oder eine junge Frau, die eigentlich studiert, aber jetzt im Sommer hier im Hotel jobbt und später in Europa Architektur studieren will. Kurze Gespräche, flüchtige Bekanntschaften, die einem manchmal lange im Gedächtnis bleiben und oft mehr über das Land und den Alltag vermitteln, als es ein Reiseführer kann.

Es gießt in Strömen, also fahre ich mit dem Auto zum Supermarkt, um einzukaufen. Ich steige vor dem Laden aus, eine Frau geht vorbei. »*Nice day for a duck, eh*«, sagt sie. Schöner Tag für Enten. Ein anderer beliebter Spruch hier an der feuchten Westküste ist das »*Is that wet enough for you?*« (Ist das nass genug für dich?)

Es ist klar, dass diese Gespräche an der Oberfläche bleiben. Man fragt nach dem Woher und Wohin und nach dem Beruf. Redet über das Wetter und Sport. Und über Reisen! Immer und gerne über Reisen, Kanadier reisen viel und tauschen sich gerne darüber aus. Finanzen und Gefühle sind tabu. Die Unterhaltung bleibt, gerade wenn man sich nicht oder nur flüchtig kennt, *fun and light*.

So wie bei dem Spruch über den Lieblingsseehund. Und obwohl es bestimmt 15 Jahre her ist, habe ich die Szene bis heute vor Augen. Wie wir auf der Bank am Hafen in Nanaimo sitzen und ein netter Herr uns fragt, ob wir auf unseren Lieblingsseehund warten.

**44. Grund**

## Weil Hilfsbereitschaft großgeschrieben wird

*wELKome to Canada.*
(Kanadischer Witz)

Das ist jetzt richtig blöde – ich stehe am Flughafen von Campbell River, und das Auto springt nicht an. Es ist ein alter Van, er hat lange gestanden und braucht jetzt wahrscheinlich eine neue Batterie. Und blöderweise habe ich kein Übertragungskabel. (Ja, ich weiß, mein Fehler.) Es ist ein kleiner Flughafen, kaum Betrieb. Ich frage im Flughafen, niemand hat ein Kabel. Ich stehe ratlos neben meinem Van. Ein Jeep kommt und hält. Der Fahrer steigt aus. Ich frage ihn, ob er ein Übertragungskabel hat. Hat er leider nicht. Stattdessen drückt er mir den Autoschlüssel für seinen Jeep in die Hand. »Hier«, sagt er, »fahren Sie in die Stadt, und holen Sie eins.«

Ich sehe verblüfft auf den Autoschlüssel in meiner Hand. Blicke zum Jeep. Groß. Neu. Ohne Kratzer. Das kann ich nicht annehmen. Bis in die Stadt sind es 20 Kilometer. Ich weiß nicht. Lieber nicht.

»Danke«, sage ich und gebe dem Mann den Autoschlüssel zurück. »Das kann ich nicht annehmen.«

»Okay«, sagt der Mann, nimmt den Schlüssel und zeigt auf ein Gebäude. »Sie können es sich ja noch überlegen, ich bin dort, das ist mein Büro.«

In diesem Fall hat mich die kanadische Hilfsbereitschaft so überrumpelt, dass ich überfordert war. Jemand, der mich noch nie gesehen hat, drückt mir den Autoschlüssel für seinen neuen Jeep in die Hand. Kurze Zeit später kommt wieder ein Auto. Dieses Mal hat die Fahrerin ein Übertragungskabel, und wir starten meinen Van.

Sind die Kanadier wirklich besonders hilfsbereit oder ist das nur mein Eindruck? Kann man Hilfsbereitschaft messen oder in einer Statistik spiegeln? Es gibt einen *World Giving Index*, danach besteht Hilfsbereitschaft aus drei Komponenten. Der Bereitschaft, Geld zu spenden, sich ehrenamtlich zu engagieren und Fremden zu helfen. Drei Verhaltensweisen, die in Kanada absolut üblich sind.[89]

In den Läden laufen oft Spendenaktionen, bei denen der Kunde an der Kasse gefragt wird, ob er für eine bestimmte Sache spenden möchte. Selbst die kanadische Restaurantkette »A&W« oder Supermärkte wie »Superstore« führen solche Spendenaktionen durch. Sehr oft gibt es auch ein *matching*. Das bedeutet, dass ein Sponsor sich bereit erklärt, mit jeder Spende gleichzuziehen. Sogar der Staat nimmt manchmal am *matching* teil – Spenden der Bevölkerung über das Rote Kreuz für die Opfer der schlimmen Brände im Sommer 2018 werden von der Regierung verdoppelt.[90]

Kanadier engagieren sich ehrenamtlich, in der Schule, in der Gemeinde, in Vereinen, bei der freiwilligen Feuerwehr. Und die Hilfe gegenüber Fremden wird jeder selber erfahren, wenn er in Kanada

Hilfe oder eine Auskunft braucht. Oft muss man nicht einmal fragen. Wenn man in der Stadt hilflos guckt, spricht einen ein Einheimischer an und fragt, ob er helfen kann. Und wenn man unterwegs in einer einsamen Gegend mit dem Auto liegen bleibt, ist es selbstverständlich, dass der nächste Fahrer anhält und fragt, ob er helfen kann. Je dünner die Besiedlung, desto größer die Hilfsbereitschaft. In *remote areas*, also abgelegenen Orten, wäre das Leben sonst gar nicht möglich.

Ein gutes Beispiel ist das Dorf, in dem ich wohne. In den Wintermonaten sind es nur 300 Einwohner. Der nächste Ort ist 65 km entfernt, zur nächsten Stadt sind es 155 km. Da unterstützt man sich gegenseitig. Heute wird das durch entsprechende Facebookseiten erleichtert.

Das läuft zum Beispiel so. Mein Computer macht Mätzchen, er tippt Buchstaben mit Sonderzeichen doppelt, so kann ich nicht arbeiten. Aber der nächste Computerladen ist weit weg. Ich frage auf der Facebookseite »*Buy, sell, trade or help wanted*«, ob es im Ort jemanden gibt, der sich mit Computern auskennt. Ich schalte den PC aus und gehe zu meinen Freunden, um mich bei Kaffee und *jiffy pudding* trösten zu lassen. Die beiden sind der Meinung, dass Dave, der Lehrer, der Richtige wäre. Er hat auf dem Flughafen Vancouver die Computer auf die Umstellung für die Jahrtausendwende vorbereitet. Sie rufen bei ihm an.

Dave ist nicht zu Hause, sagt seine Frau. Er ist bei »Anna«, die hat nämlich Probleme mit ihrem Computer.

Anna – das bin ich.

Ich rase nach Hause, aber Dave ist schon wieder weg, weil niemand da war, hat aber vorsichtshalber schon mal eine Ersatztastatur bei den Nachbarn für mich abgegeben.

Ich glaube nicht, dass die Hilfsbereitschaft der Kanadier nur meine subjektive Empfindung ist – schließlich ist Kanada das zweitbeliebteste Einwanderungsland der Welt. Das wird viele Gründe haben. Und die Hilfsbereitschaft der Kanadier ist bestimmt einer davon.

45. Grund

## Weil Raffles und Basare einfach dazugehören

*Don't get send up the river for sending rubber duckies down the river.*
(DRACHE.CA)[91]

So lautet die Überschrift in einem Artikel, der erklärt, was man tun muss, wenn man für eine Wohltätigkeitsveranstaltung einen *bazar* oder eine Verlosung organisieren möchte. *Christmas bazar, spring bazar, silent auction, raffles* – es gehört zum kanadischen Alltag, dass durch diese Aktionen Geld für wohltätige Zwecke gesammelt wird. Manchmal wird auch um die Wette gekocht (s. Grund 6).

Allerdings muss man bei allen diesen Veranstaltungen die Bestimmungen beachten, damit auch alles seine Richtigkeit hat. Sonst kann es Ärger geben, siehe oben, und man wird den Fluss hoch geschickt. Das ist der nordamerikanische Ausdruck für die schwedischen Gardinen. Er bezieht sich darauf, dass die Täter in New York den Hudson River flussaufwärts ins Ossining State Prison geschickt wurden. (Das erklärt den Ausdruck Sing-Sing gleich noch mit dazu.) Da liest man sich doch lieber das 256 Seiten Handbuch *Lottery Licensing Policy Manual* durch, das in Ontario herausgegeben wird.[92]

Wofür gesammelt wird? Für alles Mögliche – für die Klassenreise zum Highschool-Abschluss, für die Lachsaufzucht, für Brandopfer. Privatpersonen und Läden spenden Geld und Ware, für die Lose verkauft oder die auf einer *silent auction* versteigert werden. *Silent* bedeutet in diesem Fall schweigend, aber nicht geheim. Neben jedem Gewinn liegt ein Zettel mit der Angabe der Mindestsumme, die man bieten muss. Man trägt ein, was man bietet, geht später noch mal vorbei, guckt nach, ob einen jemand überboten hat, und überbietet ebenfalls oder auch nicht.

Bei uns im Dorf findet das meistens in der Schule oder im Freizeitzentrum oder in beiden statt. Tische werden in der Turnhalle aufgestellt, und die Kunsthandwerker des Ortes verkaufen ihre Ware. Kinder lassen sich mit dem Nikolaus fotografieren, und Frauen backen Waffeln oder Pizza. Immer ist es ein Ereignis, an dem eigentlich alle teilnehmen, und oft ist die Vorbereitung für alle Beteiligten so stressig, dass der Ausdruck *bazar* durch *bizarre* ersetzt werden könnte, in der kanadischen Aussprache liegen die beiden Ausdrücke ja nah beieinander.

Nach ein paar Stunden ist der Frühlings- oder Weihnachts-*Bizarre* überstanden, man ist im Besitz von (unnützen) Gewinnen, mehr Keksen und Kuchen, als man essen kann oder sollte, satt von Pizza, *pancakes* und *pierogi*, und ein gutes Werk hat man auch getan.

**46. Grund**

## Weil Dinge hier ein zweites Leben bekommen

*Being stylish and creating beautiful sets does not have to be harmful to the environment.*

(Citizen Vintage, Montreal)[93]

*Vintage shopping*, das Suchen bzw. Finden besonderer Kleidungsstücke, ist für manche Kanadier direkt ein Sport. Sie sind immer auf der Suche nach dem ganz besonderen, wertvollen oder ausgefallenen Teil. Es gibt Seiten im Internet, auf denen man sich vorher schlaumachen kann, wo in einer Stadt die besten Vintage-Läden und *thrift stores* sind. Ein bisschen googeln, und man findet Tipps wie »*Tips for the 10 best thrift stores in Toronto*« und »*Where to go thrifting in Montreal*«. Selbst eine so kleine Stadt wie Clearwater hat einen *thrift shop*. 7.000 Dollar hat dieser Laden 2017 dem örtlichen Krankenhaus gespendet.

Hier sind ein paar meiner Beutestücke der letzten Jahre: zwei Bären aus Holz, Robben aus Speckstein für ein paar Dollar, eine schwere Nähmaschine (35 $), ein Top-Bügeleisen (5 $), ein fast neuer

DVD-Blue-Ray-Player (10 $) und so einiges mehr. Für Schnäppchenjäger sind diese Läden ein Paradies. Neulich sah ich in einem *thrift store* drei Männer, die ein Brautkleid anprobierten. Für sich selber, als Überraschung für die Braut, als Gag?

Das erste Mal hörte ich von der *Salvation Army* als günstige Einkaufsmöglichkeit auf einem Flug nach Kanada. Wir fragten unsere Sitznachbarin, wo wir günstig Möbel für unser Ferienhaus kaufen könnten, und sie empfahl die *Salvation Army*, die Heilsarmee. Und so kam es zu unserem ersten Besuch in einem kanadischen *thrift store*. Wir entdeckten, dass man dort von Kleidern über Bücher, Musik, Filme und Elektronik bis zu Möbeln so gut wie alles erstehen kann.

*Thrift* bedeutet auf Deutsch Sparsamkeit. Und in der Tat hat jeder Kanadier 2017 durch den Einkauf gebrauchter Dinge im Schnitt 825 $ gespart, und 1134 $ eingenommen. 85 % aller Kanadier waren *in some form*, also irgendwie, an der *second-hand economy* beteiligt. Die ist ein Geschäftsbereich mit 28,5 Milliarden Dollar Umsatz, der immerhin 1,34 % des BIP ausmacht!

Gebrauchtes zu kaufen hat in Kanada keinen negativen Ruf, sondern wird im Gegenteil als ökonomisch und ökologisch sinnvoll angesehen. Wer etwas nicht mehr braucht, bringt es zur *Salvation Army* oder einer anderen Organisation, die mit dem Verkauf gebrauchter Sachen Geld für ihre Projekte einnimmt. So bekommen Dinge ein zweites Leben und landen nicht auf ohnehin riesigen Müllbergen.

Es gibt auch privat betriebene Gebrauchtwarenläden, manchmal mit einem geradezu obskuren Angebot aus Antiquitäten und Ramsch. Und manche Läden spezialisieren sich, wie z.B. The Last Temptation in Banff, der abgedrehte Kleidungsstücke und Kostüme verkauft (www.banffthrift.com). Für ausgelesene Bücher gibt es die vielen *used book stores*. Und in den Läden der Kette Value Village findet man landesweit gebrauchte Kleidung.

In abgelegenen Gemeinden gibt es oft sogenannte *free stores*, das sind Stellen, an denen man Dinge ablegt, die man nicht mehr braucht. Die kann sich dann jeder, der möchte, abholen. Bei uns im

Dorf ist der *free store* sehr simpel: eine Kleiderstange, an der man Kleidung aufhängen kann, ein Bücherregal für die Bücher, Platz, um anderes abzustellen. Es gibt einige im Dorf, die dreimal täglich auf der Suche nach Beute dort vorbeigehen. Dieser *free store* ist also meist nicht besonders ergiebig.

Aber der auf Denman Island soll eine Fundgrube sein. Er ist in einem richtigen Gebäude untergebracht, und eine Rentnerin, die früher eine Boutique in Vancouver geleitet hat, hat das Management übernommen. Seitdem sind die Kleidungsstücke perfekt sortiert.

Und was passiert, wenn man jemanden sieht, der Abgelegtes trägt, das man erkennt? Dann lautet die Inselregel auf Denman Island: Man tut so, als ob man das Kleiderstück nicht kennt, um den anderen nicht zu beschämen.

So haben auch Kanadier mit wenig Geld die Möglichkeit, sich gut anzuziehen und schön einzurichten. Und die Umwelt wird auf diese Art und Weise auch geschont.

### 47. Grund

## Weil jeder richtige Kanadier gleichzeitig Kaffee trinken und Auto fahren kann

*Coffee is Canada's most consumed beverage*
*amoung adults – even more than tap water.*
(COFFEE ASSOCIATION OF CANADA)[94]

Eine Ära geht zu Ende. Bisher war es so: Das Land ist groß, die Strecken sind weit, die Stunden im Auto lang. Logischerweise muss man sich auf so einer Fahrt am Leben erhalten, traditionell mit Kaffee, und auf langen Strecken mit Sandwich und Müsliriegel. Jedes Auto hat Haltevorrichtungen für Getränke, und zwar nicht nur für Fahrer und Beifahrer vorne, sondern auch für die Passagiere auf den hinteren Rängen. Und das soll jetzt zu Ende sein? Kein Kaffee mehr an Bord? Diese in langen Autofahrerjahren erworbene Fertigkeit soll jetzt nicht nur überflüssig, sondern sogar strafbar sein??

Ein Blick in die Foren zeigt, die Kanadier mögen es noch nicht so recht glauben. Bisher hieß es immer, man wäre erst ein richtiger Kanadier, wenn man beim Autofahren Kaffee trinken kann. Und jetzt das?

*Distracted driving* heißt das Wort, das Kaffee und Sandwich am Steuer verdammt, »abgelenktes Fahren«. 368 $ Strafe kann es kosten, und 6 Punkte Abzug gibt es gleich noch dazu. Ab Januar 2019 wird es in Ontario noch härter bestraft.[95] Damit versucht die RCMP, die kanadische Polizei, eine urtypische kanadische Angewohnheit zu vernichten.

Unglauben bei den Fragern im Internet. Dass man kein Steak am Steuer isst, sei ja eine Selbstverständlichkeit, aber ein Sandwich essen und Kaffee trinken? Da würde die Polizei doch bestimmt ein Auge zudrücken! Nein, tut sie anscheinend nicht, berichtet ein Teilnehmer, in Vancouver soll sogar jemand dafür bestraft worden sein, dass er ein paar Tic-Tacs am Steuer einwarf.

Auto fahren gehört in Kanada zum Leben. Wandern, Hiken, Trails bewältigen ist eine Sache. Sich von A nach B bewegen eine andere. Wenn man jemanden fragt, wie weit es bis zum Supermarkt ist, bekommt man eine Antwort wie zum Beispiel »10 Minuten«. Damit sind Fahrminuten gemeint, wohlgemerkt, auf keinen Fall Fußminuten!

Meine Freundin Judy hat für diese Art der Fortbewegung ohne Auto den Ausdruck *the German way* geprägt, weil ich im Dorf so viel zu Fuß gehe. Es ist ein kleines übersichtliches Dorf, von der Brücke am Dorfende (da, wo die Lachse nach dem Ablaichen sterben) bis zum Maquinna Motel am anderen Ende sind es vier Kilometer. Warum nehmen hier alle selbst für kleine Strecken das Auto?

Judy erklärt mir, man nimmt das Auto a) wenn man es eilig hat, b) wenn man etwas transportieren muss oder c) wenn es regnet. Und eins dieser drei Dinge trifft eigentlich immer zu. Besonders c), weil das Dorf ja im Regenwald liegt und es hier wirklich oft regnet. Da kommen im Jahr gut 4.000 Liter oder mehr an Regen zusammen. Und wenn ich ganz ehrlich bin, merke ich, dass diese drei Gründe auch bei mir oft zutreffen und ich anfange, *the German way* zu vernachlässigen.

Für so eine kleine Strecke im Dorf braucht man natürlich keinen Kaffee. Aber Kanadier fahren durchaus sechs Stunden für einen Familienbesuch am Wochenende von Winnipeg nach Regina. Und zurück. Für so eine Fahrt braucht man Verpflegung, schließlich will man nicht andauernd anhalten. Auf solchen Fahrten hat meine Nachbarin früher gelesen, wenn die Straßen leer und die Strecken gerade waren. Dass *DAS* als *distracted driving* gilt, leuchtet ein. Auch Kanadiern. Aber dass man ihnen ihren Kaffee wegnehmen will? Das sehen sie irgendwie nicht so richtig ein.

Auf der Seite der RCMP kann man nachlesen, was jetzt alles nicht mehr mit dem Autofahren verbunden werden darf. Es ist im Grunde alles, wofür man eine Hand vom Steuer nimmt und / oder was einen ablenkt. Unter Umständen sogar das Gespräch mit den Mitfahrern. Telefonieren sowieso. Texten auch. Und ja, essen unterwegs ist nicht mehr drin. Und der Kaffee gehört auch dazu.[96]

Ratschlag der Polizei: Bis zu einer roten Ampel warten und dann trinken. Denn dass es undenkbar ist, dass ein Kanadier auf einer Autofahrt überhaupt keinen Kaffee mehr trinkt, das leuchtet sogar der Polizei ein.

48. Grund

## Weil Männer hier im Dezember Shorts tragen

*You are my sunshine, my only sunshine.*
(Johnny Cash)[97]

Sobald die Sonne scheint und es über 20 Grad sind, ziehen viele Kanadier ihre Shorts an. Ich habe noch nie im Winter so viele Männer in Shorts gesehen wie in Vancouver im Dezember. Strandpromenaden zählen nicht als Vergleich, ich rede hier vom Alltagsleben in der Stadt. Vom Busfahrer des Stadtbusses Nr. 7 von Dunbar nach Downtown. Vom Briefträger, der auf der 18. Ave Mitte Dezember bei Sonnenschein die Post in Shorts austrägt. Und vom Nachbarn, der im Winter draußen vor dem Haus in Shorts sein Auto wäscht, weil das Wetter trocken und sonnig ist.

Sollte das Tragen von Shorts im Winter nicht möglich sein, weil man z.B. in Ontario, Quebec, Saskatchewan oder noch nördlicher wohnt, fährt man mindestens für ein oder zwei Wochen irgendwohin, wo es möglich ist. Zum Beispiel nach Florida, Arizona oder New Mexico. Oder man fliegt nach Hawaii, Costa Rica, Kuba, Mexiko oder in die Dominikanische Republik.

Und wenn man Rentner ist, fliegt oder fährt man nicht nur für eine oder zwei Wochen, sondern gleich ein paar Monate. Am besten den ganzen Winter. *Snowbirds* heißen diese Nordamerikaner, die wie die Zugvögel regelmäßig im kalten Winter in den Süden ziehen.

Mexiko ist bei den Kanadiern so beliebt, dass es dort im Winter kleine kanadische Enklaven gibt. Stell dir vor, wen ich in Melaqui getroffen habe, erzählt man hinterher und zählt alle Freunde, Bekannten und Verwandten auf, die man zufällig oder verabredet in dem kleinen Ort in Mexiko getroffen hat.

Viele *Canadian snowbirds* teilen ihre Erfahrungen in Mexiko auf den entsprechenden Webseiten, mit Kommentaren wie »*Great little* *beach town*«[98] bis zu: Ich war dort beim Zahnarzt, und es war viel günstiger als zu Hause.*

Auch viele Kanadier, die ihr Geld mit Tourismus im Sommer verdienen, verbringen ihre Winter im Süden. Die Besitzer der Marina bei uns im Dorf schließen im Oktober und verbringen fünf Monate in Costa Rica. Meine Freunde aus Moose Jaw, Saskatchewan, sind jetzt in Rente und können es sich leisten, nach der 30-Grad-Regel zu leben. Immer, wenn es in Saskatchewan über oder unter 30 Grad werden, kommen sie in ihr Ferienhaus auf Vancouver Island. (Ja, für Bewohner aus Saskatchewan ist Vancouver Island der Süden – schließlich blühen hier im Dezember die Rosen, s. Grund 22.)

Besonders hart sind natürlich die Winter im Norden Kanadas. Im Norden BCs, wenn die Sonne erst vormittags um 10 Uhr aufgeht und es um 4 Uhr schon wieder dunkel ist. Oder in Nunavut, wo die Wintermonate durchgehend dunkel sind. Keine Sonne. Wochenlang. Ich befrage Jill dazu, die drei Jahre in Pangnirtung gelebt hat. Und so fühlte es sich für sie an, als sie am 1. Februar zum ersten Mal nach dem langen Winter die Sonne sah:

»Wir rannten nach oben in den 3. Stock und standen am Fenster, in das die Sonne schien, wir schlossen unsere Augen und tankten Wärme und Licht. Es war nur eine Minute, aber es ist mir unmöglich, die unbändige Freude zu beschreiben, die in mir aufstieg, als ich für einen kurzen Moment von Sonne umfangen wurde.«

Und weiter schreibt sie: »Eine Winterreise in die Sonne war für uns im Norden kein Luxus … es war eine Notwendigkeit.«

Wenn der Frühling in Kanada dann endlich kommt, werden überall – wo klimatisch möglich – Blumen gepflanzt. Die Parkanlagen erblühen, an den Straßenlaternen hängen Blumenkörbe in bunten Farben, und vor den Supermärkten stehen auf großen Paletten die Blumen für den Garten. Und klar, dass dann die Shorts zum Einsatz

---

* *Die staatliche Krankenversicherung zahlt keine Zahnbehandlungen, dafür braucht man eine Zusatzversicherung.*

kommen. Obwohl – wenn ich es mir so richtig überlege, sehe ich fast mehr Männer in Shorts im Winter. Aber vielleicht fallen sie mir da auch einfach nur mehr auf …

## 49. Grund

# Weil Kanadier stolz auf ihr Land sind

*Number 14: Poutine, and Ryan Reynolds.*
(BUZZFEED.COM)[99]

Tim Hortons in Campbell River sieht aus wie alle Tim Hortons, hat aber einen schöneren Ausblick als viele. Wenn ich in die Stadt zum *grocery shopping* fahre, also um Vorräte für die nächsten ein oder zwei Wochen einzukaufen, dann gehört ein Stopp bei Tim Hortons dazu. Ich lasse meinen Kaffeebecher auffüllen, setze mich ans Fenster und sehe auf die Strait of Georgia. Aber manchmal schweift mein Blick natürlich auch auf den Fernseher über der Eingangstür. Dort laufen Infos, in Abständen das Horoskop für alle Sternzeichen, und immer wieder »*we are proud …*«.

*Proud to be Canadian, proud to serve you, proud …* – stolz. Kanadier haben kein Problem damit, auf ihr Land, ihre Heimat, ihre Stadt stolz zu sein. Ganz besonders am »Canada Day«. Am 1. Juli ist das ganze Land kollektiv stolz und zeigt es durch Fahnen überall – von der Wange über den Trinkbecher bis zum Gartenstuhl (s. Grund 81).

Wenn man im Internet die Stichworte »*Canada*« und »*proud*« eingibt, kommt man auf Seiten, die unendliche Gründe aufzählen, warum Kanadier stolz auf ihr Land sind. Ein liberales Multikulti-Land mit gelungener Integration, staatlicher Gesundheitsfürsorge, staatlicher Altersrente, dessen Einwohner umgänglich und höflich sind, sich ständig entschuldigen und keine Waffen zu Hause haben. Ein sicheres Land mit einer niedrigen Kriminalitätsrate. Das alles sind wirklich gute Gründe, stolz zu sein.

»*23 Things Canadians Are Truly Proud Of*« heißt es auf einer Seite im Internet. Platz 14 teilen sich die *poutine* (s. Grund 35) und Ryan Reynolds. (Das ist der gut aussehende Schauspieler an der Seite von Sandra Bullock in der romantischen Komödie *Selbst ist die Braut.*)

*That we are smart enough to ban guns, not Kinder Surprises* – dass wir klug genug sind, Waffen zu verbieten statt Überraschungseier (s. Grund 3).

*But man, are we good at making it, especially compared to our southern compatriots,* schreibt Todd Humber über das kanadische Bier im *Canadian HR Reporter* in seinen Gründen, stolz auf Kanada zu sein. Und gibt so auch gleich noch einen kleinen Seitenhieb auf die Nachbarn im Süden mit dazu. Denn auch darauf sind die Kanadier stolz – dass sie anders sind als *the Americans* (Grund 3).[100]

## 50. Grund

## Weil der hässlichste Weihnachtspullover einen Preis bekommt

*Enjoy the priceless looks of horror you're bound to get once you step outside wearing it.*
(REDFLAGDEALS.COM)[101]

»Komm mit, wir machen eine *twinkle tour*«, sagen meine Freunde Tony und Judy. Und los geht's. Wir fahren die Straßen des kleinen Dorfes ab und besichtigen die Häuser, die die schönste oder vielleicht auch absurdeste Weihnachtsbeleuchtung haben. Im Dezember wird es spät hell und früh dunkel, da ist ein bisschen Extra-Licht nicht schlecht, und so überziehen manche Kanadier ihr ganzes Haus mit Lichterketten, vom Dach bis zum *basement*, und die auf dem Rasen vor dem Haus aufgestellten Rentiere und Weihnachtsmänner gleich noch dazu. Irgendwie haben Kanadier oder sagen wir viele Kanadier keine Angst vor Kitsch. Am Canada Day kann man sich durchaus die kanadische Flagge auf die Wange malen oder rot-weiße Ohrringe mit Ahornblatt tragen, ohne doof aufzufallen (siehe Grund 81). Zu Halloween ausgehöhlte Kürbisse sind ja noch harmlos, ein Gespenst im Vorgarten oder sogar Skelette sind da schon eindrucksvoller. Aber so richtig los geht es im Dezember.

Die Krönung ist der Wettbewerb für den *ugliest christmas sweater*, den hässlichsten Weihnachtspullover. Dazu könnte man auch ein verunglücktes Strickprojekt aus der Kiste holen und aufpeppen, aber wer das nicht hat, kann sich einen Pulli kaufen. Es gibt Seiten, auf denen man nachsehen kann, wo es die hässlichsten Weihnachtspullover zu kaufen gibt.

Eine Webseite ist redflagdeals.com mit dem Untertitel: »*Where Canadians save*« (Wo Kanadier sparen). Und zwar nicht, indem man sich keinen hässlichen Weihnachtspullover kauft, sondern wo man einen zu welchem Preis bekommt. Dazu gibt es zehn Vorschläge in allen Preislagen, von 10 $ bis 568 $! Vom Dollarama über H&M bis zur Hudson's Bay.

Die Hudson's Bay ist ein eher hochpreisiges Kaufhaus, das aus dem Pelzhandel entstand (s. Grund 92). Die *Ugly Christmas Sweater* von H&M sind im Mittelfeld. Und wer es billig haben will und einen alten Pullover als Grundlage nehmen möchte, der eh nutzlos im Schrank liegt, kann sich alles nötige Material in einem Dollarama oder Dollar Store besorgen. Einem dieser Läden, wo alles ein bis zwei Dollar kostet. »*Enjoy the priceless looks of horror you're bound to get once you step outside wearing it*«, lautet der verheißungsvolle Spruch für diese Variante. Genießen Sie die unbezahlbaren Blicke des Horrors, wenn sie den Pullover draußen tragen.

Das Unternehmen retrofestive.ca wirbt damit, die größte Auswahl an hässlichen Weihnachtspullovern in ganz Kanada zu bieten, und schreibt stolz: »*We ship across Canada from Oakville, Ontario*«. So hat man auch in Dease Lake in BC, Carcross im Yukon oder Moose Jaw in Saskatchewan die Möglichkeit, sich einen besonders hässlichen Weihnachtspullover zuzulegen.[102]

Es muss aber nicht nur ein Pullover sein. Auf der Seite findet man auch den passenden Schmuck dazu. Weihnachtskugeln als Ohrringe, blinkende Elchköpfe aus Filz als Broschen und eine Kette mit »*Ho ho ho*«. (Das ruft der nordamerikanische Weihnachtsmann.) Und wer möchte, kann *moose mugs*, Elchbecher, für seine heiße Schokolade gleich dazubestellen.

Auch die Städte sind munter beim *Christmas lighting* mit dabei. An den Niagarafällen gibt es seit 1983 das Winter *Festival of Lights* mit Millionen von Lichtern an einer 8 km langen Strecke. Das zieht immerhin 1,33 Mio. Besucher an und hat eine wirtschaftliche Bedeutung von 62 Mio. Dollar.[103] In Vancouver gab es 2016 das größte Lichterlabyrinth der Welt, mit einem 7 m großen Rentier und einem 19,5 m hohen Weihnachtsbaum.[104]

In Victoria hat man übrigens schon 1897 den Besuch der Queen Victoria als Anlass genommen, das ganze mächtige Parlamentsgebäude mit 3.000 Lichtern zu schmücken. Es sah so beeindruckend aus, dass man die Beleuchtung nie mehr abgenommen hat. Bis heute erstrahlt das Parlamentsgebäude jede Nacht in voller Pracht und gehört damit mittlerweile zu den Wahrzeichen Victorias.

Anbetracht dessen ist die *twinkle tour,* die wir hier durch unser Dorf machen, sehr bescheiden, aber natürlich trotzdem – oder gerade deswegen? – besonders schön.

Kapitel 6

# Berge und Bären

51. Grund

## Weil es hier Regionen ohne Handy-Empfang gibt

*There's much more time to look around and listen to what's around you ...*
(ÜBERSCHRIFT IN *THE GUARDIAN*)[105]

Ich interviewe die beiden Familien direkt nach ihrer Ankunft am Anleger, wo das Wassertaxi sie nach ihrer Wanderung auf dem Nootka-Trail abholt. Drei Erwachsene und fünf Kinder sind eine Woche lang in der Wildnis unterwegs gewesen. Sie sind 32 Kilometer an der Küste entlanggelaufen, über schwieriges Gelände, ohne Infrastruktur der Zivilisation. Nicht einmal Handy-Empfang gibt es dort.

Das war mit einer der Gründe, warum die Eltern mit den Kindern diese Wanderung gemacht haben. Sie wollten, dass ihre Kinder einmal für eine Woche nicht erreichbar waren. Keine Anrufe, kein Simsen, kein Internet. Ich frage die Kinder, wie sie das fanden.

Sie sagen, dass ihre Klassenkameraden sich nicht vorstellen konnten, dass das überhaupt möglich sei. Sie klingen ein bisschen stolz, dass sie es durchgestanden haben, aber sie sind auch froh, dass es bald vorbei ist. Noch eine Stunde Bootsfahrt plus 155 km Autofahrt, und sie haben es geschafft. Dann werden sie endlich wieder per Handy erreichbar sein.

Nicht ständig erreichbar zu sein ist für viele mittlerweile unvorstellbar. Aber für Menschen, die in Kanada in abgelegenen Orten leben, ist es immer noch Alltag.

»Und was macht man bei einem Notfall?«, fragen mich meine Gäste, wenn wir in den Rockies unterwegs sind. In den drei Nationalparks Banff, Jasper und Yoho gibt es nur in den Städten Handy-Empfang.

Ja, was macht man in einem Notfall? Und wie ging es früher? Bis vor 25 Jahren ging es doch auch überall ohne. Textnachrichten wurden überhaupt erst 1994 eingeführt. Abgelegene Orte wurden von Booten und Buschfliegern versorgt. Die brachten die Post und manchmal auch die Nachrichten. In dem durch ein Sägewerk entstandenen Ort Tahsis wurden die Nachrichten früher per Kassette gebracht. Jemand nahm die Nachrichten in Vancouver auf. Zwei Tage später kamen sie mit dem Postflugzeug an und wurden abgespielt.

»Zwei Tage«, sage ich. »Aber …«

»Im Grunde machte es gar keinen Unterschied«, sagt Judy. »Und wenn wirklich was los war, dann bekam man es irgendwie mit.«

Viele Orte, auch weit draußen, haben eine *landline*, Festnetztelefon. Für die sehr abgelegenen Häuser oder Siedlungen gibt es Radiofunk. So läuft bei meinen Freunden Tony und Judy immer noch der Radiofunk durchgehend, weil das mit zu ihrem Job gehört. Aber es wird kaum noch genutzt. Auch viele abgelegene Orte haben mittlerweile Internet. Und das Internet ersetzt im Grunde sowieso mehr und mehr das Telefon. Und es gibt zunehmend Menschen, die es als Erholung betrachten, nicht ständig erreichbar zu sein.

Neulich hat ein Ort auf Vancouver Island den Anschluss ans Mobilfunknetz abgelehnt. Erst hat Gold River jahrelang darum gekämpft, einen zu bekommen. Und jetzt, kurz bevor sie angeschlossen werden, lehnen sie es plötzlich ab.

Und wenn wirklich ein Notfall ist, zum Beispiel in den Rockies? Dann hält man ein Auto an und bittet darum, dass aus der nächsten Stadt oder von der nächsten Raststätte über Internet oder Festnetz Hilfe angefordert wird.

Es ist ungewohnt für die Gäste. Sie haben ihre Handys dabei und können nichts damit anfangen. Man kann nicht mal eben das Reh fotografieren und sofort an die Kinder oder Enkel schicken. Der Moment, in dem die Sonne die Bergspitzen orange-golden ausleuchtet, kann nicht sofort geteilt werden. Und plötzlich kann man ohne Ablenkung auf die Natur, die schneebedeckten Gipfel und den Sonnenuntergang sehen. So wie es in einer Überschrift im *The Guardian* vom September 2017 heißt:

*There's much more time to look around and listen to what's around you …* (Es gibt viel mehr Zeit um sich umzusehen und zu hören, was um einen herum ist …)

### 52. Grund

## Weil es in Chibougamau schon vormittags Mittagessen gibt

*Come for the culture and the scenery.*
*Stay because your car won't start.*
(*Meanwhile in Canada*)[106]

Mitte Dezember. Im Norden Quebecs. Wir fahren durch einen Schwarz-Weiß-Film. Eine schneebedeckte Landschaft, eine einsame Straße, auf der wir das einzige Auto sind. Wir sind direkt froh, als ein Anhalter am Straßenrand winkt. Es ist ein Zeichen dafür, dass wir in dieser endlosen Schneelandschaft nicht die einzigen Menschen sind und die Straße anscheinend doch irgendwo hinführt. Natürlich nehmen wir ihn mit. Wir wollen nach Chibougamau und dort übernachten. Der Anhalter steigt unterwegs aus und verschwindet in der weißen Landschaft.

Die Straße zieht sich. Das Schneetreiben nimmt zu. Gerade noch rechtzeitig, ehe der Schneesturm in voller Stärke einsetzt, erreichen wir endlich den Ort. Von dem Ort sieht man allerdings nichts, waagerecht stürmen die Schneeflocken um uns. Man kann kaum einen Meter weit sehen. Mit Mühe finden wir ein Motel.

Wir parken vor der Tür und schließen das Auto an die Steckdose an. Das schützt die Batterie bei dieser Kälte, sonst kann man einen Start am nächsten Tag vergessen. Jedes Motel im Norden hat Steckdosen draußen vor den Zimmern, sodass man sein Auto anschließen kann. Bei Durchschnittstemperaturen von –18 °C nachts im Dezember ist das auch bitter nötig. Selbst am Tag ist die Durchschnittstemperatur in Chibougamau im Winter –13,6 °C! Mit Mühe finden wir ein Restaurant in der Nähe. Wir bestellen Rippchen. Jeder eine Portion. Nach einer Weile stellt die Kellnerin vor jeden einen Teller, auf dem ein großer Haufen Rippchen liegt, genug für eine vierköpfige Familie. Lecker, aber keine Beilagen. Wir fragen nach einem Salat.

*Coleslaw?* Das ist der beliebte kanadische Kohlsalat.

Ja, gerne.

Einen?

Nein, zwei natürlich, was für eine Frage, wir wollen jeder einen. Kurze Zeit später steht vor jedem eine große Schüssel Kohlsalat, der für ebenfalls eine vierköpfige Familie ausreichen würde. Jetzt macht die Frage Sinn. Einer hätte mehr als gereicht.

Draußen tobt der Schneesturm die ganze Nacht. Aber wir sind gut gesättigt, das Zimmer warm, die Autobatterie geschützt. Am nächsten Morgen ist es friedlich, still, weiß.

10 Uhr vormittags. Vor dem Restaurant des Motels stehen eine Reihe von Pick-ups. Auf den Ladeflächen hängen tote Karibus. Aufgeschlitzt, ausgenommen, hängen drei oder vier Karibus pro Pick-up auf der Ladefläche und werden vom Klima eingefroren. 90–150 kg kann so ein Karibu wiegen, je nach Alter und Geschlecht. So eine Pick-up-Ladung wird die Familie durch den Winter bringen.

Das Restaurant ist voll, die Kellnerin legt die Mittagskarte vor uns hin. Wir fragen, ob wir auch ein Frühstück bekommen können. Klar, kein Problem. Aber die Jäger um uns herum sind natürlich schon beim Mittagessen, schließlich sind sie frühmorgens aufgestanden und haben ihr Tagewerk schon getan.

Nicht jeder geht auf die Jagd, um die Truhe für den Winter zu füllen. *Big game hunting* ist auch ein Sport. Doch diese Zeiten sind jetzt in Quebec vorbei. Die Karibuherden werden kleiner, und so war 2017/18 die letzte Jagdsaison. Karibus dürfen als Sport nicht mehr gejagt werden. Die Ureinwohner dürfen nach wie vor jagen, aber es gibt genaue Vorschriften.[107]

Nach dem Frühstück geht es weiter durch die Schneelandschaft. Wir haben uns unsere Thermoskanne im Restaurant füllen lassen, denn das haben wir auf der Fahrt durch den Norden Quebecs gelernt. Außerhalb der Städte ist im Winter nirgendwo Kaffee aufzutreiben. Alles ist geschlossen. Die wenigen Cafés oder Restaurants, die es unterwegs gibt, sind nur im Sommer geöffnet.

PS: Chibougamau ist eine 1-Tim-Hortons-Stadt (s. Grund 7).

**53. Grund**

## Weil es in den Rocky Mountains eine heilige Insel gibt

*I guess the most beautiful sound in*
*the Canadian Rockies is just silence.*
(EDDIE HUNTER, *THE WISE MAN*)[108]

Wir halten auf einem Rastplatz und steigen aus. Es ist irgendwo am Icefields Parkway. Es ist keiner von den spektakulären Orten, die in allen Reiseführern empfohlen werden. Kein Wasserfall, kein Wanderweg, kein türkisfarbener See. Hier gibt es weder Toilette noch Giftshop. Es ist einfach nur ein Mini-Rastplatz an der einzigen Straße durch die Wildnis.

Ein kleiner Pfad führt in den Wald. Wir bleiben stehen. Jetzt können wir die Stille hören: Wind, der Blätter rascheln lässt. Vögel zwitschern. Welche – gute Frage, in diesen Bergen leben viele Vögel. Hinter uns gluckst es.

Ein Bär? Unsinn, Bären glucksen nicht. In der Tat hört man Bären eher nicht, sie bewegen sich geräuschlos, das ist ja das Beängstigende. Ein bisschen Nervosität ist immer dabei, wenn man in der Wildnis ist.

Wir drehen uns um, hinter uns ist ein Tümpel. In der Mitte des Wassers steigen Blasen auf, das verursacht das Glucksen. Wir gehen die paar Schritte zurück zum Auto und fahren weiter. Wir könnten jetzt alle 100 Meter anhalten und fotografieren. Ein Postkartenmotiv reiht sich an das nächste. Die kanadischen Rockies sind eine Aneinanderreihung von Superlativen unter den Naturschönheiten:

*Johnston Canyon, Mistaya Canyon, Athabasca Falls, Maligne Canyon* – Orte, die das Sprichwort »Steter Tropfen höhlt den Stein« perfekt illustrieren. Orte, an denen das Wasser zischt und spritzt und Sprühnebel die Haut benetzt. An denen die Felsen und Schluchten immer noch vom Wasser geformt werden.

*Lake Louise, Moraine Lake, Peyto Lake, Maligne Lake* – jeder See von einer noch intensiveren Farbe als der vorhergehende.

Das *Columbia Icefield* – mehr als 30 Gletscher auf 390 km$^2$, das ist fast Größe von Köln. Das Eis ist bis zu 360 m dick, also in die Tiefe. Wir laufen über das Geröllfeld bis zum schmutzig-grauen Eisfeld, auf dem Weg zeigen die Markierungen den Rückzug des Eisfeldes. Jahr für Jahr, immer schneller, nehmen die Gletscher ab.

*Banff, Lake Louise Village, Jasper* – kleine Orte, in denen man komfortabel wohnen kann. Geheizte Zimmer, heiße Dusche, Spa, Schwimmbad, üppiges Frühstück und Internet. Flecken der Zivilisation inmitten der weiten Wildnis.

An den bekannten Orten ist viel los, aber wer wandert, klettert oder Kanu fährt, kann auch heute noch die Einsamkeit und Stille der Canadian Rockies erleben, draußen in der Natur, mit Zelt und Schlafsack. So wie es damals Mary Schäffer und David Thompson erlebten. Allerdings ist es heute einfacher, sich auf so eine Tour vorzubereiten, weil es gute Karten gibt. In der Tat ist es so: Dank David Thompson gibt es Landkarten. Thompson hat Anfang des 19. Jahrhunderts als Landvermesser und Kartograf 90.000 Kilometer zurückgelegt. Zu Fuß! Durch die Wildnis! Und so genaue Karten erstellt, dass sie noch 100 Jahre später nachgedruckt werden konnten.

Mary Schäffer hat am Ende des 20. Jahrhunderts die Pflanzen der Rockies dokumentiert. Ihr wird die »Entdeckung« des Maligne Lakes zugeschrieben.[109] Entdeckung in Anführungszeichen, denn natürlich haben die *Stoney Nakoda First Nation* den See schon lange gekannt und als heiligen Ort geehrt.

Spirit Island, die heilige Insel, wird auch heute noch nur zu rituellen Handlungen betreten. Sie liegt am Ende des 22 km langen Maligne Lakes und kann nur per Boot erreicht werden. Während der Fahrt über den See wechselt die Farbe des Wassers von Grünblau zu Smaragdgrün. Eine mächtige Bergkette umrandet den See, die »Queen Elisabeth Ranges«. Die Benennung der Bergkette war 1953 ein Geschenk des kanadischen Staates an sein neues Staatsoberhaupt Elisabeth II (s. Grund 91).

Hier am Ende des Sees, mit Blick auf die Queen Elisabeth Ranges, das smaragdfarbene Wasser und das kleine Spirit Island kann man die Stille der Rockies spüren. Aber zum Glück nicht nur hier. Die kanadischen Rocky Mountains sind halb so groß wie Deutschland und haben 21 Naturparks – da wird man ja wohl ein Fleckchen Natur finden, wo man die Stille hören kann.

**54. Grund**

## Weil Straßenschilder erklären, wie sich Bären und Pumas verhalten

*Welcome to the Village of Tahsis.*
*BEARS!!!*
(STRASSENSCHILD)

Dieses Schild steht an mehreren Stellen in meinem Dorf. Je öfter man daran vorbeigeht, desto mehr verliert es an Wirkung. Aber es ist ja auch mehr für diejenigen gedacht, die nicht jeden Tag dran vorbeigehen.

*You may encounter a bear in your yard or your neighborhood,* Sie können in ihrem Garten oder in der Nachbarschaft auf einen Bären treffen, heißt im nächsten Satz. Und dann kommt eine Erklärung zu den Bären. Welche Bären gefährlich sind, was man über Bären wissen muss und was man vermeiden soll.

Das meiste davon sagt einem eigentlich schon der gesunde Menschenverstand. Am gefährlichsten sind die Bärinnen mit ihren Kleinen. Ihnen darf man auf keinen Fall zu nahe kommen. Und es ist auch eine Selbstverständlichkeit, dass man keinen Müll draußen rumliegen lässt. In allen Orten, in denen Bären sein können, gibt es außerdem bärensichere Mülltonnen. Das sind Mülltonnen, deren Deckel einen Mechanismus haben, den Bären nicht öffnen können.

Eine halbe Mio. Bären leben in Kanada, die meisten davon sind Schwarzbären. Es gibt nur noch wenige Eisbären und Grizzlys, und beide Arten sind bedroht. Viele Touristen möchten unbedingt Bären sehen, wenn sie in Kanada sind. Es gibt viele Anbieter für *bear watching*, das Bärenbeobachten, und so ein *bear watching* ist oft das Highlight einer Kanadareise.

Hier im Dorf brauchen wir kein *bear watching* zu buchen, hier gibt es Bären wie Moskitos, um es mit den Worten der Bibliothekarin im Ort auszudrücken. Deswegen haben wir die blauen Bärenwarnschilder, bärensichere Mülltonnen und zweimal im Jahr eine Postwurfsendung, die über das Verhalten mit Bären aufklärt. Aber zum Glück gibt es bei uns im Dorf gar nicht so viele Moskitos, und auch Bären sieht man nicht andauernd. Schon deswegen, weil die Bären zu anderen Zeiten als Menschen unterwegs sind. Nachts oder in den frühen Morgenstunden fressen sie die Brombeeren, holen die reifen Pflaumen vom Baum und fischen die toten Lachse im Fluss.

Gelegentlich kommt es vor, dass Bären lästig werden, indem sie sich zum Beispiel ständig in der Nähe der Schule herumtreiben. Dann wird ein *wildlife officer* gerufen, der sogenannte Bärenfallen aufstellt. Eine Bärenfalle sieht aus wie eine große Regentonne. Sie ist vorne offen, und an der Rückseite hängt innen ein stark riechender Köder. Wenn der Bär in der Falle ist, schnappt sie zu. Die Falle wird an ein Fahrzeug angehängt und der Bär in der Wildnis ausgesetzt.

Tödliche Unfälle mit Bären sind zum Glück sehr selten. Und rein statistisch gesehen sind jeder Flug und jede Autofahrt erheblich gefährlicher. Und doch – wenn man nachts im Zelt liegt und merkwürdige Geräusche hört, fallen einem diese Cartoons ein und sind dann plötzlich nicht mehr witzig: Zwei Bären stehen vor zwei schlafenden Menschen in Schlafsäcken. Sagt der eine zum anderen: »Sieh mal, Sandwiches!«

Oder: Was ist *Canadian Meals on Wheels?* Zwei Bären, die einem Radler hinterherrennen …

Mehr Angst flößt mir das mobile Straßenschild ein: ein Puma auf einem gelben Warnquadrat. Immer wenn im Dorf ein Puma gesichtet wird, stellen sie an der Stelle das Warnschild auf. Als ob der Standort eines Pumas statisch wäre. Gerade Pumas sind doch besonders schnell. Wie soll so ein Schild da Sinn machen?

*Cougars*, Pumas, sind durchaus gefährlich. Nicht unbedingt für Erwachsene, aber auf jeden Fall für Kinder und kleinere Hunde. Bei uns im Wald in der Nähe der Müllkippe steht ein Gedenkschild an einen von einem Puma gefressenen Pudel. Hat der Besitzer aufgestellt. Wenn man an diesem Schild vorbeigeht, lauscht man noch eine halbe Stunde lang auf jeden knickenden Ast.

Elche, Wapitis, Dickhornschafe, Bergziegen, Rehe, Eichhörnchen, sogar Kojoten und Wölfe sieht man in Kanada. Aber der Star unter den Wildtieren ist und bleibt der Bär. Schon in den Mythen der Ureinwohner hat er eine große Rolle gespielt. Er ist das Symbol für Macht, Mut und Kraft. Halsketten mit Bärenkrallen versprechen Schutz. In vielen Legenden heiraten Bären und Stammesmitglieder.

In BC gibt es eine Unterart der Schwarzbären, die ab und zu einen weißen Bären hervorbringt. Es ist weder ein Eisbär noch ein Albino, sondern ein weißer Schwarzbär: der *Ghost* oder *Spirit Bear.*

In der Mythologie der *Tsimshian First Nations* erinnert der *Spirit Bear* an die Zeit, als die Erde mit Gletschern bedeckt war: *The white bears would remind people of the time of the glaciers* (Raven and the Spirit Bear).[110] Aber diese Geisterbären sieht man wirklich selten.

### 55. Grund

## Weil das Leben hoch im Norden immer noch ein Abenteuer ist

*Hello from the inside of a snow globe! Actually, it is super mild and kinda raining so about 100 times worse than snow. Everything will be a sheet of ice overnight I bet. Yuck.*
(Meine Freundin Cathy C.)

Im Sommer auf dem Alaska Highway durch die Weite Kanadas zu fahren oder auf dem Moose Lake nahe Atlin zu paddeln, wenn ein Sack mit Äpfeln und Schokoriegeln bärensicher im Baum hängt, ist toll.

Aber so richtig lernt man das Leben im Norden Kanadas erst kennen, wenn man dort lebt. Meine Freundin Cathy ist mit ihrer Familie vor einem Jahr nach Dease Lake, BC gezogen, da ihr Mann dort eine Stelle als Direktor der örtlichen Schule bekam. Jetzt schickt sie jeden Montag eine Rundmail, in der sie von ihrem Leben im Norden berichtet.

27. November 2017
*Es hat ziemlich viel geschneit, aber heute ist es mild, so um die minus 12 Grad. An Schultagen sind die Kinder in den Pausen bis minus 20 Grad draußen. Ich gebe mir Mühe, daran zu denken, dass ich den Pick-up vom Strom abkoppeln muss, ehe ich losfahre. Das ist schwieriger, als man denkt!*

7. Januar 2018
*Etwas sehr Interessantes ist diese Woche passiert. Wir haben einen neuen Vorteil des Lebens in Dease Lake entdeckt. Es hat sich herausgestellt, dass zwei- oder dreimal im Jahr ein großer Laster mit Lebensmitteln auf dem Weg nach Alaska verunglückt oder liegen bleibt, und die Polizei gibt ihn dann für die Einheimischen frei, sodass sie so viele*

*Lebensmittel umsonst mitnehmen können, wie sie tragen können, ehe die Ladung einfriert oder auftaut, je nach Wetter und Ladung.*

18. November 2018

*Ich liebe unseren kleinen lokalen Supermarkt, aber die Preise sind verständlicherweise hoch, und so hat niemand genügend frische Lebensmittel für die Kinder, da wir sieben Stunden vom nächsten Supermarkt entfernt sind. Und jeder, der Kinder kennt, weiß, dass sie weder fühlen, denken noch sich gut benehmen können, wenn der Bauch voller Fastfood oder, noch schlimmer, leer ist.*

9. Dezember 2018

*Diese Woche ging's in der Schule hauptsächlich um Tiere, und zwar um Grizzlybären und Kopfläuse. Ich hielt ständig nach beiden Ausschau. Grizzlys: Auf dem Spielplatz behielt ich den Waldrand im Blick, weil ein junger Grizzly mehrmals hier in der Stadt gesehen wurde. Glücklicherweise kam er nicht. Ich habe den alten »Schulbären« von Tahsis vermisst, den friedliebenden Löwenzahn fressenden alten fetten Schwarzbären, der niemanden auf dem Spielplatz belästigt hat, wenn er kam. Und was die Läuse betrifft, die waren hauptsächlich in den Räumen der 2/3- und der 4/5-Klasse. Yuck.*

Happy New Year!

*Es ist KALT. Wir hatten jetzt mehrere Tage nacheinander minus 40 Grad. Mit dem Windchill-Faktor sind es unter minus 50. Ich startete den Pick-up und bekam einen Schreck, als ich sah, dass die Räder in einer unrunden Form eingefroren waren, aber das ist anscheinend okay.*

*Der Truck, der unsere Sickergruppe einmal die Woche auspumpt, kann bei der extremen Kälte nicht arbeiten. Das bedeutet, dass wir in der ständigen Angst leben, dass die Sickergrube überläuft. Wir haben jetzt Eimer in den Waschbecken und sammeln das Waschwasser, das wir draußen ausschütten. Unser Geschirr bringen wir zur Spül-*

*maschine in der Schule, unsere Wäsche waschen wir in einem anderen Schulhaus, und duschen können wir in einem dritten Haus der Schule. (...) Es fühlt sich wie Campen im eigenen Haus an. Love and miss you all, Cathy.*

**56. Grund**

## Weil es 47 spektakuläre Nationalparks gibt

*Wilderness is not a luxury but a necessity of the human spirit.*
(EDWARD ABBEY)[111]

Das erste Mal war ich 1999 in den kanadischen Rocky Mountains. Es war Ende Mai, aber das Frühjahr ließ auf sich warten. So zelteten wir umgeben von Schnee. Morgens kam ein Ranger vorbei und warnte alle Camper vor Bären. Wir fuhren an den Lake Louise und stellten das Auto ab. Außer uns war noch ein anderes Auto da. Ich sah zum ersten Mal das intensive blaugrüne Wasser eines Bergsees. Kurze Zeit später kam ein Reisebus, aus dem 40 Japaner stiegen. Sie waren sommerlich gekleidet und standen in ihren Sandalen im Schnee.

Am nächsten Tag, als wir Richtung Osten nach Alberta fuhren, wussten wir warum. Direkt aus Temperaturen um 0 °C und Schnee hatte es uns in das trockene heiße Klima Albertas katapultiert. Es waren über 40 °C, die Luftfeuchtigkeit lag bei 7 %. Also fuhren wir freiwillig wieder zurück in die Kälte der Rockies.

Das zweite Mal war ich 2017 am Lake Louise. Die beiden riesigen Parkplätze sind mittlerweile im Sommer so voll, dass es *overflow* Parkplätze und einen Shuttle von dort an den See gibt. Dicht an dicht stehen die Besucher am Ufer und bestaunen das immer noch intensive blaugrüne Wasser. Im Pulk bewegt man sich auf dem Weg am Ufer, und in der Cafeteria des Chateau Lake Louise drängeln sich die Touristen.

Ein Gelände neben dem See ist an diesem Tag abgesperrt, es wird vor einem Bären gewarnt. Die gibt es also immer noch. Glücklicherweise. Aber wie viele Besucher verträgt dieses Stück Natur? Mittlerweile besuchen 4 Mio. Besucher im Jahr Banff und Lake Louise.[112] Damit ist der Banff-Nationalpark der *National Park* in Kanada mit den meisten Besuchern (s. Grund 30).

Am anderen Ende der Skala ist der Tuktut Nogait National Park in den Northwest Territories, mit 2 bis 21 Besuchern pro Jahr.[113] Verständlich bei der langen Anreise. Es führen weder direkte Straßen noch Trails zu diesem Park. Man erreicht ihn am besten per Boot oder Wasserflugzeug. Und wegen der hohen Anreisekosten bietet die Parkverwaltung eine Seite für *cost sharing* für den Anflug an. (Bleibt die Frage, wie oft das genutzt wird, bei so wenig Besuchern im Jahr). Die Besucherzahlen der anderen Parks liegen irgendwo dazwischen.

Kanada hat 47 Nationalparks mit insgesamt 328.000 $km^2$ Fläche, das entspricht der Fläche Norwegens und macht 3,3 % der kanadischen Landfläche aus. Dazu kommen noch die *Provincial Parks*, die von den Provinzen und Territorien verwaltet werden. Sogar Nunavut hat drei Parks, einer mit dem schönen Namen *Bloody Falls*, ein Name, über den man lieber nicht nachdenkt.

Die Benutzung der meisten Parks kostet eine Gebühr, wer viel unterwegs ist, kauft sich am besten einen Jahrespass. 136 $ kostet dieser Pass normalerweise für eine Gruppe oder Familie, das bedeutet bis zu sieben Personen in einem Fahrzeug. Als Kanada sein 150-jähriges Bestehen feierte, war der Eintritt in die Nationalparks für alle umsonst, eine Einladung an alle Kanadier, ihre Parks zu nutzen.[114]

57. Grund

## Weil auch abgelegene Orte gut versorgt werden

*It's funny to me now how a large ugly cargo ship could bring such a joy.*
(MEINE BEKANNTE JILL S.)

Man nennt Pang auch die »Schweizer Alpen des Nordens«, schreibt Jill über Pangnirtung, als ich sie frage, ob es dort schön sei. »Die Berggipfel waren schneebedeckt und zackig. Thor war das bekannteste Cliff, dort wurde ein James-Bond-Film gedreht. Die Farbe des Fjordes war ein tolles Blau und die Farbe des Eises, das im Frühling am Strand lag, ein herrliches Aquamarin«.

Pangnirtung liegt in Nunavut, einem der drei Territorien von Kanada. Der Yukon, die Northwest Territories und Nunavut sind somit weniger eigenständig als die Provinzen Kanadas. Der 1.500-Einwohner-Ort Pang liegt 50 km südlich des nördlichen Polarkreises auf der Baffin-Insel. Von hier aus kann man zu Bootstouren im Kekerten Historic Park oder Treckingtouren im Auyuittuq National Park starten. In diesem Nationalpark ist der oben genannte Mount Thor mit der höchsten senkrechten Steilwand der Welt.

Drei Jahre lang haben Jill und ihr Mann mit ihren zwei Kindern in Pang gelebt. Keine einfachen Jahre. Ihr Mann arbeitete dort als Polizist der RCMP. Jill machte erst eine Fortbildung und arbeitete dann zwei Jahre lang als Lehrerin an der örtlichen Schule. Jill und ihr Mann entschieden sich gegen *homeschooling* und schickten ihre Kinder in die öffentliche Schule. Diese Geste wurde von der einheimischen Bevölkerung anerkannt und oft gelobt, weil die Inuit sich dadurch akzeptiert fühlten.

Das Verhältnis von Inuit und Weißen ist nach wie vor schwierig, das Leben in den abgelegenen Orten von Gewalt und Missbrauch in jeder Form geprägt. Es braucht Zeit, bis das Trauma der Vergangenheit bewältigt werden kann.

Jills Kinder lernten Inuktitut, da heute wieder in den Ureinwohnersprachen unterrichtet wird. Immer wieder überlegte Jill, ob sie mit den Kindern nicht doch lieber in die »Zivilisation« zurückgehen sollte, aber sie wollte die Familie nicht auseinanderreißen. Und jetzt, im Nachhinein, wie beurteilt sie ihren Aufenthalt? Er war gut, sagt sie, die Kinder haben viel gelernt, trotz oder gerade wegen aller Schwierigkeiten.

»*The cultural learning they received, I believe gave them depth of character and a world view I could never teach them.*« (Das, was sie kulturell gelernt haben, gibt ihnen glaube ich eine Charakterstärke und eine Weltsicht, die ich ihnen nie hätte beibringen können.)

Leben so weit im Norden bringt viele Schwierigkeiten mit sich. Da ist die Tatsache, dass der Preis für eine Dose Brause in knappen Zeiten durchaus auf 40 $ steigen kann, noch das geringste Problem. Einkäufe müssen gut geplant werden, viele Familien bestellen ihren Jahresvorrat an Lebensmitteln einmal im Jahr. Das bedeutet 1000 $ Kosten für die Lieferung plus 1000 $ Kosten für den Einkaufsservice. Plus natürlich die Kosten für die Lebensmittel.

Aber es gibt auch einen Laden im Ort, den »Northern«. Markennamen bedeuten dort nichts, verkauft wird nach Gewicht, je schwerer, desto teurer. Immerhin sind gesunde Lebensmittel subventioniert. Ohne die Subvention würden zwei Liter Milch 16 $ kosten, so nur die Hälfte.

Solange das Meer vereist ist, können keine neuen Lieferungen kommen – die Regale leeren sich, die Preise steigen dementsprechend. Bricht endlich das Eis, kommt nicht nur der Sommer mit Licht und Sonne, es kommen auch die Frachtschiffe.

Jill schreibt dazu: »Jetzt finde ich es witzig, dass ein großes hässliches Frachtschiff so eine Freude in mir auslösen konnte.«

58. Grund

## Weil man an der Küste Newfoundlands Eisberge besichtigen kann

*In Canada's northern latitudes, the frigid winter means freedom.*
(The New York Times)[115]

Es mutet etwas merkwürdig an, wenn ein Friedhof über 700 Reviews auf Tripadvisor hat.[116] Etwas verständlicher wird es, wenn man weiß, dass auf diesem Friedhof 150 Opfer eines der berühmtesten Schiffsunglücke liegen. 300 Seemeilen südöstlich von Newfoundland lief am 14. April 1912 die *Titanic* auf einen Eisberg. Sie sank wenig später. Der letzte Funkspruch der *Titanic* wurde am Cape Race in Kanada empfangen, von hier aus wurde die Rettung organisiert. Vier kanadische Schiffe kamen zur Bergung der Leichen.

Der Fairview Cemetery Halifax zieht daher viele Besucher an. Und seit 1997 natürlich auch Fans des Films *Titanic*. Diese Fans halten oft fälschlicherweise das Grab mit der Inschrift »J. Dawson« für das Grab von Jack Dawson, des Auswanderers, der von Leonardo DiCaprio gespielt wird. In Wirklichkeit handelt es sich aber um das Grab von Joseph Dawson, der auf der *Titanic* gearbeitet hatte und nun die Kerzen und Blumen eines fiktiven Helden bekommt.

Die meisten Touristen kommen allerdings nach Newfoundland, um Eisberge zu sehen. Mindestens 15.000 Eisberge brechen pro Jahr an Grönlands Küsten, ca. 500 schaffen es bis nach Ostkanada. Auf www.icebergfinder.com kann man nicht nur Fotos von Eisbergen, sondern auch ihre aktuelle Lage sehen. Das beste *iceberg viewing* gibt es in Twillingate, einem Ort auf den Twillingate Islands vor Newfoundland.[117]

Die Kälte, der Schnee, das Eis spielen im Norden Kanadas eine große Rolle. In Orten wie Pangnirtung in Nunavut wartet man sehnsüchtig darauf, dass das Eis im Frühjahr bricht, damit die Versorgungsschiffe wieder liefern können (s. Grund 55).

Im Norden der Northwest Territories wartet man darauf, dass das Eis endlich kommt und damit die Eisstraßen schafft, die den Norden über Land anschließen. 5.300 km Eisstraßen ermöglichen so die Versorgung der abgelegenen Orte. Baumaterial kann gebracht, Lebensmittel können gekauft und Verwandte besucht werden. Aber die Erwärmung ist in den NWT mittlerweile vier- bis fünfmal so hoch wie im globalen Durchschnitt, was bedeutet, das Eis jetzt später friert, dünner ist und eher taut.

»*Ice roads are a lifeline of our communities, and now they're at risk*«, zitiert die *New York Times* Wally Schumann, den Minister für Infrastruktur in den NWT. Eisstraßen sind für unsere Gemeinden eine Nabelschnur, und jetzt sind sie gefährdet.

Mal abgesehen von Eisbergen und Eisstraßen gibt es auch die ganz normalen Freuden, die Schnee und Eis bieten: Hundeschlitten fahren, Schlitten fahren, Ski fahren, Eisfischen, mit dem Schneemobil unterwegs sein und nach all dem hinterher am Kamin heiße Schokolade trinken (s. Grund 70). Und dazu kann man natürlich auch gut einen Film wie den mit der *Titanic* sehen. Das Schiff rammt den Eisberg, während man warm und sicher zu Hause gemütlich seine heiße Schokolade trinkt.

**59. Grund**

## Weil Leuchttürme die Küsten verschönern

*Lighthouses don't go running all over an island*
*looking for boats to save, they just stand there shining.*
(Anne Lamott)[118]

750 Leuchttürme gibt es in Kanada. Viele sind automatisiert worden, aber 50 sind noch mit Leuchtturmwärtern besetzt. 250 sind wahre Postkartenmotive, und 22 sind als *heritage*, als Kulturerbe, geschützt.[119] Leuchttürme weisen Schiffen den Weg, geben Nebelalarm

und kümmern sich um die Rettung in Seenot geratener Boote oder Schiffe. Alle Provinzen Kanadas außer den beiden Inlandsprovinzen Saskatchewan und Alberta haben Leuchttürme. Wie soll man da auswählen, welche die schönsten oder »besten« sind?

*Der älteste Leuchtturm im Westen:* ist der Fisgard-Leuchtturm in Victoria. Er liegt 12 km von Downtown entfernt, und man überblickt die Strait of Juan de Fuca – direkt gegenüber liegt Port Angeles, USA. Der Turm ist in Betrieb, das ehemalige Wohnhaus des Leuchtturmwärters kann besichtigt werden.

*Der östlichste Leuchtturm:* ist der Cape Spear Lighthouse in Newfoundland, der östlichste des nordamerikanischen Kontinents. Wer dort steht, sieht als Erster in Nordamerika die Sonne aufgehen! Der Cape Spear Lighthouse gehört zu den *National Historic Sites* und ist der älteste noch bestehende Leuchtturm von Newfoundland-Labrador.

*Leuchtturm mit Gastronomie:* Der West Point Lighthouse auf der Prince Edward Insel ist Hotel, Restaurant und Museum. Alle Zimmer sind mit Blick auf die Northumberland Strait.

*Horror-Kulissen-Leuchtturm:* Point Atkinson befindet sich im 75 ha großen Lighthouse Park in West Vancouver und erscheint im Intro der Horror-Krimi-Serie *Harper's Island.*

*Leuchtturm mit Gespenst:* Der Gibraltar Point Leuchtturm steht auf Toronto Islands, Toronto. Der erste Leuchtturmwärter war der deutschstämmige John Paul Radelmüller, der dort 1815 von Soldaten ermordet wurde, und dessen Geist angeblich noch immer im Leuchtturm spukt.

*Leuchtturm mit Blick auf Eisberge:* Quirpon Lighthouse bietet Unterkünfte, die man durch eine 30-minütige Bootsfahrt erreicht – durch Eisberge.

*Leuchtturm mit Krimi-Rolle:* Der noch mit Leuchtturmwärter besetzte Leuchtturm von Yuquot ist der Ort, an dem der Krimi *Black Tide Rising* spielt (s. Grund 99).

*Einsamer Leuchtturm:* Abgeschieden liegen viele Leuchttürme. Einer davon ist der Leuchtturm Estevan Point an der Westküste von

Vancouver Island, der nur per Schiff oder Flugzeug erreicht werden kann, aber immer noch mit Leuchtturmwärtern besetzt ist.

*Leuchtturm der »Titanic«:* Cape Race Lighthouse – das ist der Leuchtturm, der durch die Presse ging, nachdem die *Titanic* gesunken war. Das Schiff und der Leuchtturm standen in regem Austausch, allerdings ging es hauptsächlich um Gruß- und Geschäftsbotschaften, die überbracht werden sollten. Die Eiswarnung des Leuchtturmwärters ignorierte der Kapitän der *Titanic*.[120]

*Meistfotografierter Leuchtturm:* Der meistfotografierte und populärste Leuchtturm ist Peggy's Cove, auch bekannt als Peggy's Point, in Nova Scotia. (Meistfotografiert bedeutet auch: Man ist nicht alleine dort!)

Bleiben noch 740 weitere sehenswerte Leuchttürme an Kanadas Küsten …

### 60. Grund

## Weil Kanada Cottage Country ist

*If you don't have a cottage, you must find someone who does.*
(URBANADVENTURES.COM)[121]

Besonders Ontario ist auch bekannt als *Cottage Country*, weil es einfach dazugehört, an Wochenenden und Feiertagen Zeit außerhalb der Stadt zu verbringen. Meist liegt so ein *cottage* am See, auf jeden Fall aber in der Natur. Ein *cottage* kann alles sein – von der einfachen Blockhütte mit *outhouse* bis zum Luxus-Ferienhaus.

Auf »Km 29« in der Nähe von Kispioux wohnten wir während eines Haustauschs in einem mehrstöckigen Blockhaus. Das Wohnzimmer mit Glasfront war zwei Etagen hoch, der Blick in die Natur grandios. Die Siedler haben damals natürlich einfacher angefangen …

Die Siedler bauten ihre *cabins* aus Baumstämmen der Umgebung, die Ritzen wurden mit Moos verstopft. Sie bauten mit *bushcraft tools* wie Messern, Sägen und Äxten. *Bushcraft* – die Fähigkeit, in der Wildnis zu überleben, wird auch heute noch in Kanada hochgeschätzt. Es gibt sogar ein »Global Bushcraft Symposium« in den Foothills in Alberta, wo man diese Fähigkeiten erlernen kann.[122]

Auch auf der Seite von Cottagelife.com gibt es eine Aufzählung der »*9 survival skills every Canadian should know*«, der neun Überlebensfähigkeiten, die jeder Kanadier kennen sollte.[123] Das zeigt, wie nahe in Kanada Zivilisation und Wildnis beieinanderliegen. Und wie wichtig für Kanadier die Natur, die Wildnis sowie die Fähigkeit und das Wissen zum Überleben in der Wildnis sind. Der Überlebenstrainer Mors Kochanski schreibt dazu: »*The more you know, the less you carry*«, je mehr du weißt, desto weniger musst du tragen ...[124] Auch heute sind viele *cabins* oder *cottages* echte Blockhäuser, also aus *logs*, runden geschälten Baumstämmen, gebaut. Die Muskoka Region in Ontario ist mittlerweile berühmt und wurde von der *New York Times* sogar »*the Malibu of the North*« genannt, weil Promis wie Goldie Hawn, Tom Hanks, Jim Carrey, Justin Bieber und Cindy Crawford dort ihre Cottages an Seen haben.[125]

Über das Leben in der Wildnis und Blockhäuser, *cabins* und *cottages* gibt es im Internet und auf dem Zeitschriften-Markt reichlich Infos. Auf der Seite von Cottagelife.com findet man übrigens auch Tipps, wie man ein *cottage* mieten kann. Für den Fall, dass man keins besitzt und auch keinen kennt, der eins besitzt.[126]

Kapitel 7

# From Sea to Tree

61. Grund

# Weil »Storm watching« ein buchbares Ereignis ist

*There is nothing more exhilarating than the fury of the wind, rain and waves during a winter storm.*
(SUN FUN TOURS)[127]

Der Wind tobt durch den Ort, durch das Fenster kann ich sehen, wie Dachschindeln durch die Gegend fliegen. Das Haus zittert, es gibt einen riesigen Krach, und ich habe das Gefühl, gleich fliegt es mir um die Ohren und ich mit weg.

Am nächsten Tag ist alles wieder ruhig. Auf der Straße liegen heruntergefallene Äste und vereinzelte Dachschindeln. Zum Glück nicht von unserem Haus, allerdings sind Teile der Verkleidung an der Rückseite abgerissen und müssen erneuert werden.

Später höre ich, dass der Wind eine Geschwindigkeit von 120 km/h hatte. Und dass es Orte gab, in denen für 48 Stunden der Strom ausfiel. Der Sturm hier am Pazifik kann eine unglaubliche Kraft entwickeln, das ist schon beeindruckend. Und so gibt es Leute, die für so ein Erlebnis Geld bezahlen. Man kann Sturmbeobachtung nämlich seit ein paar Jahren buchen. Dass man Bärenbeobachtung oder Wal- und Delfinbeobachtung buchen kann, ist bekannt. Jetzt also auch *storm watching*.

Im Pacific Sands Beach Resort in Tofino gibt es ein *package*, das alles beinhaltet, was es für einen gemütlichen Winteraufenthalt braucht: eine Flasche Wein, unbegrenzt Filme plus Popcorn und täglich *hot chocolate* (s. Grund 40). Außerdem sind die Zimmer mit *rain slicks* (Regenjacken) ausgestattet, damit man auf seinen Strandspaziergängen trocken bleibt. Na ja, wenigstens einigermaßen.[128]

Normalerweise wünscht sich ja jeder Reisende gutes Wetter für seine Reise. Beim *storm watching* ist es umgekehrt – je schlechter das Wetter, je schöner der Sturm, desto größer das Erlebnis.

Aber was passiert eigentlich, wann man das *storm watching* bucht, und dann bleibt der Sturm trotz Winter und Westküste aus? Bei der Bären- und Walbeobachtung gibt es Anbieter, die Gutscheine für ein nächstes Mal ausgeben, wenn kein Bär oder Wal gesichtet wurde. Ob man je dazu kommt, die Tour zu wiederholen, ist eine andere Sache. Beim *storm watching* ist die Belohnung wahrscheinlich das schöne Wetter. Denn wenn der Sturm ausfällt, scheint ja die Sonne.

*The Sunny Side of Storm Watching* lautet dementsprechend der Titel eines Artikels in der Zeitschrift *The Province.* Joanne Blain genießt ihren Aufenthalt trotz des fehlenden Sturms und schließt ihren Artikel mit den Worten: *But if you get sunshine instead of storms, you won't be too upset, right?* (Wenn Sie Sonne statt Sturm bekommen, werden Sie nicht zu verärgert sein, nicht wahr?)[129] Denn für Sonne sind Kanadier eigentlich immer zu haben, egal wie aufregend so ein *storm watching* auch sein kann.

**62. Grund**

## Weil Kanadier und Outdoor zusammengehören

*You are never too old to play outside.*
(Zitat auf nordamerikanischen T-Shirts)

Jeder kennt das: Jemand telefoniert, und alle müssen mithören. So auch dieses Gespräch auf der Fähre. Mann, Mitte 30, lässige teure Freizeitkleidung, Handy am Ohr, fragt irgendetwas. Und dann kommt der ungeduldige Satz: »Ich weiß, dass ein *fire ban* ist, ich will einfach wissen, was die Strafe kostet, wenn man trotzdem ein Feuer macht.«

Das zeigt, wie gerne Kanadier draußen in der Natur Feuer machen. Und so ein Lagerfeuer hat ja auch was, man grillt, redet, singt. Auf jedem staatlichen Campingplatz gehören zum Stellplatz nicht nur Tisch und Bänke, sondern auch eine Feuerstelle mit Eisengitter, sodass man kochen oder grillen kann. Das Holz bringt man mit oder kauft es für ein paar Dollar beim Ranger, der den Platz betreut.

Bei uns im Dorf treffen wir uns im Sommer zum *Wiener at the Leiner*, auf Englisch reimt sich das, weil »Leiner« wie »Liener« ausgesprochen wird. *Wiener at the Leiner* bedeutet, dass wir auf dem lokalen Campingplatz vor dem Dorf am Leiner River, wo nur selten jemand wirklich Urlaub macht, einen Platz beschlagnahmen und ein schönes Picknick veranstalten. Wiener sind die Würstchen, aber man kann auch Burger mitbringen. Und natürlich bringt jeder was für die gemeinsame Tafel mit – *potato salad, coleslaw, muffins* und andere kanadische Picknick-Klassiker. Dazu Saft und Kaffee. Alkohol nicht, denn Alkohol ist in der Öffentlichkeit in Kanada nicht erlaubt.

*Between every two pines is a doorway to a new world*, schreibt der schottisch-amerikanische Naturphilosoph John Muir, zwischen zwei Pinien ist immer ein Tor zu einer neuen Welt.[130] *Nature is not a place to visit. It is a home*, schreibt Gary Snyder, ein amerikanischer Umweltaktivist.[131]

Diese beiden Sätze beschreiben gut das Verhältnis der Kanadier zur Natur, für sie ist *outdoor* zumindest ein Zweitzuhause. An den Wochenenden, an Feiertagen und im Urlaub geht es in die Natur. Kajak fahren, Angeln, Wandern, Bergsteigen, oder einfach nur in der Natur sein und am Lagerfeuer grillen.

Drei Ozeane, zwei Millionen Seen, mehr als 40 Nationalparks und die Rockys – Kanada ist ein großer Spielplatz für alle, die nie zu alt werden, um draußen zu spielen. Notfalls auch ohne offenes Feuer. Denn heutzutage würde wohl niemand mehr einen *fire ban*, das Verbot, in der Natur offenes Feuer zu machen, nicht mehr ernst nehmen. Zumal die Strafen jetzt richtig hoch sind: bis zu 25 000 $ Strafe, drei Monate Gefängnis und Aufkommen für die entstandenen Schäden.[132] Damit ist die Strafe so hoch angesetzt, dass wohl auch der oben zitierte Typ es sich nicht leisten kann (oder will). Selbst wenn es *outdoor* ohne offenes Feuer nur halb so schön ist und die am Lagerfeuer gebackenen *bannocks* natürlich am besten schmecken (s. Grund 35).

### 63. Grund

## Weil es hier mehr Tiere als Menschen gibt

*If you think you're too small to make a difference …*
*try sleeping with a mosquito in the room.*
(Dalai Lama)[133]

In Kanada gibt es mehr Tiere als Menschen. Und damit meine ich jetzt nicht Mücken oder Mäuse, sondern das *wildlife*. Den Grizzly, den meine Freundin Cathy in Dease Lake lieber nicht am Waldesrand sehen möchte. Den gemütlichen Schwarzbären, von dem sich kein Schulkind in Tahsis aus der Ruhe bringen ließ. Aber auch den Puma, der Jacks weißen Pudel während eines Waldspaziergangs gerissen hat. Heute steht ein Schild an dieser Stelle im Wald, Jacks Erinnerung an seinen Liebling.

Die Begegnung mit einem dieser Tiere ist oft ein zwiespältiges Erlebnis. Ich kann mich noch gut an unsere erste Bärenbegegnung erinnern. Es ist mir noch jetzt nach über 20 Jahren peinlich, weil es so fahrlässig war. Ich habe beim Campen saure Milch weggegossen. Und am nächsten Morgen, während mein Mann am Flussufer stand und ich noch im Zelt lag, fraß ein Bär unser Frühstück. Ich machte die Zelttür auf – der Bär lief weg.

Wir flohen ins Auto und versuchten, den Bären durch Hupen zu verscheuchen. Der lauerte im Wald auf die Frühstücksreste. Wir sahen seinen dunklen Bärenschädel zwischen den Ästen. Das Erschreckende war: Wir hörten ihn nicht. Trotz seiner Größe bewegte er sich völlig geräuschlos in dem dichten Wald. Wir warfen in rasender Eile alles ins Auto und fuhren weiter. Auf dem nächsten

Campingplatz wusch ich den Abdruck der großen Bärentatze von unserem weißen Plastikteller.

In Kanada leben nicht nur Bären, sondern auch Hirsche, Wapitis, Karibus, Elche, Wölfe. Sogar Bisons gibt es wieder in den Nationalparks. Auch die Biber, die durch den Pelzhandel fast vom Aussterben bedroht waren, haben wieder eine stabile Zahl erreicht (s. Grund 92).

Von meinem Schreibtisch aus sehe ich, wie der Weißkopfadler über dem Tahsis River jagt. Judy füllt jeden Tag die Futterstation vor dem Fenster für die Kolibris auf. Und die Kanadagänse sind weltberühmt, aber nicht beliebt, weil sie die Wiesen, auf denen sie grasen, nicht gerade als grüne Wiesen hinterlassen.

Die meisten Besucher der Nationalparks hoffen darauf, einen Bären zu sehen. Wobei natürlich niemand einem Bären wirklich gegenüberstehen möchte, schon gar nicht, wenn es eine Bärenmutter mit Jungen ist. So süß die aussehen, Bären können gefährlich sein.

Damit die Begegnungen von Mensch und Tieren möglichst konfliktfrei bleiben, verteilt Parks Canada Infoblätter und Broschüren, um den Besuchern das richtige Verhalten gegenüber den Wildtieren zu vermitteln. Und wie gesagt, das mit der sauren Milch ist mir heute wirklich peinlich.

**64. Grund**

## Weil es traumhafte Trails durch unberührte Natur gibt

*My name is Nicky, and my favourite part was the end.*
(Nicky)

Wer will und die Kondition, die Zeit und das Geld dazu hat, kann Kanada sogar zu Fuß durchqueren. Und zwar auf dem Great Trail, der früher Trans Canada Trail hieß. Mit seinen 24.000 km ist er der längste Freitzeit-Trail der Welt. Er beginnt am östlichsten Punkt

Nordamerikas, am Cape Spear (s. Grund 59), durchläuft alle 13 Provinzen bzw. Territorien und endet im Westen in Victoria auf Vancouver Island.

Ca. 1.200 Trails hat Kanada insgesamt. Der berühmteste ist wohl der West Coast Trail im Pacific Rim National Park Reserve an der Westküste von Vancouver Island. *Condé Nast Traveler* zählt ihn zu den 13 besten Wanderwegen der Welt, gleich an Stelle eins.[134] Der Trail läuft an der Küste entlang, gilt als anspruchsvoll und wurde vor über 100 Jahren angelegt, um in Seenot Geratene zu retten. Heute ist er so beliebt, dass die Zahl der Wanderer auf 75 pro Tag begrenzt werden muss. Die Wanderung dauert ca. eine Woche.

Eine gute Alternative ist der noch relativ unbekannte Nootka Trail, ebenfalls an der Westküste von Vancouver Island. Der Trail wird normalerweise von Norden nach Süden gelaufen, also von Third Beach auf Nootka Island bis nach Yuquot (s. Grund 99). Obwohl es nur 33 km sind, sind die meisten Wanderer ebenfalls eine Woche unterwegs. Viele legen einen Ruhetag an dem Wasserfall Calvin Falls ein.

Es ist klar, dass man für Trails dieser Art *ALLES* mitbringen muss, vom Schlafsack bis zum Essen. Bekannte haben ein schönes »Nootka Trail Diary« gemacht, inklusive Kilometerangaben und Wetterbericht. Sie sind den Trail im August gelaufen, das Wetter war gemischt, von heftigem Regen über bedeckt zu sonnig. Da das Wetter am Meer und in den Bergen jederzeit umschlagen kann, muss man auf alles vorbereitet sein.

Die Essensregel für derartige Wanderungen lautet maximal *2 pounds / person / day* an Essen, das sind ca. 900 g. Die beiden Männer kamen mit Ausrüstung, Trockennahrung plus einigem überflüssigem Luxus wie Wein zusammen auf 50 kg Gepäck. Bei langen Trails wie z.B. beim 1.200 km langen Great Divide Trail in den Rocky Mountains gibt es etwa alle fünf bis neun Tage die Möglichkeit, die Vorräte aufzustocken.

Für einen Artikel interviewe ich zwei Familien, die den Nootka Trail gewandert sind, schon, damit die Jugendlichen mal sehen, dass man auch ohne ständigen Handy- und Internetempfang leben kann. Zumindest für ein paar Tage. Ich frage die drei Jugendlichen, wie sie den Trip fanden. Das sind die Antworten:

Adrian: *Hey, mein Name ist Adrian, ich fühle mich müde, aber glücklich, dass ich zurück bin. Das Beste waren die Calvin Falls.*

Jack: *Mein Name ist Jack, ich würde sagen, der beste Teil des Trails waren die Calvin Falls am zweiten Tag, da konnten wir uns ein bisschen ausruhen. Ich freue mich auf Salz-Essig-Chips und Pizza.*

Nicky: *Mein Name ist Nicky, und mein liebster Teil war das Ende.*

**65. Grund**

## Weil es im Regenwald wie im Märchenwald aussieht

*Destroying rainforest for economic gain is like burning a Renaissance painting to cook a meal.*

E. O. Wilson (amerikanischer Forscher und Autor)[135]

Es nieselt vor sich hin, aber die Jungs im T-Shirt kicken weiterhin mit dem Ball. Wer hier im Regenwald aufwächst, zieht sich bei dem bisschen Feuchtigkeit in der Luft noch keine Regenjacke an. 4.300 Liter regnet es im Jahresdurchschnitt in Tahsis, einem kleinen Ort an der Westküste von Vancouver Island. Am 11. November 1990 hat es sogar 300 Liter geregnet, das bedeutet, an einem Tag fiel fast die Hälfte des Regens, der in Hamburg in einem Jahr fällt!

Der gemäßigte Regenwald liegt an der nordamerikanischen Pazifikküste, von Nord-Kalifornien bis hoch nach Alaska und somit auch an der Küste von British Columbia. Hier findet man die ältesten und größten Bäume der Welt. Nadelbäume wie Douglastannen, Western Hemlock und Sitka-Fichten können hier bis zu 1.500 Jahren alt und bis zu 90 m hoch werden. An vielen Orten kann man den *temperate rainforest* »besichtigen«. Im Pacific-Rim-Nationalpark an der Westküste von Vancouver Island zum Beispiel. Hier ist übrigens auch der berühmte West Coast Trail (s. Grund 64).

Sogenannte *boardwalks*, Holzstege mit Treppen und Geländern ermöglichen das Laufen durch den Wald, ohne dass die Natur zerstört wird. Es riecht nach feuchter Erde und Blättern, modrig, aber angenehm. An den Ästen der hohen Bäume hängen lange Flechten, *Old Man's Beard* genannt, je sauberer die Luft, desto länger die Fäden der Flechten. Im Regenwald sind sie sehr lang. Durch die hohen Kronen fällt Sonnenlicht auf den Boden, wirft Muster auf Büsche und Farne, Pilze, verrottende Stämme und Blätter. An einer Baumwurzel entdecke ich ein Spinnennetz, das aussieht wie eine Hängematte für Heinzelmännchen. Die Stimmung im Regenwald lässt sich vielleicht am ehesten mit einem Zitat von John Muir beschreiben: »*The clearest way into the universe is through a forest wilderness*«. (Der klarste Weg in das Universum ist durch die Wildnis eines Waldes.)[136]

Einer der größten noch unversehrten gemäßigten Regenwälder der Welt ist der Great Bear Rainforest in BC – ein Gebiet so groß wie Belgien! Zum Glück seit 2016 vor Holzschlag geschützt, zumindest zu 85 %.[137] Holzindustrie zerstört nicht nur die Wälder, sie zerstört auch die Flüsse und damit die Laichplätze der Lachse, was dazu führt, dass die Zahl der Lachse abnimmt. Auch der Ort, in dem die Jungs ungerührt bei Regen weiterhin draußen im T-Shirt kicken, ist durch die Holzindustrie entstanden, in wie so viele Orte in Kanada. Mittlerweile ist das Sägewerk geschlossen, die Hoffnung des Ortes ist Tourismus. Angeln mit Schwerpunkt Lachsangeln und Ökotourismus. Tourismus abseits der abgetretenen Pfade, der die Natur schützt. Besucher, die den Regenwald auf Holzstegen besichtigen, um ihn nicht zu zerstören. Aber immer noch gibt es im Regenwald viel Holzschlag. Der nordamerikanische Biologe und Autor O. E. Wilson hat das Vernichten der Regenwälder aus Gründen des wirtschaftlichen Gewinns mit dem Verbrennen eines Renaissance-Gemäldes als Brennstoff zum Kochen verglichen: *Destroying the rainforest for economic gain is like burning a Renaissance painting to cook a meal.*

66. Grund

## Weil es hier mehr Seen gibt als in allen anderen Ländern der Welt zusammen

Ich würde gerne mit einem Zitat beginnen – aber nichts passt so richtig. Zitate gibt es unendlich viele, aber … sie sind alle ein bisschen kitschig, haben einen New-Age-Touch oder klingen unzeitgemäß, wie das Zitat von Ralph Waldo Emerson: »*Adopt the pace of nature. Her secret is patience.*«[138]

Etwas Großartiges, Faszinierendes, Gewaltiges geht von Ozeanen, Flüssen und Seen aus. Und davon hat Kanada viele. Rund zwei Millionen Seen – das sind mehr Seen, als alle anderen Länder der Welt zusammen haben. Dazu kommen unzählige Ströme, Flüsse, Bäche, *Creeks* … und drei Ozeane, in die sich diese Flüsse ergießen. In den Rocky Mountains verläuft die *Continental Divide*, die kontinentale Wasserscheide. Westlich davon fließen die Flüsse in den Pazifik, östlich davon in den Atlantik, nördlich in das arktische Meer.

Im Columbia Icefield, an der Grenze von Banff und Jasper Nationalpark und der Grenze zwischen Alberta und BC, ist sogar eine dreifache Wasserscheide. Na gut, es ist etwas umstritten, weil es davon abhängt, ob die Hudson Bay nun zum Atlantik oder zum Arktischen Meer gehört. Aber trotzdem.

Wer miterlebt, wie sich ein Sturm über dem Lake Huron in Ontario zusammenzieht, kann kaum glauben, dass er nicht am Meer, sondern an einem See ist. Allerdings ist dieser See 36.350 $km^2$ groß, davon ist ein Drittel kanadisch, zwei Drittel liegen in den USA.

Die Seen machen in Kanada 7,6 % der Landmasse aus, und 100 Seen haben sogar eine Größe von mehr als 100 $km^2$! Klar, dass das Land ein Paradies für Kanuten und Angler ist (s. Grund 15). Außerdem hat Kanada die längste Küstenlinie der Welt. So kommt es, dass mancher Highway über das Wasser führt (s. Grund 12) und abgelegene Orte mit Schiffen versorgt werden müssen (s. Grund 14).

Und wie wäre es mit dem Zitat von Lao Tzu?

*»Nothing is softer or more flexible than water, yet nothing can resist.«*[139] Nichts ist weicher und flexibler als Wasser, und doch kann ihm nichts widerstehen. Beweise dafür, dass nichts, nicht mal Felsen dem Wasser auf Dauer standhalten kann, sieht man an den *Potholes* der Wasserfälle in den Rocky Mountains, wie zum Beispiel den Athabasca Falls oder dem Maligne Canyon, wo das Wasser im Laufe der Jahrhunderte tiefe kreisrunde Löcher in die Felsen gefressen hat. Oder an den *Potholes* auf der Straße von Gold River nach Tahsis – da braucht es keine Jahrhunderte, da reicht oft eine regenreiche Nacht und die Straße ist am nächsten Tag das Gesprächsthema aller verärgerten Autofahrer.

Letzter Zitat-Versuch: *There are only three things women need in life: food, water and compliments.* (Chris Rock, Schauspieler und Komiker)[140]

Nicht schlecht, aber nicht ganz richtig. Also hier noch ein allerletzter: *Water is the driving force of all nature.* (Leonardo da Vinci)[141]

Und von dieser Naturkraft hat Kanada wirklich besonders viel mit seinen drei Ozeanen, unzähligen Flüssen und 2 Millionen Seen.

### 67. Grund

## Weil Wellen aus Japan zum Surfen einladen

*Life on the Edge.*
(Motto von Ucluelet)

Ich surfe nicht, aber ich liebe das Flair in Surf-Orten: junge Leute mit von Sonne und Salz gebleichten Haaren, flippige Mode in den Geschäften, Coffee Shops, in denen es leger zugeht. Solche Orte haben ein gleichzeitig entspanntes und energiegeladenes Flair. So ein Ort ist Tofino.

Tofino liegt an der Westküste von Vancouver Island, im Pacific Rim National Park. Wellen aus Japan und Stürme aus dem Golf von Alaska sorgen hier für ein Surferparadies. Der bekannteste und längste Strand ist der 20 km lange Long Beach zwischen Ucluelet und Tofino. (Das ist übrigens der Strand La Push im Film *New Moon*, s. Grund 104.)[142]

Tofino ist eine 1.900-Einwohner-Stadt am Ende einer Landzunge zwischen Clayoquot Sound und Ozean. Ucluelet am anderen Ende des Spits gibt sich selber den Beinamen *Life on the Edge*, Leben am Rand. Ein treffender Beiname, denn das ist der Rand, danach ist bis Japan nichts außer Ozean, 6.500 km Wasser …

Beide Orte sind Ausgangspunkte für Wanderungen im Pacific-Rim-Nationalpark sowie für Wal- und Bärenbeobachtungen, die man hier bei mehreren Anbietern buchen kann. Gesurft wird seit den 60er-Jahren, aber erst seit Mitte der 80er wurde Tofino als Surfspot bekannter. Jetzt ist er Kanadas Surfspot Nr. 1. Das hat den Ort verändert.

Hostels haben eröffnet, ein kostenloser Shuttlebus verbindet die Stadt mit den Stränden und nimmt auch Surfbretter mit. Im Rhino Coffee House kann man in einem legeren Ambiente günstig frühstücken. Und natürlich kann man sich in Tofino auch ein Tattoo stechen lassen, im *End of the Road Tattoo*-Shop. »Ende der Straße« ist ein passender Name – von Tofino aus kann man nicht weiterfahren. Wer den Ort wieder verlassen will, muss die kurvigen 172 Kilometer durch die Berge wieder zurück an die Westküste fahren. Eine Fahrt, die mindestens drei Stunden dauert. Bei Regen länger. Und wenn man in einen Schneesturm gerät, richtig lange.

Wagemutige ohne Höhenangst können auf der Fahrt einen Stopp für die Zipline am Clayoquot Plateau Provincial Park machen und an einem Seil über Regenwald und Canyons gleiten.

Die Wellen aus Japan begeistern nicht nur die Surfer, sondern bringen leider auch Müll. Ganz besonders schlimm war es nach dem Tsunami von 2011.

*Tsunami garbage piling up on West coast beaches* lautete 2012 eine Schlagzeile beim Sender CBC. Die mit japanischem Kennzeichen auf Haida Gwaii angespülte Harley gehörte da eher zu den interessanten-amüsanten Funden. Die Strände lagen voller Müll. Japan beteiligte sich an den Kosten. Noch 2015 halfen 60.000 Freiwillige, die Westküste von Müll zu säubern.[143]

Und wer die durch das Surfen verlorenen Kalorien wieder auffüllen will, kann das besonders lecker mit der in Tofino hergestellten handgemachten Schokolade machen, erhältlich im kleinen Laden von *Chocolate Tofino* am Pacific Rim Highway 1180 A.

**68. Grund**

## Weil hier die weltbesten Orte für Walbeobachtung sind

*Turtle gets a Whale.*
(*Stories from Wolastoqiyik*)[144]

Jeder versucht es, fast keinem gelingt es: ein Foto von einem Wal draußen auf dem Ozean.

»Setzen Sie sich doch, ich beiße nicht«, sagt ein Mann, als ich mich suchend nach einem freien Tisch in der Cafeteria der Uchuck umsehe. Wir waren den ganzen Tag unterwegs, von Gold River nach Yuquot und zurück. Jetzt wird es draußen kalt, ein heißer Kaffee wird mir guttun, aber die Cafeteria ist gedrängt voll.

Ich setze mich zu dem Mann an den Tisch. Er ist ein Mowachaht-Muchalaht, das ist der Stamm, der hier in dieser Gegend lebt. Ich trinke meinen Kaffee, denke zurück an den Tag, an die Atmosphäre in Yuquot, die kurze Geschichtslektion in der spanischen Kirche, den verwilderten Friedhof, das Gespräch mit dem Schnitzer Sanford Williams. Und an Lunas Geschichte. Vor ein paar Tagen habe ich den Spielfilm über das Walbaby gesehen.[145] Irgendwo hier in dieser

Gegend hat Luna gelebt, und ich frage mich, wie es wohl wirklich gewesen ist (s. Grund 84). Und plötzlich beantwortet der Mann mir gegenüber alle meine Fragen. Ohne dass ich sie gestellt habe.

»Hier drüben«, er zeigt nach draußen, »hier in der Mooyah Bay hat Luna gelebt.«

Begeistert erzählt er davon, wie sie den Wal mit den Kanus aus der Falle gelockt haben. Es ist also wahr. Er war sogar dabei. Ich nehme mein Notizbuch aus der Tasche und mache Notizen. Für die First Nations waren die Wale ja nicht nur Nahrung, sondern auch mythische Wesen. Viele Geschichten der Ureinwohner handeln von Walen. Sie tauchen als Motiv auf Totems und Schnitzereien auf. Ein stilisiertes Tier mit einer großen Reihe Zähne – der Orca, der Killerwal. Denn das größte Raubtier der Welt lebt nicht auf dem Land, sondern im Wasser.

*Why scientists are starting to care about cultures that talk to whales* – warum Wissenschaftler anfangen, sich mit Kulturen zu beschäftigen, die mit Walen reden, lautet die Überschrift eines Artikels auf Smithsonian.com.[146] Noch vor Kurzem wäre es wohl undenkbar gewesen, dass Wissenschaftler sich mit so etwas beschäftigen, aber heute versuchen sie, die alten nordischen Kulturen zu verstehen.

Insgesamt gibt es mehr als 20 Walarten, und Kanada bietet die weltbesten Orte für Walbeobachtung. Blauwale kann man am besten in den Maritimes, den Atlantikprovinzen, beobachten. Killerwale in Telegraph Cove an der Ostseite von Vancouver Island, Grauwale in der Gegend von Tofino und Ucluelet an der Westküste von Kanada (s. Grund 67). Und Belugas am Cunningham Inlet in Nunavut. An jedem dieser Orte gibt es Anbieter, bei denen man Touren buchen kann. Und wenn man keinen Wal sieht? Dann bekommt man ein Voucher für eine zweite Fahrt.

Wenn man Glück hat, sieht man Wale, auch ohne eine Tour zu buchen. Bei einer Fährfahrt oder einem Spaziergang an einer Küste. Auch auf der Fahrt heute haben wir Wale gesehen. Wenn ein Wal gesichtet wird, hält der Kapitän das Boot an, läutet die Glocke, und viele zücken ihre Kamera und versuchen das Unmögliche: ein Foto von einem Wal zu machen. Aber die großen Tiere, die je nach Art, Alter und Geschlecht 5–27 m lang werden und bis zu 30 Tonnen wiegen können, sind schnell. Sie tauchen auf, und wenn man abdrückt, ist es meist zu spät. Im besten Fall sieht man eine Schwanzflosse. Manchmal auch den Rücken eines Buckelwals. Aber meistens einfach nur bewegtes graues Wasser …*

### 69. Grund

## Weil es auch in Kanada ein Seeungeheuer gibt

*The Mystery of Lake Okanagan.*
(OGOPOGOQUEST.COM)

Und im Gegensatz zu dem Seeungeheuer von Loch Ness war das kanadische *Ogopogo* sogar auf einer Briefmarke abgebildet. Und zwar 1990 auf der 39-Cent-Marke, die immerhin 3 Mio. mal gedruckt wurde. Da sieht das Seeungeheuer ganz süß drauf aus. Ein pferdeähnlicher Kopf mit blonder Mähne und grünlichen Drachenohren, ein wellenförmiger Körper und eine bunte Schwanzflosse. Das ist natürlich kein Foto, sondern eine Zeichnung.[147]

Ähnlich wie Wale sind Ogopogos nämlich schwierig zu fotografieren. Womöglich ist das Ogopogo sogar eine Art primitiver Wal, und zwar ein Basilosaurus Cetoides.

Aber jetzt ist es einem hartnäckigen Beobachter doch endlich gelungen, an einem warmen Maiabend 2015 ein Ogopodo-Beweis-Foto zu schießen. Man sieht zwar nur undeutlich einen merkwürdigen Kopf, aber den kann man jetzt im Internet betrachten und wenn man

* *Wer es trotzdem versuchen will, findet hier gute Tipps: www.picturecorrect.com/tips/how-to-photograph-whales. Wer die Walgeschichte Turtle gets a whale der Ureinwohner lesen will, wird hier fündig: www.website.nbm-mnb.ca/Koluskap/English/Stories/story14.php.*

möchte sogar als T-Shirt tragen. Das Ogopogo ist 25 m lang und lebt im Lake Okanagan bei Kelowna, BC. Gesichtet wird es oft, meist in der Nähe der kleinen unbewohnten Insel Rattlesnake. Historische und aktuelle Sichtungen und andere wichtige Fakten über Ogopogo kann man auf *www.ogopogoquest.com* nachlesen.

Das (der/die?) Ogopogo ist aber nicht die einzige Legende kanadischer Monster. Gleich vier Legenden schafften es 1990 auf eine Briefmarke. Außer dem Ogopogo waren es der Sasquatch, der Kraken und der Loup-Garou.

Am bekanntesten ist vermutlich der *Sasquatch*, der allerdings nicht, wie der Name vermuten lässt, in Saskatchewan lebt, sondern in den Wäldern von BC. Dort veranstaltet man für den 3 m großen Bigfoot mit den 50-cm-Fußabdrücken sogar ein Festival und hat einen Provincial Park nach ihm benannt, weil das große, behaarte Wesen so oft in dieser Gegend gesichtet wurde.

*Kraken*, der Riesenkrake, ist ein legendäres Monster des ganzen Nordens. Riesenkraken greifen angeblich Schiffe an. Der kanadische Kraken wurde 1873 in Portugal Cove an der Küste von Newfoundland fotografiert. Und im Jahr 1878 wurde dort ein 17 m großer Krake gefangen. Aber ob es *DER* Kraken war?

Der *Loup-Garou* ist so etwas wie ein Werwolf, also ein Mann, der durch einen Fluch zeitweise in ein fleischfressendes Tier verwandelt wird. Er kommt in Quebec vor, und 1766 soll ein Loup-Garou den Ort Kamouraska am Südufer des Sankt-Lorenz-Stroms terrorisiert haben. Loup-Garou und Sasquatch wurden sogar je 4,5 Mio. mal gedruckt. Aber der Wert der Briefmarken war für alle Monster gleich: 39 Cent. Glücklicherweise nicht auf eine Briefmarke geschafft hat es der *Wendigo*, ein böser Geist in Ostkanada, der Menschen in den Wahnsinn treibt und der Gier, Mord und Kannibalismus verkörpert.

Von allen diesen Legenden scheint mir das Ogopogo noch das netteste und hübscheste zu sein. Und sollten Sie eines Tages das Glück haben, ein Ogopogo im Okanagan Lake zu sehen, dann bitte nicht vergessen, die Sichtung bei ogopogoquest.com einzutragen!

70. Grund

## Weil in Kanada das härteste Schlittenhunderennen der Welt stattfindet

*Have an Ice Day!*
(Aufschrift auf Kaffeetasse)[148]

Es ist Ende Juni, der Sommer fängt erst richtig an, da schwärmt mein Sitznachbar auf dem Flug nach Calgary schon vom Winter. Winter in Alberta bedeutet für ihn Ski fahren und Eisfischen. Seine Eltern besitzen eine *lodge* irgendwo im Nirgendwo im Norden, da macht er mit den Kindern im Winter Urlaub und freut sich jetzt schon.

Und die Kälte? Findet er angenehmer als die Hitze, sagt er, für die Kälte kann man sich entsprechend warm anziehen, aber gegen Hitze kann man nichts machen, mehr als ausziehen geht ja nicht.

Für alle, die so wie mein Sitznachbar Winterfans sind, hier ein paar Tipps für den Winter in Kanada.

*Ice Magic Festival:* Seit über 20 Jahren findet im Januar das *Ice Magic Festival* am Lake Louise im Banff-Nationalpark statt. Eiskünstler aus der ganzen Welt schnitzen Eisskulpturen, die aussehen, als wären sie aus Glas. Kunst, die man nicht konservieren kann und die vielleicht auch deshalb etwas Magisches ausstrahlt.[149]

*Ice fishing:* Bunte Hütten, die auf einem gefrorenen See stehen, und dick angezogene Männer, die aus einem Loch im Eis einen Fisch holen wollen. Echte Angler sind eben durch nichts zu stoppen, nicht mal durch Eis und Schnee. Im Gegenteil, sie genießen es und machen sogar einen Wettbewerb draus, die *Canadian Ice Fishing Championship* am Lake Simcoe in Ontario.[150]

*Ice hockey:* Natürlich, Eishockey, das ist ja schließlich *DER* kanadische Nationalsport. Jeder Hockeyspieler wartet sehnsüchtig darauf, dass es endlich so kalt wird, dass er sich in seinem *backyard,* also im Garten hinter seinem Haus, einen eigenen Hockeyring anlegen kann. Sobald der Schnee hoch genug ist, schaufelt er sich einen

Platz – es reichen schon 3 x 5 m – mit einer kleinen Schneemauer und lässt innen durch Sonneneinwirkung und Wasser eine Eisfläche entstehen.

*Ice skating:* Selbst die Irokesen sind schon Schlittschuh gelaufen, indem sie sich Schienbeine von Tieren mit Lederschnüren unter ihre Stiefel banden. Heute gibt es in Kanada die weltgrößte Schlittschuhbahn, auf dem Rideau Canal in Ottawa.

*Ski laufen:* Überall, wo Berge und Schnee sind. Am berühmtesten ist Whistler. Das Skigebiet Whistler-Blackcomb ist das größte von Nordamerika. Hier fanden im Februar 2010 die Olympischen Winterspiele statt, und das Magazin *Condé Nast Traveller* (UK-Ausgabe) hat Whistler mittlerweile zum zweitbesten *Ski Resort* der Welt erklärt![151] 5-Sterne-Hotels, eine belebte Fußgängerzone und ein reichhaltiges Angebot an Restaurants und Läden für Sportausrüstung, Schmucksteine und Souvenirs ergänzen die Skipisten.

*Hôtel de Glace:* Von Anfang Januar bis fast Ende März kann man im *Ice Hotel* in Quebec übernachten. Wie die Eisskulpturen am Lake Louise ist auch das Eishotel traumhaft schön, magisch und an Märchenfilme erinnernd, aber eben auch vergänglich. Die Raumtemperatur in den Zimmern liegt bei –3 bis –5 °C. Die Gäste bekommen entsprechende Instruktionen und warme Schlafsäcke. Die meisten *packages* bieten vorsichtshalber ein *Back-up*-Zimmer im Hôtel Valcartier in der Stadt Quebec, für den Fall, dass es doch zu kalt wird.[152]

*Eisbärengucken in Churchill:* Das *polar bear watching* in Churchill an der Hudson Bay ist mittlerweile weltberühmt, aber auch umstritten. Während die einen behaupten, es würde die Eisbären schützen, warnen andere, dass die Fahrzeuge die Tiere unter Stress setzen. Zusätzlich nimmt das *global warming* den Eisbären den Lebensraum. Man befürchtet, dass die Eisbären in 50–100 Jahren ausgestorben sein werden.

*Yukon Quest:* Das »Yukon Quest«-Schlittenhunderennen findet jedes Jahr im Februar statt. Das Rennen geht 1.600 km von Whitehorse im Yukon nach Fairbanks, Alaska. Beziehungsweise umgekehrt, denn Start- und Zielort wechseln jährlich. Es gilt als das härteste Schlittenhunderennen der Welt. Das ebenfalls berühmte »Iditarod«-Rennen in Alaska ist mit 1.850 km das längste. Das klingt nicht gerade nach Zuschauersport, aber es gibt die Möglichkeit, das Rennen an den *checkpoints* zu verfolgen, die aktuellen Infos dafür findet man auf der Seite des Yukon Quests.[153]

*Hot chocolate:* Gibt es etwas Schöneres, als nach so einem Schnee-erlebnis zu Hause am warmen Ofen zu sitzen und heiße Schokolade zu trinken? Kein Wunder, dass *hot chocolate* in Kanada so etwas wie ein Nationalgetränk ist (s. Grund 36)

Kapitel 8

# Logging and Love Stories

71. Grund

# Weil der beste Jade-Schnitzer der Welt aus Kanada kommt

*Green is the new gold.*
(SOUTH CHINA MORNING POST)[154]

»Ihr wisst ja alle, wie ein Bär aussieht«, sagt Chris Dobranski. »Jetzt müssen wir ihn nur herausholen.« Das ist der Einstieg in unseren Specksteinworkshop. Wir sind zwölf Teilnehmer, vor uns steht ein »Kit«, bestehend aus einem Block Speckstein, einer Feile, Sandpapier in verschiedenen Stärken und Öl. Elf Teilnehmer wissen, wie ein Bär aussieht. Ich hole mir in der Baustoffhandlung eine Postkarte, das wird meine Anleitung sein.

Chris Dobranski ist ein kanadischer Schnitzer, der bei den Haidas auf Haida-Gwai gelernt hat, daher sind seine Schnitzereien stark von der *Northwest Coast Art* beeinflusst, obwohl er Weißer ist. Mit seiner Skulptur *Dreamspeaker* gewann er 2011 auf dem *World Jade Symposium* den ersten Preis. Ein *Dreamspeaker* ist eine Figur aus der Mythologie der Ureinwohner, ein Mittler zwischen den Welten. Ich frage Chris, wie seine Skulpturen entstehen. Er antwortet: »*I remove what doesn't belong*«, ich entferne, was nicht dazugehört.[155]

Für Geologen ist Jade ein »Mineralgemenge« aus Jadeit oder Nephrit, für Juweliere ein attraktiver Schmuckstein. Für Astrologen ist es der Stein des Sternzeichens Waage, für Esoteriker ein Glücksbringer, der Liebe und Gesundheit schenkt. Und für Kanada ist Jade zusammen mit 60 anderen Mineralien und Metallen ein wichtiger Wirtschaftsfaktor. 300 Tonnen Jade kommen im Jahr auf den Weltmarkt – dreiviertel der Steine kommen aus BC! Jade ist nicht nur Schmuck- und Glücksstein, sondern wird zunehmend auch in exklusiven Wohn- und Bürohäusern eingesetzt. In Bangkok steht die weltgrößte Buddha-Statue aus Jade, geschaffen aus einem 32-Tonnen-Jadeblock, der 1991 in BC abgebaut wurde.

Die Produkte der *mining industry* machen 19 % der exportierten Waren Kanadas aus. Der Erzabbau schafft in Kanada mehr als 400.000 direkte Arbeitsplätze plus über 190.000 indirekte Arbeitsplätze, wobei die Löhne mit 100.000 $ über dem Durchschnitt liegen.[156]

Aber auch im Land wird gut verkauft. In allen touristisch erschlossenen Orten gibt es Juweliere, und in den Souvenirläden kann man in mit Achat, Rhodonite und Tigeraugen gefüllte Kästen greifen und sich für ein paar Dollar einen Stoffbeutel mit bunten Steinen füllen. (Regel: Der Beutel muss noch zugehen!)

Am anderen Ende der Skala ist die Jadeite-Jade-Kette, die früher Barbara Hutton gehörte und 2014 von Sotheby's für 27,6 Mio. Dollar verkauft wurde.[157] Dagegen ist mein milchig-grüner Anhänger aus einem Laden in der Robson Street in Vancouver für 19 $ natürlich ein echtes Schnäppchen.

In China wird Jade schon seit über 8.000 Jahren als Schmuckstein genutzt. So gesehen verwundert es nicht, dass Jade in Kanada erst durch die Chinesen »entdeckt« wurde. Die Goldsucher waren nämlich nur auf die Entdeckung von Gold fixiert, alle anderen Steine waren in ihren Augen wertlos. Erst seit den 70er-Jahren wird Jade in Kanada kommerzialisiert.

2011 bekam jeder Teilnehmer am *Jade World Symposium* ein 1 x 2 x 3 Zoll großes Stück Jade, das aus dem gleichen Block geschnitten wurde, um gleiche Bedingungen für alle Teilnehmer zu schaffen.*

Unser Speckstein-Workshop kann sich damit natürlich nicht vergleichen. Aber es ist interessant zu sehen, dass auch jeder Bär seinen eigenen Charakter hat, nachdem wir entfernt haben, was nicht dazugehört.

---

* *Wer jetzt Lust bekommen hat, mehr darüber zu erfahren, hier ein Link: www.youtube.com/watch?v=odQS_t2zffY. Es ist faszinierend zu sehen, was für Kunstwerke die Künstler aus dem grünen Stück Stein schaffen.*

72. Grund

# Weil man hier immer noch Gold und Edelsteine in der Erde findet

*You know the world is a magical place*
*if mother earth grows her own jewellery.*
(*I Believe in Mother Nature*)[158]

Wenn es stimmt, dass Kristalle Energie ausstrahlen, dann lebe ich wahrscheinlich im energiemäßig aufgeladensten Haus von ganz Vancouver Island. In jedem Regal, auf der Fensterbank und in der Garage liegen Kristalle, *cluster* und *trigonic record keepers*. Im Ahornbaum vor dem Haus hängt ein 2 Kilo schwerer *cluster*. Der hängt dort nicht aus Feng-Shui-Gründen, sondern soll durch sein Gewicht den Ast unten ziehen, damit der Baum nicht in die Elektroleitungen wächst.

Diese Kristalle gehören allerdings nicht mir, sondern meinem Mitbewohner Sam. Sam ist Baumpflanzer, in Indien ausgebildeter Yogalehrer und besitzt zusammen mit zwei Freunden einen *claim*, also ein Stück Land, wo sie Kristalle abbauen, die sie über eine Webseite und auf *rock shows* im ganzen Land verkaufen. Ja – es gibt auch heute noch *claims*, und Menschen, die die Erde nach wertvollen Steinen und Erzen durchwühlen, genauso wie zu den Zeiten des *Gold Rush*.

Ab 1858 zog es die Goldsucher aus San Francisco nach Kanada. Nach dem *Fraser River Gold Rush* kam der *Cariboo Gold Rush*. 1863 war es zu Ende. Auf der *Historic Hat Creek Ranch* in der Nähe von Cache Creek, BC, kann man einen Ort des *Cariboo Gold Rush* besichtigen. Eine Besichtigung, die einem die Gegensätze der damaligen Zeit noch mal so richtig vor Augen führt (s. Grund 96).

Ende des 19. Jahrhunderts setzte dann der berühmte *Klondike Gold Rush* ein, der größte Goldrausch in der Geschichte Amerikas. Damals machten sich so viele Goldsucher auf den mühsamen Weg über den Chilkoot Pass nach Dawson City im Yukon, dass die *Royal Canadian Mounted Police* es für nötig hielt, die Vorräte zu kontrollieren. Nur wer Vorräte für ein Jahr vorweisen konnte, durfte den Pass passieren (s. Grund 54). Im Museum von Skagway (Alaska) kann man die Fotos des mühsamen Aufstiegs betrachten, der in Dyea beginnt.

Eine Tonne Vorräte bedeutete, dass man den schwierigen Aufstieg mehrmals bewältigen musste. Nur ein Drittel der Goldsucher schaffte es bis Dawson City. Einige wählten den scheinbar weniger schwierigen Weg über den White Pass. Aber auf den Fotos sieht man die toten Pferde am Wegesrand, weswegen dieser Weg auch »Pfad der toten Pferde« genannt wurde. Als wir in Dyea zelten, laufe ich die ersten 500 Meter des 53 km langen Chilkoots Trails, einfach um mal meine Füße auf diesen historischen Boden zu setzen. Aber danach fahren wir doch lieber mit dem Auto nach Dawson City.

In Kanada wurden und werden nicht nur Gold und Kristalle abgebaut. Jade, Ammolit, Jasper; die Giftshops und Schmuckläden in Kanada sind voll von verführerischen Steinen (s. Grund 71).

Und was *trigonic record keepers* sind? Es sind Kristalle mit Markierungen, die wie Dreiecke aussehen, die man sehen und fühlen kann. Für einige haben sie die Bedeutung von Botschaften, die uns frühere Kulturen wie z.B. Atlantis hinterlassen haben.

### 73. Grund

## Weil hier auch Frauen Bäume pflanzen

*After a million trees you can read the soil.*
(Siegfried , Baumpflanzer)[159]

Ich stehe im *block* und weiß nicht weiter. Wurzeln, sperrige Äste und trügerischer Boden, in dem morsches Holz unter den Füßen bricht, machen das Gehen unmöglich. So sieht Gelände aus, das nach dem

Abholzen zurückbleibt, wenn die *Logging*-Firmen den Platz verlassen haben.

Die *tree planter* haben diesen Block als *cream* bezeichnet, als Sahne, also als einfaches Gelände. Im Gegensatz zu Gelände, das noch unzugänglicher ist. Gelände, in dem man zum Beispiel mit dem Hubschrauber an steilen Abhängen ausgesetzt wird und sich dann nach unten durchkämpft.

Wir sind am frühen Morgen mit dem Boot in der Mooyah Bay gelandet. Die Baumpflanzer werden im Gelände verteilt, ich bleibe am *cache*, bei den Kisten mit den Setzlingen. Ehe Alex ins Gelände geht, zeigt er auf die mächtige Wurzel eines tausendjährigen Baumes im Gelände. Dann schnallt er seine Hüfttaschen um, nimmt seine *Tree-planter*-Schaufel und zieht los.

Ich würde ja zu gerne mal die Wurzel eines so alten Baumes anfassen. Also gehe ich auch ins Gelände. Alex hat dafür gesorgt, dass ich passend gekleidet bin. Gemäß Vorschrift habe ich *caulk boots* an, schwere Lederstiefel mit Spikes aus Eisen, trage einen Helm und eine gelb-orange *hi-vis-vest*. Aber schon nach zehn Metern komme ich nicht weiter. Leider auch nicht mehr zurück. Ich bin nur noch wenige Meter von der Wurzel entfernt, und doch ist sie unerreichbar. Soll ich jetzt laut rufen, dass einer kommt und mir hier raushilft? Das ist mir irgendwie peinlich. Ich stehe im Block und weiß nicht weiter. Kämpfe mit meiner Eitelkeit. Und akzeptiere die einzig mögliche Lösung, selbstständig wieder zurück zum Weg zu kommen: Ich krabbele auf allen vieren, egal wie das aussieht.

Als Alex zum *Cache* kommt, um seine Körbe zu füllen, zeigt er mir, wie ein Baum gepflanzt wird. Er macht es so rasend schnell, dass er es für mich noch mal in Zeitlupe wiederholen muss, damit ich es überhaupt sehen kann: Loch stechen, Setzling einsetzen, mit den Füßen andrücken und weitergehen. Alle paar Meter wird so ein Setzling gesetzt, zwei bis drei pro Minute, und das auch noch richtig platziert, denn die Bodenbeschaffenheit muss stimmen, der Schatten, der Abstand.

Er drückt mir eine Schaufel in die Hand, als Hilfe zum Laufen im Gelände. Die *Tree-planter*-Schaufeln haben einen kurzen Stiel und eine schmale Schaufel, perfekt für die kleinen Löcher für die Setzlinge.

Siegfried kommt, sieht mich mit der Schaufel und sagt: Beim Laufen im unzugänglichen Gelände ist es wie beim Klettern, *three points of contact with the ground*, drei Kontaktpunkte mit dem Boden.

In Gegenden, in denen das Gelände zugänglich ist, schafft ein guter Baumpflanzer 5.000 oder mehr Bäume pro Tag. Hier an der Westküste mit dem schwierigen Gelände sind es weniger. An diesem Tag pflanzt Siegfried 1.400, das ist der Tagesrekord.

Die Arbeit der Baumpflanzer ist hart. Viele beginnen als Studenten, einige bleiben für immer dabei. Für sie ist es mehr als nur ein Job, es ist ein Lebensstil. Sie laufen bis zu 20 Kilometer am Tag und tragen eine Tonne. Sie sind tagsüber alleine in der Natur und schlafen nachts in Camps in der Wildnis. Aber sie haben das befriedigende Gefühl, Bäume für die Zukunft zu pflanzen – manche *tree planter* pflanzen im Laufe ihrer Karriere mehrere Millionen Bäume.

Es klingt nach einem Job für harte Männer, aber erstaunlicherweise pflanzen auch viele Frauen Bäume. In manchen Gegenden sind bis zu 40 Prozent der Baumpflanzer Frauen. Die Firmen stellen sie gerne ein, denn in einem Camp, in dem Frauen sind, geht es zivilisierter zu als in reinen Männercamps. (Kein Kommentar.)

Früher hatten *tree planter* einen miserablen Ruf. Es wird viel getrunken, und die meisten Geschichten der Baumpflanzer beginnen mit dem Satz: *We were so drunk* – wir waren so betrunken. Jetzt ist ihr Ruf besser geworden. Vielleicht sind die *tree planter* weniger rau, vielleicht ist die Anerkennung, dass die Aufforstung der Wälder wichtig für das Klima ist, größer geworden. Die *logging companies* sind heutzutage zur Aufforstung verpflichtet. Für jeden geschlagenen Baum müssen drei neue angepflanzt werden. Drei deswegen, damit – selbst wenn einer nicht anwächst, und einer nicht durchkommt – einer überlebt.

Mit Alex' Schaufel und Siegfrieds Regel versuche ich es noch mal. Langsam und mit der Beherzigung von *three points of contact with the ground* kämpfe ich mich zu der Wurzel durch. Sie hat einen Durchmesser von drei Metern. Von hier oben habe ich einen guten Blick über die verwüstete Landschaft, die die Holzwirtschaft hinterlässt. Wie soll man in diesem Chaos überhaupt einen Platz für einen Setzling finden?

In der Landschaft verteilt sehe ich die Männer und die Frau (heute nur eine), die durch das Gelände ziehen und sich dabei zwei- oder dreimal pro Minute bücken, um einen Baum zu pflanzen. In 80 Jahren wird hier wieder ein Wald stehen.

### 74. Grund

## Weil man hier Kunst am Strand finden kann

*Sometimes when I think of life, I feel like a piece of driftwood washed up on shore.*
(Haruki Murakami)[160]

Die Verlockung ist groß, sich einfach zu bücken und die interessant geformten, vom Meer glatt geschliffenen Holzstücke mitzunehmen. Einige erinnern an ein Tier, andere Holzstücke sind einfach nur wunderbar bizarr. Aber darf man das eigentlich? Sich einfach bücken und mitnehmen? Viele Künstler verarbeiten *driftwood* und verkaufen ihre Werke. Ganze Baumstämme darf man nicht einfach einsammeln am Strand, das ist bekannt. Aber diese alten ausgeblichenen Holzstücke?

Ich google zu dem Thema und es stellt sich heraus, dass ich nicht die Einzige bin, die das fragt. Die Meinungen gehen auseinander.

Wieso sollte es illegal sein, antwortet jemand, man säubert doch schließlich den Strand dadurch.

Ein anderer schreibt: *If it were disallowed the entire hippie/stoner arts & crafts industry would collapse.* Wenn es nicht erlaubt wäre, würde das ganze Hippie-Steinverarbeiter-Kunsthandwerk zusammenbrechen.[161]

Woher kommt *driftwood* eigentlich, wieso liegt so viel an den Stränden? Einige Baumstämme landen durch die Biber im Wasser. Viele große Baumstämme sind Überreste des *logging*, der Holzwirtschaft. Früher gingen bei der Holzwirtschaft so viele Stämme verloren, dass es sogenannte *beachcomber* gab, die die verlorenen Baumstämme wieder einsammelten und zu den Werken brachten. Das konnte man allerdings nicht einfach so machen, sondern man bekam von der entsprechenden Holzfirma eine Genehmigung für ein bestimmtes Gebiet. Heute ist der Transport geordneter, es gehen weniger Stämme verloren, und *beachcomber* gibt es nicht mehr.

Meine Freunde Tony und Judy haben in den 70er-Jahren fünf Jahre lang auf einem Boot gelebt und als *beachcomber* ihr Geld verdient. Aber als ihr dreijähriger Sohn einmal von Bord fiel, beschlossen sie, dass es Zeit sei, an Land zu leben. (Dem Kind ist nichts passiert, zum Glück.) *The Beachcombers* war sogar eine kanadische Fernsehserie in den 70er- und 80er-Jahren![162]

Also Baumstämme darf man nicht ohne Genehmigung aus dem Wasser fischen. Und was ist nun mit dem trockenen Holz am Strand? Ich frage Betty, unsere kanadische Busfahrerin. Ich habe gehört, dass es verboten sei, aber man hat das Gefühl, jeder macht es, und alle haben dekoratives *driftwood* im Garten stehen. Ich auch. Betty bestätigt das. Ja, es scheint verboten zu sein, aber alle machen es.

Schließlich finde ich die Seite *Ontario Parks*. Klare Ansage: Es ist verboten. Und zwar aus folgenden Gründen: *Driftwood* ist ein Teil der Ökosystems, es hält den Sand am Strand und bietet kleinen Tieren wie Insekten ein Biotop. *Driftwood* soll dort bleiben, wo es liegt.[163]

Anders ist es mit dem zweiten Kunst-Rohstoff, den man am Strand findet, den darf man einsammeln. Der ist nämlich nicht Teil des Ökosystems, sondern Müll. Es handelt sich um *seaglass* – Meerglas oder Strandglas genannt. Glasstücke, die in 20–30 Jahren vom Meer glatt und dumpf geschliffenen werden. Es gibt sogar Sammler für Seeglas. Aber da das Angebot sinkt – weniger Glasflaschen im Meer, dafür mehr Plastik – und die Nachfrage da ist, gibt es jetzt Fälschungen. Man lässt Glasscherben durch einen *rock tumbler* laufen – und schon hat man den Meerglas-Effekt.

Die Kette, die mir die Nachbarin geschenkt hat, kann ich also bedenkenlos tragen, ein silberner Seestern auf mattgrünem Meerglas an einer Silberkette. Und das *driftwood* vor der Tür, bei mir am Eingang? Tja, das lasse ich einfach da, wo es ist. Ich meine, wenn's wirklich nicht erlaubt wäre, dann wären doch die ganzen kanadischen Gärten kahl und das gesamte Hippie-Steinverarbeitungs-Kunsthandwerk würde zusammenbrechen, oder?

### 75. Grund

## Weil Wälder Wunder wirken können

*Go to a Forest. Walk slowly. Breathe.*
(Shinrin Yoku)[164]

Man sieht's am Namen, die Bewegung kommt aus Japan. Es handelt sich um *forest therapy*, auch *forest bathing* genannt. Und dafür bietet sich Kanada ja nun wirklich an. In Kanada sind 42 % der Landfläche mit Wäldern bedeckt, das sind 10 % der Weltwaldmenge.

Es gibt sogar Studien, die beweisen: Bäume heilen! Für manchen mag das nach esoterischem New-Age-Geschwafel klingen, aber der therapeutische Effekt ist bewiesen. In einer Studie der *University of Chicago* hat man festgestellt, dass Patienten, die aus dem Krankenhausfenster auf Bäume sehen, weniger Schmerzmittel brauchen. Und eine in Toronto durchgeführte Studie belegt, dass das Risiko für Herz- und Kreislaufkrankheiten sinkt, je mehr Bäume in einem

Blick vom Wasser auf Downtown Toronto und den CN Tower.

**Oben:** Eine Herde Kanadagänse ist zu Fuß auf dem N. Maquinna Drive in Tahsis unterwegs. **Unten:** Mounties in Paradeuniform mit der berühmten roten Jacke auf einer Streetparade in Toronto, Ontario.

**Oben:** Die Werkstatt von Pioneer Paul's Tire Repairs am Straßenrand erinnert an den »Wilden Westen«.
**Unten:** Scotiabank Place, Ottawa, ON: Vor dem NHL-Eishockeyspiel der Ottawa Senators gegen die Toronto Maple Leafs stehen Spieler und Fans für die Nationalhymne auf.

**Oben:** Schwanzflosse eines Narwals in der Baffin Bay, im Hintergrund die Bylot-Insel und Eisriesenwelt Floe Edge, Nunavut. **Unten:** Ein Eisbär an einer arktischen Küste auf Baffin Island, NU.

**Oben:** Parliament Hill in Ottawa, ON – auf diesem Hügel befinden sich die kanadischen Regierungsgebäude. **Unten links:** Canyon nahe Thunder Bay, nördlich des Lake Superior, ON. **Unten rechts:** Kajaks auf dem See, Gänse am Himmel, die untergehende Sonne – friedliche Abendstimmung am Ontariosee.

Die berühmten Niagarafälle, hier der Blick auf den Horseshoe Fall, Ontario.

**Oben:** Kräftigender Start in den Tag: Eggs Benedict im Tahsis Time Grill.
**Unten:** Cinnamon Buns gehören zu Kanada wie die Donuts.

**Oben:** Die Frontenac-Burg von 1893 gehört zu den beliebtesten Sehenswürdigkeiten der Altstadt von Quebec.
**Unten:** Französisches Flair in der Altstadt von Quebec.

**Oben links:** Thimbleberries, auch weiße Zimt-Himbeeren genannt. **Oben rechts:** Pick-ups gehören auf dem Land einfach dazu – genauso wie die Krähen. **Unten:** Winterstimmung am Tahsis Inlet, Vancouver Island.

**Oben:** Quebec: So wird der wertvolle Ahornsirup gewonnen.
**Unten:** Vermoderter Totempfahl in Yuquot, an der Westküste von Vancouver Island.

**Oben:** Die ersten Olympischen Spiele in Kanada fanden im Sommer 1976 in Montreal statt, hier das Panorama des Montrealer Olympiastadions. **Unten:** Blick auf die Skyline von Montreal im Winter.

**Oben:** Eclipse (2014) ist eine der vielen Masken des Schnitzers Sanford Williams (Foto: Sanford Williams).
**Unten:** Obst- und Gemüseangebot im Public Market auf Granville Island, Vancouver.

**Oben links:** Vorbereitung zum Bäumepflanzen: Die Baumpflanzerin Jody füllt ihre Taschen mit Setzlingen. **Oben rechts:** Die Bündel mit den Setzlingen werden in den Tragetaschen verstaut. **Unten:** Leben und Treiben auf der historischen Waterfront in Halifax, Nova Scotia.

**Oben:** Prince Edward Island: Schon die Ureinwohner nutzten Canoe Cove, als Ausgangsort für ihre Kanufahrten. **Unten:** Einer der vielen Leuchttürme in Kanada ist der Blockhouse Point Lighthouse, im Hafen gegenüber von Charlottetown, PEI.

Ein Weißkopfadler am Anleger in Tahsis, BC.

Wohngebiet stehen.[165] Wenn das schon so gute Wirkung zeigt, was bewirkt dann erst alles ein Spaziergang im Wald?

Ziemlich viel – die von den Bäumen erzeugten Phytonzyden regen nämlich die Killerzellen im Körper an.[166] Das sind die Zellen, die erkrankte Körperzellen zerstören. Außerdem entspannt der Waldspaziergang, er lässt einen zur Ruhe kommen und ist ein guter Gegensatz zu der Reizüberflutung in den Städten. Sonnendurchfluteter Wald, hohe Baumwipfel, Vogelgesang und das Murmeln des Waldbaches statt Autolärm, Sirenen, Menschenmassen, glitzernde Schaufenster und blinkende Lichter.

Jetzt werden sogar extra *trails* für die *forest therapy* angelegt. Das *Global Institute of Forest Therapy*, kurz *GIFT* genannt, in Ontario bildet Trainer aus, die *forest therapy* anbieten.[167] *Forest therapy* ist der neueste Gesundheitstrend geworden. Ein Gesundheitstrend, den man in Kanada ziemlich einfach durchführen kann. Die meisten Kanadier haben die Wälder ja gleich vor der Tür.

Die meisten Waldflächen sind in den Provinzen Quebec, Ontario und BC, die meisten Bäume Fichten, Pappeln und Pinien. Als die Siedler kamen, erschienen ihnen die Wälder unerschöpflich, und so wurde im 18. und 19. Jahrhundert bedenkenlos abgeholzt. Noch im 20. Jahrhundert gab es Kahlschlag, dessen erschreckendes Ausmaß man am ehesten vom Flugzeug aus sah – riesige Flächen wie Wunden auf den Bergen.

Seit den 80er-Jahren ist das Umweltbewusstsein gestiegen, und heute dürfen nur noch 1 % der Waldfläche pro Jahr geschlagen werden. Auch die Größe des Kahlschlags ist begrenzt. Und es gibt strenge Auflagen für die Wiederaufforstung (s. Grund 73). Es wird im Verhältnis 1:3 aufgeforstet, drei Setzlinge für jeden gefällten Baum. Auch wenn ein aufgeforsteter Wald natürlich nie so ursprünglich wie *first growth* werden kann.

Die Wälder sind ein wichtiger Wirtschaftsfaktor in Kanada, der Arbeitsplätze schafft. Aber jetzt entdeckt man, dass Wälder nicht nur Holz, Sägemehl und Zellulose liefern, sondern auch Gesundheit bringen können. »*I've been doing forest therapy all my life, I didn't know there was a name for it*«, schreibt Haida Bolton, die an der Sunshine Coast in BC aufwuchs.[168]

»*Sometimes, believe it or not, things really can be that simple*«, schreibt Alanna Ketler auf der Seite *Collective Evolution*. Manchmal, glauben Sie es oder nicht, können die Dinge wirklich so einfach sein.[169]

### 76. Grund

## Weil man in Kanada gut leben kann

*The O'Sullivan Five-Hundreds.*

Patty O'Sullivan verbrachte seine Rentnerjahre in Tahsis hauptsächlich damit, durch den Ort zu radeln und sich mit Leuten zu unterhalten. Eine Art radelnder Dorfreporter, der über alles Bescheid wusste. Da er nur den flachen Teils des Ortes nutzte und da der Ort sehr klein ist, radelte er in einer Dauerschleife, etwa alle 20 Minuten fuhr er an meinem Haus vorbei.

Beim Spazierengehen grüßten wir uns. Manchmal radelte jemand für einige Runden neben Patty mit. Meine Freundin Judy nannte das die »O'Sullivan Five-Hundreds«. Patty O'Sullivan war Ire und in den 60er-Jahren nach Kanada gekommen, um in dem kleinen Ort an der Westküste in dem neu gegründeten Sägewerk zu arbeiten.

Wenn er uns auf der Straße sah, hielt er an und teilte uns Neuigkeiten aus dem Ort mit – eine Bärenmutter mit zwei Jungen sitzt oben am Fluss in einer Birke. Oder aus der Welt – jetzt steht es 3:2 beim laufenden Fußballspiel. Manchmal hielt er etwas länger an, Fuß auf dem Boden, aber immer auf dem Fahrrad, und erzählte uns aus seiner Vergangenheit. Von den harten Lebensbedingungen in Irland, und dass er dann in dem Sägewerk an einem Tag mehr verdiente als in Irland in einer ganzen Woche! Und wie gut die Bedingungen waren. Für die Arbeiter wurde eine Siedlung gebaut, es gab zwei Modelle Einfamilienhäuser, einfach, aber großzügig geschnitten. Eine Köchin kochte für die Arbeiter, ein reichlicher und günstiger Mittagstisch. Nach den Hungerjahren in Irland war es das Paradies.

Auch heute noch ist Kanada ein beliebtes Einwanderungsland. Im Jahr 2016 kamen 296.000 Einwanderer.[170] Zu den Zeiten Patty O'Sullivans war es meistens die Aussicht auf Arbeit mit gutem Verdienst, die die Einwanderer anzog. Heute spielen viele Gründe eine Rolle. Der durchschnittliche Verdienst in Kanada ist ähnlich wie in Deutschland. Aber es gibt auch noch die hoch bezahlten Jobs, wie z.B. auf den Ölfeldern von Alberta, wo der ökologisch schädliche Abbau von Ölsand stattfindet. Die Lebenshaltungskosten sind ähnlich wie in Deutschland, einiges wie Alkohol, Käse und Fleisch ist erheblich teurer.

Was bringt Menschen aus aller Welt dazu, nach Kanada auszuwandern? Es gibt Arbeit, der Verdienst ist gut, das Bildungssystem ausgezeichnet, das Land sicher. Es gibt immer noch Platz, Weite, Natur. Und natürlich die Möglichkeit für Abenteuer![*]

Patty O'Sullivan hat seine Einwanderung nach Kanada nie bereut, er und seine Frau haben den kleinen Ort nie mehr verlassen. Er hat bis zu seiner Rente im Sägewerk gearbeitet, seine Frau im BC Liquor Store, dem staatlichen Alkoholladen. Die Tochter arbeitet heute als Krankenschwester in Vancouver. Neulich hat sie mit etwas Wehmut das Haus ihrer Eltern in dem kleinen Ort verkauft. Sie wird in Vancouver bleiben. Nach Irland hat es die Familie nie zurückgezogen.

---

* *Die Einwanderung ist gut geregelt, die Bestimmungen und Voraussetzungen werden auf einer offiziellen Seite erläutert: www.canada.ca/en/immigration-refugees-citizenship/services/immigrate-canada.html.*

77. Grund

## Weil aus Kanada die schönsten Liebesgeschichten kommen

*A romance novel is like a tub of ice-cream eaten when no one's looking.*
(Ayushi Mona – Quora.com)[171]

*Romance novels*, Liebesromane, werden nach einem bestimmten Schema geschrieben, verkaufen sich gut und haben einen schlechten Ruf. Ganz besonders übrigens bei intellektuellen Männern, die noch nie eine *romance novel* gelesen haben.

Umso größer war das Erstaunen, als die *Toronto Public Library* ihr *Writer in Residence*, ein Aufenthaltsstipendium für Autoren, für den Herbst 2018 an Stefanie London vergab, die in diesem Genre schreibt.[172] Das stößt auf Unverständnis – *romance novels, seriously*? Die sind doch gar keine Literatur! Oder vielleicht doch??

Mein Lieblingssender CBC Radio One macht dazu – wie zu allem Aktuellen, danke CBC Radio One – eine Sendung. »Richtige« Literatur wird am Besten gemessen, das im Genre geschrieben wird, sagt der Moderator, aber *romance novels* werden am Schlechtesten gemessen, das im Genre geschrieben wird. Und er fragt: Warum haben Liebesromane eigentlich diesen negativen Touch?

Ein Kritiker wirft dem Genre vor, dass es leichte Unterhaltungsliteratur sei, die nichts mit dem wirklichen Leben zu tun habe. So nach dem Motto: Das setzt den Frauen doch nur Flausen in den Kopf, und dann erwarten sie etwas, was es im wirklichen Leben gar nicht gibt. Die nächste Interviewte ist Mary Bly, eine Professorin für englische Literatur mit dem Spezialgebiet Shakespeare (!) an der Fordham University in New York. Nebenbei schreibt sie Liebesromane unter dem Pseudonym Eloisa James. Im Jahr 2005 outete sich die Shakespeare-Expertin mit dem Argument, *romance novels* wären nichts, wofür sie oder ihre Leserinnen sich schämen müssten.[173]

Und was hat das jetzt mit Kanada zu tun???

Ziemlich viel. Kanada ist nämlich die Heimat des weltgrößten Verlages für *romance fiction*! 110 Titel im Monat, 100 internationale Märkte, publiziert in 34 Sprachen, ca. 400 Mio. Dollar Umsatz und Standorte auf der ganzen Welt – das ist Harlequin. Der Verlag Harlequin Enterprises wurde 1949 in Winnipeg (Manitoba) gegründet und zog später nach Toronto, wo er bis heute seinen Sitz hat.

25 Cents kosteten die ersten Bücher. Jahrelang führten genau 192 Seiten zum Happy End, denn ein genormtes Buch ließ sich nun mal am besten verpacken. Die Norm der Seitenzahl ist lockerer geworden, das Happy End ist aber nach wie vor obligatorisch.[174]

Diese *Writer in Residence*-Programme gibt es in ganz Kanada. Ein Autor wird für einige Monate eingeladen, um zu schreiben, Manuskripte zu betreuen und Workshops abzuhalten. Die Aufenthalte werden von öffentlichen Büchereien, Kommunen und Stiftungen vergeben. Der Staat beteiligt sich mit Fördermitteln, denn es geht auch darum, kanadische Autoren zu fördern und damit indirekt auch die kanadischen Verlage.

Im Jahr 2020 ist Kanada übrigens Gastland der Buchmesse in Frankfurt, die Vorbereitungen der kanadischen Botschaft in Deutschland dafür laufen schon.

Die Toronto Public Library präsentiert auf ihrer Webseite ihre neue *Writer in Residence*-Autorin mit Leidenschaft für: *good coffee, lipstick, romance novels and anything zombie-related* – guten Kaffee, Lippenstift, Liebesromane und alles, was mit Zombies zu tun hat. Eine interessante Mischung.

Ach ja, und übrigens, da ist noch etwas, was für die *romance novels* spricht, mit denen Kanada die Welt versorgt: Im Gegensatz zu Eiscreme machen sie nicht dick!

78. Grund

## Weil Butchart Gardens die schönste Gartenanlage Canadas ist

*It all began with a woman's passion …*
(Butchart Gardens)[175]

»Ich war schon 20-mal in den Butchart Gardens«, sagt die Frau im Aufzug des Hotels, die offensichtlich als Reiseleiterin arbeitet, »aber ich gehe immer wieder gerne hin.«

Verständlich, denn Butchart Gardens in Brentwood Bay in der Nähe von Victoria an der Südspitze von Vancouver Island ist laut USA Today der drittschönste Garten Nordamerikas. Außerdem gilt er als der schönste Garten Kanadas und ist sogar ein *National Historic Site.*

Es begann alles mit der Leidenschaft einer Frau, und zwar mit der Leidenschaft Jennie Butcharts für Gärten. Robert und Jennie Butchart waren wegen der Kalksteinvorkommen nach Vancouver Island gezogen, wo Robert Butchart am Tod Inlet Kalkstein für sein Zementwerk abbaute. Als der Abbau erschöpft war, ließ Jennie Butchart den Steinbruch mit Erde auffüllen und verwandelte ihn mithilfe des japanischen Landschaftgestalters Isaburo Kishida ab 1909 in die heute berühmten Butchart Gardens.

*Over 100 years in bloom*, steht auf der Webseite der Gartenanlage, seit über 100 Jahre in Blüte. Der Garten ist 22 ha groß, immer noch in Familienbetrieb und zieht im Jahr fast 1 Mio. Besucher an. Es sind so viele Besucher, dass empfohlen wird, die Gärten möglichst in den Morgenstunden oder am späten Nachmittag zu besuchen.

Die Anlage besteht aus fünf Gärten, die labyrinthartig miteinander verbunden sind. Der älteste Teil ist der Senkgarten. Es folgte ein italienischer Garten, der Rosengarten, ein japanischer Garten, ein mediterraner Garten. Diese Gärten inklusive der 26 Gewächshäuser werden von 50 ganzjährig angestellten Gärtnern betreut.

Außerdem gibt es Wasserspiele, Restaurants, eine Cafeteria und – natürlich, wie könnte es anders sein – einen großen *gift shop*, in dem man neben allen möglichen mit Blumen verzierten Souvenirs auch Blumensamen kaufen kann. Im Infocenter bekommt man Hilfe bei der Bestimmung der Pflanzen, außerdem liegen Bücher aus, in denen man Pflanzen nachschlagen kann.

Im Sommer gibt es Open-Air-Konzerte, bis Anfang September jeden Abend eine Veranstaltung. Und im Winter das *Magic of Christmas*. Zwei Monate dauert die Vorbereitung für die Weihnachtsbeleuchtung, die den Garten für die zwölf Tage vor Weihnachten spektakulär in magisches Licht taucht (s. Grund 50).

Eine Tageskarte kostet 33 Dollar. Wer sich allerdings nicht an die Regeln hält, bekommt keine Eintrittskarte, so wie das Paar aus den Staaten, das in historischen Kostümen auftauchte, um seinen Hochzeitstag im Garten zu feiern. Das Paar hatte einfach nicht glauben wollen, was die *garden etiquette* des Butchart Garden vorschreibt, und das ist so einiges. Man darf unter anderem nicht rauchen und nicht fluchen, selbstverständlich keine Blumen pflücken oder auf die Beete treten, und man darf keine historischen Kostüme tragen.

Ach ja – und man darf keine Selfie-Sticks benutzen!

Nichts soll das Erlebnis stören, sich inmitten der Blumenpracht zu bewegen. Und ja, die Frau im Fahrstuhl hat recht, auch wenn man 20 mal dort war, ist es jedes Mal wieder ein Erlebnis. Und wenn ich in Victoria wohnen würde, würde ich mir die Jahreskarte für 60 $ kaufen und zu jeder Jahreszeit hingehen.

79. Grund

## Weil ein Wasserfall eine beliebte Filmkulisse ist

*Amerikanisches Ehedrama mit geschickter Verwendung von Naturschönheiten.*
(Katholische Filmkritik)[176]

In der Filmkritik der *New York Times* heißt es sogar, die 20th Century Fox würde sich nicht darum scheren, dass es nur sieben Weltwunder gebe, und hätte nun zwei weitere entdeckt. Es handelte sich um die Niagarafälle und Marilyn Monroe, die mit diesem Film ihren Durchbruch zum Star hatte.

Die Niagarafälle gehören mit 57 m Fallhöhe nicht zu den höchsten Wasserfällen der Welt, aber auf jeden Fall zu den berühmtesten. Fünfmal dienten sie als Filmkulisse, angefangen mit dem Thriller *Niagara*, dem Filmhit des Jahres 1953, mit Marilyn Monroe und Joseph Cotton. Auch *Superman II* und *Bruce Allmächtig* wurden hier gedreht. Die drei Wasserfälle der Niagarafälle – American Falls, Bridal Veil Falls und Horseshoe Falls – liegen zwischen den USA und Kanada und können von beiden Ländern aus besucht werden.

Wie viele Touristen kommen, ist schwer zu sagen, man findet die unterschiedlichsten Zahlen, alles von 12 Mio. bis 30 Mio. Besucher pro Jahr. Wer sich in die Nähe der Wasserfälle trauen will, kauft sich am besten einen der dünnen gelben oder blauen Plastikponchos, denn das Wasser sprüht weit. So kommen übrigens auch die häufigen Regenbögen über den Wasserfällen zustande.

Die wenigsten Besucher wissen vermutlich, dass das Naturwunder ab- und angestellt wird. Die Wasserfälle dienen nämlich auch der Stromerzeugung. Schon 1950 haben sich die USA und Kanada darauf geeinigt, tagsüber nur die Hälfte für das Kraftwerk abzuzweigen, damit für die Touristen genug zum Staunen bleibt. Nachts schießt dann nur noch ein Viertel durch die Wasserfälle. Und morgens wird das »Naturwunder« durch Knopfdruck wieder in Gang gesetzt.

1901 ist es zum ersten Mal einem Menschen gelungen, eine Fahrt durch die Fälle zu überleben – einer 63-jährigen Lehrerin namens Annie Taylor![177] Sollte man nicht nachmachen, schon weil das Befahren seit den 80er-Jahren unter Strafe steht, da die Hälfte der Versuche mit dem Tod endeten. Auch Joseph Cotten überlebt im Film *Niagara* die Fahrt durch die Wasserfälle nicht.

Die Stromerzeugung durch *Hydroelectricity* macht in Kanada einen großen Teil aus.[178] Immerhin so viel, dass die Stromrechnungen in BC *Hydro Bills* heißen. Was mich bei meinen ersten Stromrechnungen ziemlich verwirrt hat, denn in diesem Fall ist die sogenannte Wasserrechnung die tatsächliche Stromrechnung.

Kanada, das »*2 Million Lake Country*«, hat reichlich Wasserfälle. Einige wie die Athabasca Falls, die Sunwapta Falls und die Bow Falls in den Rocky Mountains kann man mit dem Auto erreichen. Andere wie die Della Falls im Strathcona Provincial Park mit 440 m Fallhöhe muss man sich erwandern. Einige sind weltberühmt, wie die Niagara Falls. Andere kennt praktisch niemand, wie die Three Sister Waterfalls auf dem Weg von Tahsis nach Gold River, die immerhin aus 1.573 m kommen. Drei schmale Wasserfälle, an denen selten jemand anhält. Wir sehen sie höchstens beim Vorbeifahren aus dem Fenster und kontrollieren, ob es noch drei sind. Im Sommer sind es nämlich manchmal nur zwei Schwestern.

Marilyn Monroe hat im Jahr nach *Niagara* übrigens gleich noch mal in einem Film an einem Wasserfall gespielt. An der Seite von Robert Mitchum spielt sie in *River of No Return* (1954). In diesem Film sind die Bow Falls im Banff-Nationalpark die Kulisse. Die Kombination von den zwei Naturwundern Wasserfall und M.M. hatte sich ja auch schon im Vorjahr bewährt.

80. Grund

## Weil man sich an Blaubeeren satt essen kann

*There is nothing like the sweet,*
*intense taste of Canadian blueberries.*
(Agriculture and Agri-Food Canada)[179]

Das finden die Bären auch. Und so läuft ein Bär durchaus 10 bis 15 Meilen, bis er einen ergiebigen *blueberry patch* zum Fressen gefunden hat. Ich fahre sogar 155 km bis Campbell River, um meine Blaubeeren zu kaufen. Von Juli bis September ist in Kanada *blueberry season*. Dann stehen die Schälchen mit den blauen Beeren gleich an den Eingängen im Supermarkt, oft im Sonderangebot. Die Bären fressen die Beeren einfach roh vom Busch. Ich tue sie meistens in meinen Frühstücksjoghurt (auch roh). Und was kann man sonst noch damit machen?

Die Ureinwohner aßen die Beeren entweder roh oder trockneten oder räucherten sie für den Winter. Sie verwendeten die getrockneten Blaubeeren für *pemmikan*, eine Masse aus zerstoßenem Dörrfleisch mit Fett und getrockneten Beeren. Mit 600 Kalorien pro 100 g ist *pemmikan* eine echte Kalorienbombe und somit die perfekte Nahrung für die Wildnis. Man bekommt viel Nährstoffe für wenig Gewicht, und so wird *pemmikan* auch heute noch auf langen Berg- und Wandertouren verwendet.

Hier noch weitere Tipps für die Verwendung von Blaubeeren:

- *Blueberry pancakes:* Blaubeeren vorsichtig in den Pfannkuchenteig (s. Grund 39) mischen und eine Stunde stehen lassen. Pfannkuchen in der Pfanne braten. Mit Butter und braunem Zucker servieren.
- *Blueberry muffins:* 2 Eier, 125 ml Öl, 250 ml Milch, 250 g brauner Zucker, 400 g Mehl, 3 Tl Backpulver, 1 Tl Salz. Ofen auf 200°C vorheizen. Eier mit Mixer aufschlagen, dann Öl und Milch hinzu-

fügen. Zucker einrühren. Zuletzt Mehl, Backpulver und Salz hinzugeben und mischen. Blaubeeren unterheben und backen.

- *Blueberries in dark chocolate:* 175 g dunkle Schokolade schmelzen und mit 1 Tl Margarine mischen. Vorsichtig mit den Blaubeeren mischen und auf Backpapier im Kühlschrank fest werden lassen.
- *Blueberry barbeque sauce:* Und weil Kanadier so gerne grillen, darf natürlich auch eine Barbeque-Soße nicht fehlen! Im Prinzip bestehen diese dickflüssigen BBQ-Soßen, mit denen man das Grillgut bestreicht oder in die man die gegrillten Fleischstücke dippt, immer aus Ketchup, Essig, braunem Zucker, Molasse und Gewürzen wie Chili und Pfeffer, die eingekocht werden (s. Grund 39).*
- *Blueberry omelette:* Ein Omelett in einer süßen Variante. Dazu zwei Eier schlagen und Omelett in der Pfanne vorsichtig stocken lassen. Blaubeeren auf das fast fertige Omelett geben. Weiter stocken lassen. Für eine besonders luftige Variante Eiweiß vorher schlagen.

Blaubeeren gibt es in Kanada in den Atlantikprovinzen sowie in Ontario, Quebec und in BC. Nach den USA ist Kanada der zweitgrößte Produzent und Exporteur der Welt von Blaubeeren. Es geht nichts über den süßen, intensiven Geschmack von kanadischen Blaubeeren, lautet die Überschrift auf der Seite von *Agriculture and Agri-Food Canada*. Stimmt. Die kanadischen Blaubeeren sind so gut, dass sie richtig süchtig machen.

* *Hier ein Rezept, bei dem die Blaubeeren mit eingekocht werden: www.blueberrycouncil.org/blueberry-recipe/blueberry-barbecue-sauce*

Kapitel 9

# The More We Get Together – the Happier We Are

81. Grund

## Weil die Kanadier ein entspanntes Verhältnis zu ihrer Flagge haben

*Happy Canada Day!*

Am 1. Juli 1867 entstand die *Dominion of Canada*, seitdem ist dieser Tag ein Feiertag. Ganz besonders gefeiert wird natürlich, wenn es »runde Daten« sind. Zum 100-Jährigen fand die »Expo 67« in Montreal statt, die zwar über 50 Mio. Besucher anzog, aber trotzdem einen Verlust von 210.000 $ erwirtschaftete bzw. runtererwirtschaftete.[180]

Schon Wochen vorher bereitet sich das Land auf den *Canada Day* vor. *ALLE* sind an diesem Tag unterwegs und unternehmen was.

Bei der kanadischen Kette Canadian Tire, in der man Ausstattung für Haushalt, Garten, Auto und Outdoor erstehen kann, taucht ab Juni die Ware mit der Kanadaflagge auf. Rote Gartenstühle mit der Flagge auf der Rückenlehne, rote Trinkbecher mit kanadischer Fahne, Servietten in Kanadafarben, Fußbälle mit Flagge – eigentlich alles, auf das man eine Flagge drucken kann, bekommt auch eine.

Aber nicht nur das Campingmobiliar ist entsprechend dekoriert, auch der Camper und die Camperin dekorieren sich. Aber nicht nur die. Viele Kanadierinnen tragen an diesem Tag Schmuck mit der kanadischen Flagge, vom Armband bis zum Ohrring. Und das entsprechende Make-up in Form einer kleinen Flagge auf einer Wange. Zum 150. Jahrestag war es natürlich *Canada Day* hoch zwei, sozusagen.

In Calgary bekam der Teich im Olympic Plaza einen neuen Boden, mit Ahornblatt-Mosaik. Das Mosaik bezieht sich auf das kanadische Selbstverständnis, kein *melting pot*, sondern ein Mosaik zu sein (s. Grund 4).

Die Touristenämter verschenkten die kleinen dezenten Kanada-Pins. Und die Verwaltung von Parks Canada verzichtete das ganze

Jahr auf die Eintrittsgebühr in die Nationalparks! Jeder, der wollte, konnte sich umsonst einen Pass bestellen. Das ganze Land war in Feierlaune. Überall fanden Veranstaltungen statt, wurde Musik gespielt und wurden Reden gehalten.

Nur Tim Hortons, die kanadische Donut-Kette, vergaß irgendwie, eine Sonderedition Donuts herauszubringen. Das hat sie ein Jahr später nachgeholt, mit einem Donut, der aussieht wie die kanadische Flagge: ein mit Johannisbeerkonfitüre gefülltes Gebäck, an beiden Enden rote und weiße Streusel, in der Mitte weißer Zuckerguss und darauf ein rotes Ahornblatt.

Die Hälfte der Kanadier war begeistert und schrieb im Internet Kommentare wie: »*This will be our breakfast, lunch and dinner this sunday*« (Das wird am Sonntag unser Frühstück, Mittagessen und Abendessen.) Die andere Hälfte war weniger begeistert, die Kommentare reichten von »Wieso erst jetzt?« bis zu »Schmeckt, aber die Füllung sollte aus Ahornsirup sein«.[181]

Am 1. Juli 1867 schlossen sich die ersten vier Provinzen zusammen: Ontario, Quebec, New Brunswick und Nova Scotia. Die anderen Provinzen kamen später dazu. British Columbia ließ sich 1871 dazu überreden, indem man eine Eisenbahn versprach (s. Grund 10). Die letzte Provinz, die sich anschloss, war Newfoundland 1949.

Aber natürlich hat es das Land Kanada schon gegeben, als es noch nicht so hieß. Es existierte auch schon, ehe es »entdeckt« wurde. Es war auch bewohnt, und das seit mindestens 12.000 Jahren. In ihrer Rede zum *Canada Day* zum 150. Jahrestag wies die Bürgermeisterin von Whistler darauf hin, dass die weißen Siedler kein unbesiedeltes Land vorfanden, sondern es schon vor ihnen Bewohner gab. Viele Zuhörer klatschten, aber nicht jeder war von der Rede begeistert.

Woher der Name Kanada kommt, ist nicht ganz geklärt.

»*Cá nada* – hier ist nichts«, sollen portugiesische Seefahrer festgestellt haben, als sie das Land zum ersten Mal betraten. Aus *cá nada* wurde *Canada*. Aber wahrscheinlicher ist wohl, dass der Name Kanada aus dem Irokesen-Wort für Siedlung »*Kanata*« entstand.

82. Grund

## Weil versucht wird, die Fehler der Vergangenheit wieder gutzumachen

*What did you learn in school about Christopher Columbus?*
(FRAGE IN YOUTUBE-VIDEO *ONE WORD*)[182]

Ureinwohner Amerikas beantworten in dem Video die Frage, was sie von Christoph Kolumbus halten. Mit einem Wort – manchmal auch mit der eindeutigen Geste mit dem Zeigefinger. Dann folgt ein Satz als Erklärung. Für sie ist Christoph Kolumbus jemand, dessen »Entdeckung Amerikas« einen Genozid auslöste. Das Video wurde am 24. November 2015 eingestellt und wurde innerhalb eines Tages 14 Mio. Mal angesehen. Und was habe ich in der Schule über Christoph Kolumbus gelernt? Dass er Amerika entdeckt hat. Aber wie in dem Video richtig bemerkt wird, hat er Amerika nicht entdeckt, sondern hat sich verfahren, dachte, er wäre in Indien, und nannte die Einwohner fälschlicherweise »Indianer«.

Und Leif Eriksson, der Wikinger, hat Amerika auch nicht entdeckt. Wenn es jemand entdeckt hat, dann die Menschen, die vor Tausenden von Jahren aus Asien kamen. Und doch ist der zweite Montag im Oktober *Columbus Day* in Nordamerika. Aber darf man einen Mann feiern, der mit dazu beigetragen hat, dass die Ureinwohner ihr Land und viele ihr Leben verloren? Genozid. Mörder. Vergewaltiger. Das sind die *One Words* im Video. Es gebe schließlich auch keinen Feiertag für Hitler, warum dann einen für Christoph Kolumbus, sagt einer der Befragten.

North Dakota (US) war der erste Staat, der den *Columbus Day* durch den *Indigenous Peoples' Day* ersetzte. Andere US-Staaten ziehen nach. Und auch in Kanada wird es diskutiert. Da der *Columbus Day* in Kanada am gleichen Tag wie Thanksgiving gefeiert wird, lautet der praktische Ratschlag im Internet: Feiert doch stattdessen lieber Thanksgiving.

*Reconciliation* ist das Schlagwort des Jahres 2018 in der kanadischen Presse. Aussöhnung. Erst jetzt erkennt man so richtig, und anerkennt, was den Ureinwohnern Amerikas von den »Entdeckern« angetan wurde. Die Kinder wurden den Eltern entrissen und in abgelegenen Internaten, den sogenannten *residential schools*, zwangsbeschult. Sie durften ihre Sprache nicht sprechen. Viele Kinder starben in den Internaten oder wurden misshandelt. Die Kultur der First Nations wurde unterdrückt, *potlucks*, ein wichtiger Teil ihrer Kultur, wurden verboten.

*Reconciliation* bedeutet, dass man versucht, Fehler wiedergutzumachen und in Zukunft fair miteinander zu leben.

*A vibrant, inclusive Canada where all people achieve their full potential and shared prosperity* – ein dynamisches, integrierendes Kanada, in dem alle ihr Potenzial ausschöpfen können, und Wohlstand für alle.[183] So steht es auf vielen Seiten im Internet. *'Namwayut – we are all one*, lautet der Slogan.[184] Das Wort kommt aus der Sprache der Kwakwaka'wakw First Nations an der Nordwestküste.

Jetzt werden auch die Sprachen der Ureinwohner wieder unterrichtet. Teilweise wird auch in den Sprachen der Ureinwohner unterrichtet. Die Kultur lebt wieder auf. Es sind Entschädigungen gezahlt worden. Für Ureinwohner gelten besondere Steuergesetze sowie Fisch- und Jagdgesetze. Und Universitätsausbildung ist für sie umsonst.

*Reconciliation* ist noch neu. Erst 2008 entschuldigt sich der damalige kanadische Premierminister für die *residential schools*.[185] 2015 entschuldigt sich Papst Franziskus für die schweren Sünden des Kolonialismus.[186] Das Royal British Columbia Museum in Victoria hat der Kultur der Ureinwohner größere Räume gegeben. Die Abteilung beginnt mit einem Raum zu den Sprachen der First Nations, die Ausstellung über die Kultur ist gut gemacht.

Und was lernen die Kinder heute in der Schule?

Ich frage Jill, eine Lehrerin in Kanada. Ihre Antwort: »*Many textbooks are rewriting the story from the perspective of the people living here.*« Viele Lehrbücher schreiben die Geschichte jetzt aus der Perspektive der Menschen, die hier leben. Es geht nicht mehr um die Entdeckung, sondern um das Aufeinandertreffen unterschiedlicher Kulturen. Das, was die Kinder in der Schule über Kolumbus lernen, hat sich geändert.

83. Grund

## Weil es drei Versionen einer Gedenkmünze für 1778 gibt

*Dear Past, thank you for all the lessons.*
*Dear Future, I am ready.*
(UNBEKANNT)[187]

Die *Tahsis Heritage Society* hat eingeladen zur Enthüllung der Gedenkmünzen zu Käpt'n Cooks Landung an der Küste von Nootka Island vor 240 Jahren. Die Veranstaltung findet im Museum von Tahsis statt.

In Tahsis war das Winterlager der Mowachahts, die Sommer verbrachten sie in Yuquot (s. Grund 99). Es ist ein sehr kleines Museum, es zeigt hauptsächlich die Geschichte des Sägewerks. Die Vorsitzende des Heimatvereins leitet die Veranstaltung. Eine Vertreterin der Regierung ist anwesend. Und Mike Maquinna. Er ist der *Chief*, der Häuptling, der Mowachaht-Muchalaht, die in Tsaxana bei Gold River leben. Maquinna wurden die Häuptlinge genannt. Auch Käpt'n Cook traf sich 1778 mit einem Chief Maquinna.

Das Tuch wird von der Tafel gezogen – die drei Münzen werden enthüllt. Reden werden gehalten. Mike Maquinna vom *Mowachat Tyee Ha'wilth Council of Chiefs* erzählt, dass die Münze zunächst entworfen und dann dem Council zur Begutachtung vorgelegt wurde. Aber der Council war überhaupt nicht begeistert. Auf der Münze sieht man einen selbstbewussten Käpt'n Cook an Land, sein Schiff groß auf dem Wasser, dazwischen ein Kanu mit sechs Ureinwohnern.

»Das ist historisch falsch«, sagt Mike Maquinna in seiner Rede. »Käpt'n Cook kam mit dem Schiff – *wir* waren an Land!«

Also wurde eine zweite Münze entworfen. Auf dieser Münze sieht man im Vordergrund den damaligen Chief Maquinna mit erhobener Hand und auf dem Wasser das Schiff Cooks. Auf einer dritten Münze sieht man Maquinna und Cook, die sich gegenüberstehen, das Schiff in der Mitte.

»Wir haben damals gewunken«, sagt Mike Maquinna. »Fahrt weiter, fahrt weiter – leider hat es nichts genützt.« Er lächelt verschmitzt, die Zuhörer lachen.

»Ich hoffe, ich bin niemandem zu nahe getreten«, sagt er diplomatisch am Ende seiner Rede. Dann überreicht die Vorsitzende des Heimatvereins Mike Maquinna eine Münze.

»Es ist leider die Münze, wo Käpt'n Cook an Land ist«, sagt sie entschuldigend, »die andere konnten wir uns nicht leisten.«

Der Chief nimmt es mit Humor. Immerhin bedeutet es, dass die Münze, auf der Maquinna an Land ist, die teuerste Münze der Kollektion ist.

Danach gibt es Kaffee und Kuchen. Die Anwesenden stehen in kleinen Gruppen zusammen und reden. Die Stimmung ist gut, die Atmosphäre respektvoll, viele bedanken sich bei Chief Maquinna für sein Kommen. Im Kanada von heute ist viel von *reconciliation* die Rede, von Aussöhnung, davon, dass man die Gesellschaft gemeinsam gestalten will (s. Grund 82).

»Ich liebe an meinem Land, dass Minderheiten gesetzlich geschützt sind«, sagt meine Freundin Kim auf meine Frage, was sie an Kanada am meisten liebt.

## 84. Grund

# Weil ein Walbaby eine Welle der Sympathie ausgelöst hat

*Luna dancing in the sky with diamonds.*
(JAMIE JAMES, LUNAS ZEITWEILIGER BETREUER, ÜBER LUNA BEI NACHT)[188]

Luna hatte gleich drei Namen. Für die Fischereibehörde war das Walbaby »L98«, weil es in der L-Herde als Baby der Walkuh L97 zur Welt kam. Für die meisten Menschen, die mit Luna in Berührung kamen, war der Orca oder Killerwal »Luna«. Für die Mowachaht-Muchalaht war er »Tsu'xiit«.

Jeder der Beteiligten wollte das Beste für das zwei Jahre alte Walbaby, das 2001 im Nootka Sound an der Westküste von Vancouver Island auftauchte, 200 Seemeilen von seiner Herde entfernt. Niemand wusste, ob so ein junger Wal überhaupt alleine überleben konnte. Schon deswegen, weil Wale soziale Wesen sind, die in Familien leben und Kontakt brauchen. Die Behörden waren der Meinung, dass jeder Kontakt von L98 und Menschen schädlich, ja gefährlich sei, sowohl für den Wal als auch für die Menschen.

Die Menschen, die Luna erlebten, waren von seinem spielerischen Wesen und seinen Versuchen, Kontakt aufzunehmen, gerührt. Luna wollte spielen – also spielten sie mit ihm. Für die Mowachaht-Muchalaht lebte in Tsu'xiit die Seele ihres verstorbenen Häuptlings Ambrose Maquinna, der so zu ihnen zurückkam. Genau wie er es angekündigt hatte: als *kakawin*, als Killerwal. Sie waren dafür, Tsu'xiit einfach in Ruhe und der Natur ihren Lauf zu lassen.

Und so kam es zu einem kulturellen Zusammenstoß. Auf der einen Seite die moderne Zivilisation, die eingreift, um zu regeln. Auf der anderen Seite die Kultur der Ureinwohner, in der man an *shapeshifting*, Transformation, glaubt, und in der die Seele des verstorbenen Häuptlings in einem Tier zurückkehren kann. Natürlich berichtet die Presse über den Konflikt, und nun wird Luna auch noch zu einer Attraktion.

Die Touristen sind begeistert. Der Wal kommt nah ans Ufer, sucht Kontakt, schwimmt mit Booten mit. Sie streicheln ihn, fassen in sein Maul, aber einige gießen auch Bier in sein Blasloch. Die kommerziellen Fischer sind verärgert, Luna beeinträchtige die Fischereierträge, beschädige die Boote. Die Fischereibehörde greift ein, und jeder Kontakt mit Luna wird unter Strafe gestellt. Die Lösung: Luna soll zurück zu seiner Herde. Er soll in einem Spezialnetz gefangen und mit einem Spezialtransporter über Land transportiert werden.

Jetzt kommen Gerüchte auf, dass *captivity options* diskutiert werden, bei denen Luna in einem Erlebnispark landen würde. Die Mowachaht-Muchalaht schlagen vor, den Wal mit Kanus in die offene See zu locken, aber die Fischereibehörde verweigert die Zustimmung. Ihr Argument: Es sei zu gefährlich, draußen auf dem offenen Meer zu paddeln.

Trotz Verbot unternehmen die Ureinwohner mehrere Versuche, Tsu'xiit aus dem Nootka Sound zu locken. Doch der Wal dreht jedes Mal ab, ehe sie das offene Meer erreichen. Massenhaft Touristen versuchen Luna zu streicheln. Und die Fischer sind verärgert, weil ihnen Luna angeblich ihren Fang wegfrisst. Die Fischereiaufseher sind überfordert. Der Konflikt spitzt sich zu.

Im Juni 2004 baut die Fischereibehörde die Fangvorrichtung. Aber an dem Tag, als Luna ins Netz gehen soll, unternehmen die Ureinwohner einen letzten Versuch, den Wal ins Meer zu locken. Obwohl es streng verboten ist, versuchen sie mit zwei großen alten Kanus, den Wal mit sich zu locken.

Vergeblich. Luna schwimmt in das Fangnetz. Das Fangnetz wird langsam hochgezogen.

Da stimmen die Mowachaht-Muchalaht einen Gesang an – und im allerletzten Moment schwimmt Luna aus dem Fangnetz, zu den Kanus und folgt ihnen. Für einen Moment sieht es so aus, als ob es gelingen könnte, Luna ins offene Meer zu bringen. Da unterbricht die Fischereibehörde die Rettungsaktion der Ureinwohner.

Aber immerhin wird von diesem Tag an der Plan, Luna umzusiedeln, fallen gelassen. Alle sehen ein: Wenn sie das Beste für das Walbaby wollen, dann müssen sie zusammenarbeiten. Und nicht gegeneinander. Mit Zustimmung der Fischereibehörde wird der Mowachaht Jamie James vom Council der Mowachaht-Muchalaht als Lunas Betreuer eingestellt.

10. März 2006. Jamie James ist unterwegs, um neue Fördergelder zu beantragen. An diesem Tag gerät der Wal, der so viel Kontroversen ausgelöst hat, in eine Schiffsschraube und stirbt. Am Anleger von Gold River erinnert ein Gedenkstein an die Geschichte von L98- Luna-Tsu'xiit.

**85. Grund**

## Weil Selbstverantwortung großgeschrieben wird

*Airport ambassadors lend frazzled travellers a helping hand.*
(ABC News)[189]

»Sie hat den Papagei letzte Woche sogar mit in die Schule genommen«, erzählt mein Sitznachbar auf dem Flug nach Calgary stolz. Sie ist seine Tochter, zwölf Jahre alt und verdient sich ihr Taschengeld damit, dass sie bei einem Papageienliebhaber nachmittags hilft, die Vogelkäfige zu reinigen und die Tiere zu füttern. Und da es im Unterricht gerade um Haustiere geht, durfte sie ihn in den Unterricht bringen. Unter Aufsicht des Besitzers natürlich. Die Tochter verdient mit der nachmittäglichen Arbeit 200 Dollar im Monat. Dafür wird sie sich ein Fahrrad kaufen. Oder ein Tablett.

Babysitten und Hunde ausführen sind klassische Jobs in Kanada, die Schüler im Dorf oder ihrem Wohnviertel durch Aushänge anbieten. Am Laternenpfahl, am schwarzen Brett im Laden oder der Bibliothek. Jugendliche arbeiten in den Ferien im Supermarkt oder im örtlichen Museum. Studenten machen Sommerjobs in den Ferienorten. Manche Marina, manche Lodge, manches Resort wären ohne die Hilfe von Studenten im Sommer aufgeschmissen.

In Kanada ist es in vielen Familien selbstverständlich, dass die Kinder früh anfangen, Eigenverantwortlichkeit zu entwickeln. Auch sonst wird Eigenverantwortung großgeschrieben. Gemeinden sind für ihre Etats verantwortlich. Firmen übernehmen Tage in Suppenküchen oder »adoptieren« Highways, die sie sauber halten (s. Grund 17). Es gibt in Kanada viele Möglichkeiten, sich ehrenamtlich zu engagieren. Sogar die Schule wird ehrenamtlich verwaltet, zumindest zu Teilen, und zwar durch ein gewähltes *school board*, das die Belange eines regionalen Schulverbands regelt. So kann besser auf regionale Eigenheiten oder Schwierigkeiten eingegangen werden als bei überregionaler Verwaltung. Gerade Gemeinden in abgelegenen Gegenden haben oft Probleme, die eine städtische Verwaltung nicht beurteilen kann.

Schüler sammeln durch Aktionen wie Feuerholz verkaufen oder Autos waschen Geld für ihre Abschlussfeiern oder -reisen. So bekommt man günstig sein Auto gewaschen und hat noch ein gutes Werk getan. Erwachsene engagieren sich in einem der vielen Vereine. Rentner empfangen als *Airport Ambassadors* Reisende auf Flughäfen (s. Grund 24). Zur Winter-Olympiade 2010 in Vancouver halfen Freiwillige den Besuchern aus der ganzen Welt, sich in der Stadt zurechtzufinden. Auf jeder Metrostation standen Helfer, um Auskunft zu geben. Auf der Insel Denman Island vor Vancouver Island gibt es für 1.000 Inselbewohner 56 Komitees, die sich um die Belange der Insel kümmern, weil man möglichst unabhängig und selbstbestimmt leben möchte.

Durch Hundehüten, Babysitten und Papageienkäfige ausmisten lernen die Kinder und Jugendlichen früh, dass sie für ihr neues Fahrrad, Handy oder Tablet selbst etwas tun müssen.

86. Grund

## Weil Tomaten auf dem Balkon gezogen werden

*... and we are becoming more aware of what we can do*
*on a local scale, in contrast to the globalized system*
*that we are all active participants and victims of.*
(ELIESE WATSON, ABC BEES)[190]

GrowTO heißt der *Urban Agriculture Action Plan, Toronto*, das »o« in *grow* ist eine rote Tomate. In diesem Aktionsplan wird erklärt, wie man in der Stadt sein Gemüse anbauen kann, was alles dazugehört und warum es gesund ist. Auch auf der Seite von *Toronto Urban Growers* werden unter *Why grow food in the city* (Warum Gemüse in der Stadt anbauen) noch mal alle Vorteile des Gemüseanbaus in der Stadt aufgezählt. Sein eigenes Gemüse anzubauen, von den Tomaten auf dem Balkon bis zum Beet im *community garden*, dem Gemeinschaftsgarten, ist eine wachsende Bewegung.[191]

In ganz Kanada sind *community gardens* entstanden, und in vielen Städten sind die Plätze in diesen Gärten so begehrt, dass es Wartelisten gibt. Angefangen haben die Gemeinschaftsgärten in den 80er-Jahren, Vorläufer der Gärten waren die *railway gardens*, später waren es die *war gardens*, die Kriegsgärten.

Die Beete im *community garden* werden für ein geringes Entgelt gemietet, und jeder zieht in seinem Beet, was er ernten möchte. Manchmal erntet auch jemand, was er nicht gesät hat. Bei uns im Dorf eher nicht, aber in großen Städten kann es vorkommen. Daher wird in manchen Gärten ein Extra-Beet angelegt, sozusagen ein Beet für Lebensmitteldiebstähle, in der Hoffnung, dass der Dieb dann die anderen Beete verschont. (Ist ja irgendwie auch eine sehr kanadische Lösung.)

»F2CC« ist keine chemische Formel, sondern steht für *Farm to Cafeteria Canada*, eine Organisation, die sich bemüht, gesundes lokal produziertes Essen in die Schulen, Unis und Krankenhäuser zu bringen.[192] Selbst bei uns im Dorf gibt es für die ca. 20 Schüler eine *Farm to School*-Initiative. Viele der Kinder in abgelegenen Gegenden oder problematischen Vierteln lernen erst so, dass Essen auch etwas anderes sein kann als Burger und Tiefkühlpizza.

Die Schule in Tahsis bietet einen sehr günstigen Mittagstisch an. Auf einer Tafel an der Wand steht, welches Gemüse in der Suppe oder im Topf aus dem *community garden* kommt, in dem auch die Schule ein Beet hat. Das Ziel ist *food literacy*, also das Wissen über Essen und Lebensmittel. Das Bewusstsein für gesundes Essen hat in Kanada insgesamt zugenommen, auch wenn *poutine* und *mac and cheese* noch immer zu den beliebtesten kanadischen Gerichten gehören (s. Grund 35).

In Vancouver darf man jetzt in der Stadt sogar wieder Hühner halten. Und Bienen sowieso. Bienen sind erwünscht, und es ist auch in der Stadt möglich, seinen eigenen Honig zu machen. Eliese Watson, die Gründerin von ABC Bees, wohnt in Calgary. Von hier aus macht sie landesweit Aufklärung über die Haltung von Bienen. ABC steht für *Apiaries & Bees for Communities* (Imkerei & Bienen für Gemeinden / *www.abcbees.ca*).

Und weil wir schon bei Honig sind, und damit es hier nicht zu gesund wird, hier das Rezept für den *Bee's Knees Cocktail*, der noch aus der Zeit der Prohibition stammt: Gin, frischer Zitronensaft und Honig. Und wenn man seine Bienen auf dem Balkon hat, kann man dafür den eigenen Honig verwenden.

87. Grund

## Weil hier Platz für Utopien ist

*Lasqueti is not some utopian paradise.*
(LASQUETI-WEBSITE)[193]

Ich würde gerne Lasqueti Island sehen. Warum? Lasqueti ist eine Insel in der Strait of Georgia, man kann es per Fähre von Vancouver Island aus erreichen. Dort leben ca. 400 Einwohner auf einer Insel so groß wie Manhattan. Die letzte Insel, die hier in der Gegend noch *off grid* ist, also nicht an den Strom angeschlossen.

»*So you want to come visit, eh?*« heißt es auf der Webseite, auf der man seinen Besuch planen kann. Lasqueti ist nämlich kein Ort, an den man mal so eben fährt. Es gibt nur wenig geteerte Straßen, keine öffentlichen Verkehrsmittel, und ein Auto kann man nicht mitbringen, weil die Insel nur per Fußgängerfähre erreichbar ist.

Es gibt auch nur wenige Unterkünfte auf Lasqueti. Campingplätze gibt es überhaupt nicht, und Wildcampen ist nicht erlaubt. Und »*if you are looking to squat, probably best to look elsewhere – this is a pretty tight-knit place*«. Bedeutet: Einfach ein Haus besetzen oder sein Zelt irgendwo im Garten aufstellen ist auch nicht drin, das gibt Ärger, und wir kriegen es mit, weil wir zusammenhalten.

Die Bewohner sind eine *tight-knit community*, aber keine Kolonie, kein Projekt, keine offizielle Gemeinschaft, sondern einfach Menschen, die alternativ leben möchten. Die Inselgemeinschaft sei eine Enklave der kanadischen Gegenkultur, heißt es auf Wikipedia.

Den Versuch vom alternativen Leben, Leben in Gemeinschaften, gibt es in Kanada seit jeher. Viele Versuche sind gescheitert, so wie die finnische Gemeinschaft von Sointula, die Anfang des 20. Jahrhunderts eine Kolonie auf Malcolm Island gegründet hat. Sie scheiterten hauptsächlich deswegen, weil die Bedingungen für die Landwirtschaft zu schlecht waren. Andere Gemeinschaften gibt es bis heute, wie z.B. die Mennoniten und Hutterer. Sie kamen im 19. Jahrhundert nach Kanada, als der neue Staat Siedler für die Prärien suchte. Der *Dominion Lands Act* von 1872 versprach jedem Mann über 18 und jeder Frau, die einem Haushalt vorstand, 160 Acre Land – das sind 65 Hektar! Bedingung war, dass das Land besiedelt und bestellt werden musste.[194]

Perfekte Bedingungen für die Mennoniten, deren Prinzipien Leben nach der Bibel sowie harte Arbeit, Liebe zur Landwirtschaft und Nächstenliebe sind. Sie zogen nach Manitoba und gründeten Siedlungen mit Namen wie Reinland, Hochfeld, Schanzenfeld und Altona. 200.000 Mennoniten leben heute in Kanada. Sie sind produktiv, betreiben eine vorbildliche Landwirtschaft, und investieren den Gewinn in ihre Betriebe, da kein Geld für Luxus ausgegeben werden darf.

Eine ähnliche Gemeinschaft sind die Hutterer, von denen es 500 Kolonien in Nordamerika gibt. Das Leben ist einerseits sehr traditionell, sie leben in einer urchristlichen Gütergemeinschaft, aber andererseits nutzen sie neueste Technologie. So besitzt die Kolonie *Green Acres* die größte Produktion an Solarstrom in Westkanada, in der ein Viertel der Solarenergie von Alberta erzeugt wird.[195]

Durch ihre Geschichte haben die Mennoniten und Hutterer keine nationale Vergangenheit, ihre Heimat ist ihr Glaube. Auf Inseln wie Denman Island oder Lasqueti sind es keine Gemeinschaften, die eine Ideologie, Glaube oder Religion zusammenhält, sondern Menschen, die versuchen, miteinander ohne Dogma sozial und / oder alternativ zu leben.

Auf Denman Island leben ca. 1.000 Einwohner in sehr unterschiedlichen wirtschaftlichen Verhältnissen. Es gibt 56 Komitees, in denen sich die Inselbewohner um die Inselbelange kümmern. Die Hilfsbereitschaft ist groß, und wenn einer in Not gerät, kann es durchaus auch anonyme Spenden von 20.000 $ geben. Es gibt einen Markt, auf dem die Produkte aus den Gärten verkauft oder getauscht werden. Und einen gut organisierten *free store*, wo man Gebrauchtes abgeben und umsonst holen kann.

Also mein Besuch nach Lasqueti kommt hoffentlich demnächst! Und zwar so: Ich fahre mit der Fußgängerfähre und nehme mein Fahrrad mit. Außerdem Proviant, da es anscheinend keinen wirklich funktionierenden Laden auf der Insel gibt. Da man nicht campen kann und nicht *squatten* soll, buche ich mir ein Bett in einem der B&Bs. Und ich nehme mir zu Herzen, was auf der Webseite von Lasqueti steht: *Lasqueti is not some utopian paradise* – Lasqueti ist kein utopisches Paradies. Aber spannend ist das Projekt, das ja keins sein will, trotzdem.

**88. Grund**

## Weil eine Abendeinladung bei Kanadiern angenehm leger ist

*The oldest form of theater is the dinner table.*
*It's got five or six people, new show every night, same players.*
*Good ensemble; the people have worked together a lot.*
(Michael J. Fox, kanadischer Schauspieler)[196]

»Ist es üblich, dass man vorher immer Snacks serviert?«, frage ich meine Freunde, weil ich selber eine Einladung zum Abendessen vorbereite. Und immer, wenn ich eingeladen bin, gibt es einen Snack vorweg.

Man kommt an, zieht Mantel oder Jacke aus. Und die Schuhe! Das ist eigentlich in allen kanadischen Haushalten so. Und hat vermutlich mit dem kanadischen Wetter zu tun. So wird verhindert, dass Lehm und Dreck ins Haus getragen werden. Wichtige Regel für Einladungen bei Kanadiern ist also, dass man hübsche Socken ohne Löcher anhat! Die Kleidung ist normalerweise leger, außer zu besonderen Anlässen wie Hochzeiten usw.

Als Erstes wird man gefragt, was man trinken möchte. Das kann ein Glas Weiß- oder Rotwein sein, aber auch ein Bier oder Aperitif.

Dann sitzt man zusammen, und es werden Snacks gereicht: Nüsse, Oliven, Käse, Häppchen, dünne Pizza-Ecken. Erst danach geht es an den Esstisch.

»Nein, eigentlich ist es nicht üblich, aber ich mache es so«, ist die Antwort, die ich von allen auf meine Frage erhalte. Mmh – es ist nicht üblich, aber jeder, den ich kenne, macht es so, und gibt auf Befragen zu, dass seine Bekannten es auch so machen. Also mache ich es auch so und stelle ein paar leckere Snacks zusammen, die ich als Start im Wohnzimmer serviere.

Es ist übrigens üblich, dass man vorher fragt, ob man was mitbringen kann. Oft lautet die Antwort: »*No, thank you, just yourself.*« Aber meistens bringt man trotzdem eine Kleinigkeit mit.

Da Alkohol in Kanada ziemlich teuer ist, ist es üblich, dass man Bier oder Wein mitbringt, wenn man selber trinken möchte. Das zählt dann natürlich nicht als Mitbringsel. Man kann auch eine besondere Flasche Wein für die Gastgeber mitbringen, sollte dann aber nicht erwarten, dass die an diesem Abend auch serviert wird.

Es ist absolut üblich, dass man seine Hilfe anbietet. Und es wird als selbstverständlich betrachtet, dass man nach dem Essen Geschirr in die Küche bringt.

Kanadier sind sehr freundlich, hilfsbereit und höflich. Aber sie legen auch großen Wert auf ihre Privatsphäre. Man schüttelt sich die Hand, aber man fällt sich nicht um den Hals, wenn man nicht sehr gut befreundet ist. Man hält Abstand. Und man stellt keine unangenehmen oder sehr persönlichen Fragen. Beliebte Gesprächsthemen sind zum Beispiel Reisen, das Wetter, die Natur, Sport und aktuelle Ereignisse.

Also hier noch mal das Wichtigste zusammengefasst:

- saubere Socken ohne Löcher anziehen!
- eine gute Flasche Wein und vielleicht noch eine kleine Aufmerksamkeit mitbringen; in den staatlichen Läden bekommt man eine sehr gute Beratung, was den Wein-Einkauf betrifft
- keine zu persönlichen Fragen stellen

- Mithilfe beim Aufdecken anbieten
- das Essen loben!!!
- und nach dem Essen das Geschirr mit in die Küche tragen

Einfache Regeln, und nach ein, zwei Einladungen weiß man, wie's geht. Wie Michael J. Fox sagt: »*Die älteste Theaterform ist der Abendtisch. Es sind fünf oder sechs Leute, jeden Abend eine neue Show, mit denselben Mitspielern. Ein gutes Ensemble, die Leute haben schon oft miteinander gearbeitet.*«

### 89. Grund

## Weil die Sprachenvielfalt wieder zunimmt

*B.C. highway signs in Tsilhqot'in language*
*could mark a road to better relations.*
(CTV NEWS, 2015)[197]

»*Nuu-chah-nulth … nuu-chah-nulth*«, sagt M ganz langsam, »man spricht es so: *new channels,* wie bei den neuen Fernsehkanälen«. Mit der Aussprachehilfe geht's dann einigermaßen. Nuu-chah-nulth ist der gemeinsame Name von 15 Stämmen, die an der Westküste im Süden Kanadas und Norden der USA leben. Das ist gut, sonst müsste man 15 von diesen schwer aussprechbaren Namen lernen, wie z.B. *Kyuquot-Cheklesahht* oder *Ehatteshaht.*

Zweisprachig ist Kanada sowieso, offiziell. Auch wenn sich das mehr in Quebec als in den anderen Provinzen und Territorien bemerkbar macht. Quebec ist französisch-, der Rest Kanadas englischsprachig. Jetzt kommen die Sprachen der Ureinwohner dazu. In Nunavut und den Northwest-Territorien ist *Inuktitut* offizielle Sprache. Und auch der Unterricht in Nunavut findet zur Hälfte auf Inuktitut statt.

In Souvenirshops kann man Kinderbücher mit Wörtern auf *Cree* kaufen. Das Royal BC Museum in Victoria macht eine Ausstellung mit dem Thema: *Our Living Languages: First Peoples' Voices in BC*, mit Hörbeispielen für die 34 indigenen Sprachen BCs.[198]

Die Sprachen der Ureinwohner, der First Nations oder First People waren vom Aussterben bedroht. Die Kinder der Ureinwohner wurden in Internaten zwangsbeschult, ihre Kultur und Sprache verboten. 1983 wurde die letzte der *residential schools* geschlossen (s. Grund 82). Daher werden viele der Ureinwohner-Sprachen nur noch von wenigen Tausend Menschen gesprochen. Dadurch, dass die Sprachen jetzt in den Schulen wieder gelehrt, und teilweise sogar Unterrichtssprache sind, lernen heute sehr viel mehr Menschen diese Sprachen als noch vor einigen Jahren. Aber es gibt natürlich nur noch wenige, die diese Sprachen wirklich fließend sprechen.

Doch die allgemeine Wahrnehmung ändert sich, es wird mehr darüber diskutiert, die Sprachen werden als Kulturgut wahrgenommen. Und in einigen Regionen sind die Ortschilder jetzt zweisprachig, so wie diese hier in BC:

*Skwxwú7mesh* – Squamish
*Skwikw* – Whistler
*K'emk'emeláý* – Vancouver[199]

Ich kann es nicht mal richtig tippen, weil mir die Unterstriche fehlen, die ich für einige »k« und »x« bräuchte … An Aussprechen ist überhaupt nicht zu denken. Da gehört *Nuu-chah-nulth* noch zum Einfachsten. (Vor der Aussprache der *Kwakwaka'wakw* versuche ich mich bei meinen Reiseleitungen so gut wie möglich zu drücken).

Die Ausschilderung der Highway-Schilder auf *Tsilhqot'in* könnte die Straße zu einer besseren Verständigung sein, lautet die Überschrift des größten kanadischen Fernsehsenders CTV. Auf jeden Fall gibt es zu Hoffnung Anlass, dass die Sprachen erhalten bleiben.

90. Grund

## Weil hier für öffentliche Bibliotheken gestreikt wird

*Libraries are the thin red line between civilization and barbarism.*
(NEIL GAIMAN)[200]

Ich besitze eine Bibliothekskarte für eine Gegend, in die ich noch nie einen Fuß gesetzt habe. Beziehungsweise, *auf* die ich noch nie einen Fuß gesetzt habe. Die Haida Gwaii, die bis 2009 Queen Charlotte Islands hießen, sind nämlich Inseln. Sollte ich eines Tages doch noch meine Füße auf eine der Inseln im Pazifik setzen, kann ich dort alle Bibliotheken nutzen, denn sie gehören zum »Vancouver Island Regional Library«-Verbund.

Als die Regierung von Saskatchewan 2017 eine 58-%-Kürzung der Mittel für die öffentlichen Bibliotheken verkündet, gibt es einen Aufschrei in der Provinz. Die Bevölkerung organisierte *read-ins* vor den öffentlichen Bibliotheken, sammelt 32.000 Unterschriften und – gewann! Die Kürzungen wurden vollständig (!) zurückgenommen.[201] Bibliotheken sind in Saskatchewan wichtig, so wichtig, dass sie am Ortseingang ausgeschildert werden.

Manche Bibliotheken sind außerdem auch noch so besonders schön oder spektakulär, dass die kanadische Zeitschrift *Chatelaine* eine Zusammenstellung der 15 *coolest libraries* hat.[202] Ich kenne eher nur die normalen Bibliotheken. Die mittelgroße von Campbell River, die immer gut besucht ist. Die gemütliche von Courtenay mit Sofas und Leseecken. Die kleine bei uns im Ort im ersten Stock mit Blick über den Fjord und Bibliothekarinnen, die jeden Besucher mit Namen kennen, sodass man nicht mal die Karte vorlegen muss.

Auf Chatelaines Liste stehen ganz oben die Bibliothek von Halifax, ein würfeliges Gebäude aus Glas und Stahl von 2014. Und das Morrin Centre in Quebec, geleitet von der ältesten Literary and Historical Society of Quebec, die sogar schon eine Lesung mit Charles Dickens veranstaltet hat. Ja, mit *DEM* Charles Dickens!

Egal ob altes oder neues Gebäude – die Bibliotheken verleihen nicht nur Bücher, sie haben auch CDs und DVDs, Computerstationen, Internet und Arbeitsplätze. »Wenn ich mit dem Schreiben nicht weiterkomme«, sagt der Autor David Richards, der historische Romane wie z.B. *Soldier Boys* schreibt, »dann gehe ich in die Bibliothek und schreibe dort. Das hilft eigentlich immer.«[203]

Auch abgelegene Gegenden werden in Kanada gut mit Bibliotheksbüchern versorgt. Für die Kinder in diesen Orten gibt es einmal im Monat ein Bibliothekspaket mit Büchern, die für sie von Interesse sein könnten. Bibliotheken organisieren Veranstaltungen für Kinder und organisieren Lesungen. Sie haben Büchertaschen für *book clubs*. Und die Toronto Public Library hat sogar ein *Writer's in Residence*-Programm (s. Grund 77).

All das sind doch ziemlich gute Gründe, um mit *read-ins* vor den Bibliotheken für ihr Überleben zu kämpfen!

Kapitel 10

# Our History Creates Our Identity

91. Grund

# Weil das Bild der Queen neben Totems hängt

*The beat goes on for music fest in Tahsis, B.C.*
(CTV News Vancouver)[204]

»Komm mit zur Gemeinderatsversammlung«, schlagen Tony und Judy vor. Ich frage sie, was ich auf der Gemeinderatsversammlung soll. Ich bin schließlich nur drei Monate im Jahr hier. »Es gibt hier wenig Unterhaltung«, sagt Tony. »Kein Kino, kein Theater. Aber in der Gemeinderatsversammlung geht es im Moment hoch her, da schreien sich alle an.«

Also gehe ich mit. Schließlich gibt es hier im Ort wirklich nicht viel *entertainment*. Die Gemeinderatssitzung findet in einem Raum in dem Haus statt, in dem auch die Gemeindeverwaltung und die Bibliothek untergebracht sind. Der Raum ist gut gefüllt, alle erwarten, dass es hoch hergeht. Eine geplante Rockveranstaltung hat das Dorf gespalten. Die einen sind dafür, weil sie meinen, dass es gut für die Entwicklung des Ortes sie, die anderen befürchten, dass zu viele Fremde in den Ort kommen.

Wir Zuhörer sitzen aufgereiht in dem kleinen Saal, vorne auf dem Podium die vier Gemeindevertreter und die Bürgermeisterin. An der Wand steht ein Totempfahl, daneben hängt das Porträt von Queen Elisabeth. Warum hängt das Bild der Königin von England hier in diesem kleinen Ort in Westkanada? Ganz einfach: Weil die Königin von England auch die Königin von Kanada ist. Ja, ganz richtig, Queen Elisabeth ist das Staatsoberhaupt von Kanada. Daher lassen sich ziemlich regelmäßig Mitglieder der Königsfamilie in Kanada sehen.

Eine Bekannte erzählt auf der Silvesterfeier von ihrer Begegnung mit Prinzessin Anne. Sie – die Bekannte – hat damals in Whitehorse für die Stadt gearbeitet. Und zum Besuch von Prinzessin Anne wurden alle Mitarbeiter zu einem Empfang eingeladen. Meine Bekannte wohnte damals außerhalb von Whitehorse, in einer *cabin* mit *out-*

*house*. Ihr Mann fotografierte sie, als sie in ihrem roten Abendkleid aus diesem *outhouse* kam, mitten im Wald. Es ist bis heute eins ihrer Lieblingsfotos.*

Kanada ist eine Föderale Parlamentarische Demokratie unter konstitutioneller Monarchie. Die Queen wird auf nationaler Ebene durch einen Generalgouverneur vertreten und in den Provinzen jeweils durch einen Vize-Gouverneur. Entstanden ist diese politische Struktur in der Zeit, als Kanada eine britische Kolonie war. Und interessanterweise hat keine Partei Interesse daran, das zu ändern. Es ist einfach so und scheint nicht zu stören.

»Es funktioniert, weil keiner auf seinen Rechten besteht«, sagt Dave, der Geschichte studiert hat. Es spielt im öffentlichen Leben keine Rolle. Die meisten Kanadier sind übrigens laut einer Umfrage des Meinungsforschungsinstitutes EKOS fälschlicherweise der Meinung, dass der Premierminister ihr Staatsoberhaupt sei.

2012 hat die RCMP – die *Royal Canadian Mounted Police* – für 24 Stunden die Palastwache im Buckingham-Palast übernommen. 2018 durfte die *Royal Canadian Air Force* die Queen bewachen. Und die Diskussionen bei uns im Gemeinderat finden unter dem Porträt der Queen statt.

Im Gemeinderat geht es an diesem Abend übrigens enttäuschend gesittet zu. Selbst die Bürgermeisterin und ihr Mann, die in Scheidung liegen, sind freundlich zueinander. Sie reden sich mit Nachnamen und Titel an, so ist das auf Gemeinderatssitzungen üblich. Der Streit um das Rockkonzert bleibt vorerst ungeklärt. Aber Anne Cameron, die Schriftstellerin, die bei uns im Dorf wohnt, liest zum Abschluss einen genial formulierten offenen Brief vor.

Doch, es war ein unterhaltsamer Abend, sogar inklusive öffentlicher Lesung mit Anne Cameron, die ja immerhin eine Auszeichnung für ihr Lebenswerk bekommen hat.

---

* *Seite, auf der die Kanadier das Porträt ihres Staatsoberhauptes downloaden oder bestellen können: www.canada.ca/en/canadian-heritage/services/royal-portraits.html*

92. Grund

## Weil durch Biberpelze eine Nation entstand

*15 Biberfelle – 1 Gewehr, 5 Biberfelle – 1 Decke, 2 Biberfelle – 1 Axt.*
(QUELLE WIKIPEDIA)[205]

Die *Hudson's Bay Point Blankets*, die Wolldecken der Hudson's Bay Company, sind seit über 300 Jahren auf dem Markt. Da sieht man – Qualität bewährt sich eben doch. Die Decken sind aus 100 % Wolle, das Design einfach, aber markant: breite Streifen in Grün, Rot, Gelb und Blau (je einer) auf weißem Grund. Früher kostete eine Decke sie fünf Biberfelle, heute kann man den Klassiker für 325–550 $ in den Kaufhäusern der Hudson's Bay, meist kurz »The Bay« genannt, kaufen.[206]

Das Kürzel HBC steht natürlich nicht für »*Here before Christ*«, wie es manchmal ironisch heißt, aber es könnte durchaus für »*Here before Canada*« stehen. Es gab das Unternehmen nämlich schon, ehe es Kanada gab. Die Hudson's Bay Company wurde 1670 vom englischen König Karl II. gegründet, der durch eine Urkunde dem Unternehmen das Monopol auf den Handel mit den Ureinwohnern im Wassereinzugsgebiet der Hudson's Bay gewährte. Damit war das Unternehmen der größte Landbesitzer der Welt, denn das Gebiet hatte immerhin die Größe von Australien! Benannt wurde das Gebiet nach dem ersten Direktor des Unternehmens, Ruprecht von der Pfalz, Rupert's Land.

Es ging hauptsächlich um den Handel mit Biberfellen. Biberfelle waren begehrt, denn aus dem weichen Unterhaar der Tiere wurden die Kastorhüte hergestellt, die vom 17. bis Mitte 19. Jahrhundert in ganz Europa in Mode waren. Kastor bezog sich auf den Biber, auf englisch *castor*.

Die Hudson's Bay Company gründete Niederlassungen, die den Fellhandel betrieben. Das Landesinnere wurde durch Kanus erschlossen, die Felle gegen Gewehre, Äxte und Decken eingetauscht.

Um 1700 machten die Decken 60 % des Tauschgutes aus! Sie waren einfacher zu nähen und zu trocknen als Bisonfelle, und die Ureinwohner nähten aus ihnen Mäntel, sogenannte *capotes*.

Viele kanadische Städte sind aus Niederlassungen der Hudson's Bay Company entstanden, wie z.B. Victoria auf Vancouver Island. James Douglas, der erste Gouverneur von BC, kaufte den Ureinwohnern auf Vancouver Island Land ab – und bezahlte mit Decken. 371 Hudson's Bay Blankets zahlte er für das Land.[207]

Am 1. Juli 1867 schließen sich die ersten vier Provinzen – Quebec, Ontaria, New Brunswick, Nova Scotia – zur *Dominion of Canada* zusammen. 1869 kaufen sie der HBC Rupert's Land ab, das 1870 zur Provinz Manitoba wird. British Columbia wird durch die versprochene Eisenbahnlinie zum Anschluss bewogen. 1949 kommen New Foundland und Labrador dazu. 1999 wird das Territorium Nunavut neu geschaffen (s. Grund 57). Dieser Gründungstag wird am *Canada Day* jedes Jahr mit reichlich kanadischen Flaggen gefeiert. (s. Grund 81).

Aber auch heute noch ist die HBC aus Kanada nicht wegzudenken. Allerdings ist sie heutzutage hauptsächlich für ihre Kaufhäuser bekannt, und jede größere kanadische Stadt hat ihre »The Bay« oder »La Baie«. Dort findet man die bekannten Marken, und auch ein Angebot an Souvenirs, ganz besonders zu Anlässen wie 150 Jahre Kanada 2017, Olympische Spiele mit Austragungsort Kanada, oder *Canada Day*.

Die Decken gibt es auch noch, sogar den *capote* in einer modernen Variante. Und wenn man es nicht im Kaufhaus findet, kann man online bestellen. Vom Tauschhandel mit Biberpelzen zum Online-Handel mit Kreditkartenzahlung – ein Laden, der seit über 300 Jahren besteht und der untrennbar mit der Gründung der Nation Kanada verbunden ist.

93. Grund

## Weil man mit der Eisenbahn von Küste zu Küste fahren kann

*It all started with a train connecting our country.*
(THE WHISTLE)[208]

Kanada-Anfänger versuchen oft, die Waggons der langen Frachtzüge zu zählen; die Versuchung ist aber auch groß, wenn der Zug Waggon um Waggon langsam an einem vorbeizieht. Meistens geben sie dann irgendwann auf – waren das jetzt 88 oder schon 98 Waggons? Aber bitte, wenn Sie versuchen wollen zu zählen, im Internet gibt es den perfekten Link, fünf Minuten Zug von der Lokomotive bis zum letzten Waggon.[209]

Aber auch diejenigen, die keine Lust haben, fünf Minuten lang Waggons zu zählen, möchte ich bitten, den Link aufzumachen. Am Anfang ertönt nämlich mehrmals das Horn der kanadischen Eisenbahn. Ein lang gezogener Ton, unverkennbar, der anzeigt, jetzt kommt die Eisenbahn, gefolgt vom Rattern der Waggons auf den Schienen.

Vielleicht kann sich jemand an den Roman oder den Film *Grüne Tomaten* erinnern? Der Originaltitel lautet: *Fried Green Tomatoes at the Whistle Stop Café.* Wenn man den Sound der nordamerikanischen Eisenbahnen im Ohr hat, wird man ihn nicht so schnell wieder los. Kein Wunder, dass einige Pubs, Restaurants und Cafés in Kanada danach benannt sind, *Whistle Stop Café, Whistle Stop Restaurant, Whistle Stop Pub.* Auch in dem Film *Spiel mir das Lied vom Tod* spielt die Eisenbahn eine zentrale Rolle, der Sound der *whistle* wird perfekt in der Filmmusik von Enrico Morricone aufgenommen. Aber diese Filme spielen in den USA. Also zurück nach Kanada.

Versetzen wir uns in das Jahr 1860.

Im Osten siedeln sich die Einwanderer aus England und Frankreich an. Im Westen strömen die Goldsucher durch den *Cariboo Gold Rush* ins Land.

Dazwischen liegen fast 5.000 Kilometer unerschlossenes Land – Seen, Flüsse, die Prärien, die Rocky Mountains. In einem Brief von 1862 berichtet ein englischer Reisender von seiner Reise von Red River in Manitoba nach Victoria auf Vancouver Island. Sieben Monate sind die Reisenden unterwegs, und als die Nahrung knapp wird, ernähren sie sich zunächst von Beeren, später essen sie ihren Hund, und dann das Pferd. Ungekocht – so ausgehungert sind sie.[210]

1867 schließen sich die ersten Provinzen im Osten Kanadas zur *Dominion of Canada* zusammen. Um British Columbia zu einem Beitritt zu überreden, verspricht man der Kolonie im Westen, sie per Eisenbahn anzuschließen.

Am 8. November 1885 kommt der erste Zug von Montreal in Port Moody bei Vancouver an. Ein gigantisches Projekt, das viereinhalb Jahre gedauert hatte und an dem 30.000 Arbeiter beteiligt waren. Viele davon waren chinesische Arbeiter, die man dafür ins Land geholt hatte und die danach in Kanada blieben (s. Grund 100).

Die Eisenbahn transportierte nicht nur Passagiere, sondern auch Fracht. Sie machte auch den schnellen Transport von Soldaten möglich, wodurch die Niederschlagung des Aufstandes der Métís in Manitoba möglich wurde. Es gab Schulwaggons, in denen Lehrer in abgelegenen Gegenden unterrichten konnten. Die Einführung der Eisenbahn führte auch zur Einführung der Zeitzonen. Wie soll man sonst den Zugverkehr koordinieren, wenn man keine für alle verbindliche Zeit hat?

Durch die Eisenbahn werden die Rocky Mountains erschlossen, der Tourismus beginnt, und die Canadian Pacific Railway baut ihre ersten Hotels (s. Grund 19). In der *Railway Station* von Lake Louise kann man solch einen alten Eisenbahnwaggon besichtigen, der einen sofort an den Film *Spiel mir das Lied vom Tod* erinnert.

Eine Eisenbahnfahrt durch die kanadischen Rockies gilt auch heute als touristisches Highlight. Man kann mit dem *The Canadian* von Toronto nach Vancouver fahren, oder mit dem *Rocky Mountai-*

*neer*, der verschiedene Touren anbietet. Nach so einer Fahrt wird man dann *the whistle* wohl wirklich für immer im Ohr haben.

Nach wie vor versorgen die Frachtzüge das Land. Waggon um Waggon zieht die Bahn vorbei. Die maximale Länge eines Zuges in Kanada sind 4,2 km! (Wie viele Waggons das sind? Na ja – hängt von der Länge der Güterwagen ab).

*It's the sound of progress. It all started with a train connecting our country. The whistle: it's the sound of a nation.*

»Es ist der Sound des Fortschritts. Alles begann damit, dass eine Eisenbahn unser Land verband. Das Horn: Es ist der Sound einer Nation«, so heißt es in dem kurzen Kanada-Eisenbahn-Werbefilm *The Whistle*, dem es gelingt, die Essenz Kanadas in 1.40 min zu packen. Er endet mit den Worten: *Listen again.*

Also hören Sie es sich ruhig einmal an.[211]

### 94. Grund

## Weil in Kanada Zeitreisen möglich sind

*September 1982, in the mountains of BC, there's a town that was build for me. For me. For me. For me.*
(Eröffnung von *Kitsault: The Musical*)[212]

Dyea ist der Beweis, dass ein Ort berühmt werden kann, obwohl es *NICHTS* zu besichtigen gibt. Außer seiner historischen Bedeutung. Wir sehen also ziemlich enttäuscht auf die Wiese mit den toten Baumstämmen – das ist es, das berühmte Dyea?

Dyea wird in der Wikipedia als Geisterstadt des Yukons gelistet. Es ist zwar keine Geisterstadt, und es liegt auch nicht im Yukon, aber es war mal eine Stadt, und sie hing eng mit dem Yukon zusammen. Denn gleich bei Dyea ist der Anfang des Chilkoot Trails, auf dem die Goldsucher sich während des *Klondike Gold Rush* nach Dawson City durchschlugen (s. Gründe 27 und 72).

In Kanada gibt es unendlich viele Geisterstädte, in der Wikipedia sind sie nach Provinzen und Territorien aufgelistet. Es handelt sich um Städte, die boomten und dann verlassen wurden, oft weil die Rohstoffe, wegen denen die Städte entstanden waren, zur Neige gingen. Die Häuser verfallen, die Natur erobert sich das Stück Land zurück. Und die Orte sehen aus, als wären sie eine Westernkulisse, auf deren Straßen gleich Clint Eastwood oder John Wayne für Gerechtigkeit sorgen werden. Bis sie eines Tages vom Erdboden verschwinden, so wie Dyea.

Am anderen Ende der Skala liegt Kitsault, nördlich von Terrace, schon fast an der Grenze zu Alaska. Diese Stadt ist völlig erhalten.

Es gibt 94 Häuser, 200 Apartments, ein Shopping Center, ein Community Center mit Schwimmbad, ein Krankenhaus, eine Schule, das Town & Country Restaurant, das Maple Leaf Pub. Aber keine Bewohner. Alles ist tipptopp in Schuss. Einzugsbreit. In der Bibliothek gibt es Bücher. Im Krankenhaus hängt noch ein gefüllter Tropf über einem Bett, haltbar bis 1984. Abends gehen in der Stadt die Lichter an. Die einzige Angestellte, die dort lebt, kümmert sich um die Rasenflächen und den Erhalt. Es ist wie ein *time capsule*, eine Zeitkapsel der 80er-Jahre. *Frozen in time …*

Diese Geisterstadt ist irgendwie erheblich gruseliger als die Wiese des verschwundenen Dyea. Was ist in Kitsault passiert?

Amax Canada baute die Stadt, um Arbeiter in die abgelegene Gegend zu locken. Für den Abbau von Molybdän, einem Metall für die Industrie, mit dem man Stahl härtet. 45 Mio. Dollar steckt der Konzern in den Aufbau. 1979 leben 2.000 Menschen in der Stadt. Es ist so friedlich, dass es nicht mal eine Polizeistation gibt. Es ist perfekt wie in der *Truman Show*.

Da sinkt der Preis für Molybdän.

1982, nur drei Jahre später, werden die verbleibenden 1.200 Einwohner evakuiert. Die Stadt wird gesperrt. Besichtigungen sind nur mit Genehmigung und Begleitung möglich. Eine perfekte Stadt inmitten einer grandiosen Natur – was man da alles draus machen könnte! Das denken einige. Und so kauft 2005 ein reicher kanadischer Unternehmer die Stadt für 5,7 Mio. Dollar. Er will sie wieder aufbauen, Künstler, Kreative und Erholungsbedürftige sollen dort ein Retreat finden.[213]

Und was ist daraus geworden? Noch nichts. Doch jetzt gibt es Pläne, die Stadt wiederzubeleben, indem der für große Schiffe geeignete Hafen für den Transport von Gas nach Asien genutzt wird. Gerade werden die Verträge verhandelt.

Den Künstler Carl Pucl inspirierte die in den 80er-Jahren stehen gebliebene Stadt zu einem Musical: »*Kitsault represents an amazing Canadian story that has not been told yet.*« Kitsault repräsentiert eine fantastische kanadische Geschichte, die bisher noch nicht erzählt wurde. Jetzt ruft er im Internet zu Spenden für das Projekt auf …

### 95. Grund

## Weil Cougar Annie schon früh die Kontaktanzeigen nutzte

*Never in my life, never again, has an apple tasted to good.*
(Nairne Culver, die als Kind in Boat Basin gelebt hat)[214]

Ada Annie Rae-Arthur hat die Kontaktanzeigen zwar nicht erfunden, aber sie hat sie schon früh genutzt. Und zwar sehr effektiv. Wenn auch nicht immer mit glücklichem Ausgang. Ada Annie Rae-Arthur, bekannt als *Cougar Annie*, ist eine Legende an der Westküste von Vancouver Island.

Ihr Spitzname bezieht sich darauf, dass sie 72 Pumas und 80 Schwarzbären erschossen haben soll. Die Zahlen schwanken, aber es ist belegt, dass sie alleine im Jahr 1955 für die Erschießung von zehn *Cougars* 400 $ eingenommen hat.

Was bringt eine junge Frau Ende zwanzig 1915 dazu, in die absolute Wildnis zu ziehen? In diesem Fall war es wohl der Nichtsnutz von Ehemann. Sie zieht mit ihm und den drei Kindern ans Ende der Welt, um ihn vom Alkohol und den Opiumhöhlen Vancouvers fernzuhalten. Die Schwägerin in England unterstützt es zum Dank mit monatlichen Zahlungen.

So kommt die Familie 1915 in einem Kanu in der Boat-Basin-Bucht im Clayoquot Sound an. Mit Hartnäckigkeit, Durchhaltevermögen und einer unvorstellbaren Energie beginnt Ada Annie das Land fruchtbar zu machen. Sie pflanzt Obstbäume, Gemüse und Blumen an. Sie züchtet Samen und Setzlinge, die sie über einen Versandhandel verkauft. Und sie eröffnet einen *general store* und ein Postamt.

Einen Laden und ein Postamt? Ja, das wird durchaus genutzt, denn die Familie lebt zwar alleine in der Boat Basin, aber es gibt in der Umgebung vereinzelte Bewohner und eine Ansiedlung im 10 km entfernten Hesquiat Harbour.

Als ihr Mann 1936 stirbt, ist ihr klar, dass sie die Gartenhandlung in der Wildnis nicht alleine bewirtschaften kann. Willie Rae-Arthur war zwar keine große Hilfe, aber trotzdem. Also gibt sie eine Kontaktanzeige auf.

*»BC widow with nursery and orchard wishes partner. Widower preferred. Object matrimony.«* (BC Witwe mit Gartenhandlung und Obstplantage wünscht sich Partner. Gerne Witwer. Grund Heirat).[215] Die *Winnipeg Free Press* wirbt damit, dass 100.000 Farmen mit 4 Cent pro Wort erreicht werden können! Und in der Tat gibt es gleich mehrere Kandidaten, die sich melden. Einen davon heiratet sie. Getraut werden sie von einem Priester aus Bamfield, der dazu extra nach Boat Basin reist. Zusammen mit dem Priester reist der Bräutigam an, denn Cougar Annie und George Campbell hatten bis dahin nur korrespondiert. Er stirbt zwei Jahre später unter ungeklärten Umständen an einem Gewehrschuss. Ist es beim Reinigen des Gewehrs passiert? Oder hat Cougar Annie ihn erschossen? Das ist eine der Geschichten, die Cougar Annie schon zu Lebzeiten zu einer Legende werden lassen.

Sie meldet sich bei einem der vorherigen Bewerber, die beiden heiraten. Nachdem dieser Mann an einer Lungenentzündung stirbt, gibt sie erneut eine Anzeige auf. Dieses Mal sucht sie einen Witwer, gerne mit kleinen Kindern. Es meldet sich ein Vater mit drei Kindern, es ist der Vater von Nairne (s.o.), aber nach ein paar schweren Krankheiten der Kinder zieht er zurück in die Zivilisation. Der nächste Mann, der in Cougar Annies Leben kommt, ist zwölf Jahre jünger und wohl mehr an ihrem scheinbaren Vermögen als an ihr interessiert. Eines Tages verschwindet er, man munkelt verjagt von Ada Annie mit ihrem Gewehr.

Elf Kinder hat sie bekommen, acht davon in der Wildnis. Die meisten der Kinder haben diesen Ort verlassen, sobald sie konnten. Cougar Annie blieb in Boat Basin wohnen. Erst mit Anfang 90, kränkelnd und fast blind, zog sie nach Port Alberni, wo sie 97-jährig starb.

Peter Buckland hat das Land 1985 gekauft, um die Gärten wieder instand zu setzen und dort ein »Temperate Rainforest Study Center« zu errichten, das mittlerweile nicht mehr existiert.

»*Different people have heard different stories from her (verschiedene Leute haben verschiedene Geschichten von ihr gehört)*«, heißt es in dem Buch *Cougar Annie's Garden*, das 1999 erschien und mehr als 20.000-mal verkauft wurde.

## 96. Grund

# Weil man die gute alte Postkutschenzeit besichtigen kann

*Historic*
***Hat Creek***
*Explore Life in the Gold Rush.*[216]

Ein bisschen mulmig ist mir ja immer vor dem Besuch der Hat Creek Ranch. Ich habe ein doofes Gefühl, wenn wir da mit 25 »Weißen« auftauchen, die einer Shuswap-Indianerin beim Tanzen zusehen. Aber dann läuft die Besichtigung viel besser, als ich gedacht hatte.

Wir kommen mit dem Bus an, ich habe vorher die Menükarte verteilt, sodass sich jeder sein Essen schon vorher aussuchen kann. Es gibt eine Auswahl an Burgern und Sandwichs. Alle machen ihre Kreuze, ich gebe den Zettel gleich beim Empfang ab, und die Besichtigung beginnt. Und dann merke ich, es ist eigentlich ganz okay so, wir besichtigen nämlich beides, die Siedler und die Ureinwohner. Es ist einfach eine Zeitreise in das Jahr 1890.

Wir beginnen mit den Siedlern. Das Hat Creek Haus wurde (natürlich mal wieder) 1861 von einem Händler der Hudson's Bay Company gebaut, 1901 kam der Westflügel dazu. Das Rasthaus lag direkt an der »Cariboo Wagon Road«. Die Räume des Rasthauses sind vollständig eingerichtet, die Küche für damalige Verhältnisse perfekt ausgestattet. Töpfe, Geschirr, Besteck, Messer – für die Ureinwohner musste diese Ausstattung geradezu lächerlich übertrieben gewesen sein.

An diesem Ort haben die Weißen und die Ureinwohner von Anfang an miteinander gelebt und gearbeitet. Die Ureinwohner als Angestellte, die Siedler und Betreiber als Arbeitgeber. Gab es Konflikte?

»Nein«, sagt V., die junge Shushwap-Frau, die unsere Führung macht, »gab es nicht. Wir waren keine Konkurrenten für die Weißen, wir hatten kein Interesse an Gold. Wir lebten von dem, was wir in der Natur fanden.«

Nach der Besichtigung des Rasthauses geht es zum Lager der Ureinwohner. Wir besichtigen einen *kekuli*, eine Winterhütte. Das Besondere an dieser Art von Hütte ist, dass sie etwa einen Meter in den Boden versenkt ist. Man erreicht das Innere der Rundhütte, indem man durch einen tunnelartigen Eingang in die Hütte kriecht. Drinnen kann man aufrecht stehen, dicke Balken stützen das schräge Dach. In der Mitte gibt es einen Ofen, entlang der Holzwände sind Betten. Dort haben bis zu 30 Bewohner unter Bärenfellen geschlafen, schon durch die Menge der Menschen war es in den *kekulis* angenehm warm.

Im Sommer lebten die Ureinwohner in leichter gebauten Sommerhütten. V. zeigt uns, wie traditionell Fische geräuchert wurden. In einem Pavillon hat sie Kräuter ausgelegt, die für die Herstellung von Medizin verwendet wurden und auch noch werden.

Dann tanzt und singt sie für uns, aber es ist überhaupt nicht peinlich. Es geht hier um die Vermittlung von Traditionen und darum, eine vom Aussterben bedrohte Kultur kennenzulernen. Die beiden jungen Kanadierinnen tragen zur Vorführung die Trachten ihrer Vorfahren. Die eine trägt ein langes lilafarbenes Kleid mit Schürze, die andere ein verziertes Lederkleid. Nach der Arbeit tragen sie dann wieder Jeans und T-Shirts, die sie wahrscheinlich im gleichen Laden erstanden haben.

97. Grund

# Weil es einen Musikpreis für »indigenous« Musik gibt

*Learning the Haida language through Haida songs led to an interest in ceremonies, medicines, and other cultural knowledge. I learned that the songs come from the land, and are a reflection of the land. From this basis, I was inspired to become a lawyer to protect the land. All are connected.*
(TERRI-LYNN WILLIAMS-DAVIDSON)[217]

»Das Erlernen der Haida-Sprache durch die Haida-Songs führte zu einem Interesse für Zeremonien, Medizin, und anderem kulturellen Wissen. Ich lernte, dass die Songs vom Land kommen, und eine Reflexion des Landes sind. So wurde ich dazu inspiriert, eine Anwältin zu werden, die das Land schützt. Alles ist verbunden.« Dieses Statement von Terri-Lynn Williams-Davidson (Haida) erklärt, wieso sie gleichzeitig Sängerin und Umweltaktivistin und -anwältin ist.

Sie wurde auf den Haida-Gwaii geboren, ihre Lieder sind sehr traditionell. Aber es gibt von *First Nations*-Künstlern auch Folk, Country, Hip-Hop und vieles mehr, denn die Musikszene der *indigenous peoples* ist so vielfältig wie jede andere Musikszene auch. Es gibt sogar eine eigene Preisverleihung für die Musik der Ureinwohner. Jedes Jahr finden in Winnipeg (Manitoba) die *Indigenous Music Awards* statt.[218]

Es gibt Kategorien wie zum Beispiel »*Best Pow Wow Traditional Album*«, »*Best Hand Drum Album*« oder »*Best Inuit, Indigenous Language, or Francophone Album*« (also in allen Minderheitensprachen). Aber selbstverständlich gibt es auch »*Best Rap/Hip Hop Album*« und »*Best Electronic Music Album*«.

Viele Künstler mischen traditionelle Elemente mit modernen Elementen wie elektronischer Musik. Der Musiker Billy Joe Green schreibt mir dazu: »*Music was made to grow into the present, the future and display itself through the artist's rendition of its newness.*«

(Musik ist dazu da, sich in die Gegenwart, in die Zukunft zu entwickeln und durch die Wiedergabe des Künstlers ihre Neuartigkeit zu zeigen.)

Bei der Ansage der Nominierungen wird die Herkunft der Künstler mit angesagt, also zum Beispiel *Cree* etc. Viele kommen in Trachten oder haben in ihrer Kleidung zumindest traditionelle Elemente. Die Kleidung ist so vielfältig wie die Musik. Billy Joe Greens *Honey Girl* und *Born to Lose* klingen wie Country Music. Terri-Lynn Davidson-Williams singt in der Sprache der Haida. Buffy Sainte-Maries *Starwalker* ist ausgesprochen rockig.

Buffy Sainte-Marie gewinnt 2018 gleich zwei Awards für ihr neues Album *Medicine Songs*. »*Best Folk Album*« bei den »Indigenous Music Awards«, »*Best Indigenous Music Album of the Year*« bei den kanadischen Juno Awards. Sogar die Zeitschrift *Vogue* in New York macht ein Interview mit der 77-jährigen Cree zu ihrem neuesten Album.

Sainte-Marie wurde in einem Reservat geboren, hat zwei Universitätsabschlüsse und ist mit Legenden wie Leonard Cohen, Neil Young und Joni Mitchell aufgetreten. Ihr Kleiderstil: viel Schwarz, auffälliger Schmuck, fast immer Federn im schwarzen Haar. (Und wie 77 sieht sie nun wirklich nicht aus.) Buffy Sainte-Marie hat mit ihrem Album gleich beide Awards gewonnen, den für alle kanadischen Musiker und den für die *indigenous people*.

Die Juno Awards sind ja für alle kanadischen Künstler jeder Herkunft. Macht es da Sinn, eine Extra-Preisverleihung für Ureinwohner zu haben? Ja und nein. Einerseits wird die Musik der Ureinwohner dadurch gefördert, aber es besteht auch die Gefahr, dass Musiker dadurch in diese *Indigenous*-Ecke gedrängt werden, eine Erfahrung, die auch Billy Joe Green machen musste.

Eigentlich muss man Musik ja hören, also, wer dazu Lust hat, einfach diese Stichworte auf YouTube eingeben:

- Billy Joe Green, *Born to Lose*
- Terri-Lynn Williams-Davidson, *New Journeys – Call to Ancestors*
- Buffy Sainte-Marie, *Starwalker*

98. Grund

## Weil hier jeder an einem Powwow teilnehmen kann

*And clearly, to you, as to many people, life is a dance.*
(Leonard Quinhagak in *Ausgerechnet Alaska*)[219]

Sie wissen nicht, wo einer stattfindet? Kein Problem, es gibt eine Seite, auf dem man die aktuellen *Powwows* findet. Landesweit. Und wenn Sie sich jetzt fragen, was so ein *Powwow* überhaupt ist, also ein *Powwow* ist ganz allgemein ein Treffen nordamerikanischer Stämme, die zusammenkommen, um zu feiern. Und netterweise darf man auch daran teilnehmen, wenn man zu keinem Stamm gehört.

*Powwows* sind Festivals, die in ganz Kanada stattfinden und auf denen gesungen und getanzt wird. Es gibt den Ureinwohnern die Möglichkeit, ihre Kultur vorzustellen, und den Nicht-Ureinwohnern die Gelegenheit, diese Kultur mit ihren Traditionen, Musik und Trachten kennenzulernen.

Da werden – wie zum Beispiel beim »Chicken Dance« – beeindruckende, aufwendige Kostüme getragen. Wenn da eins verloren geht, ist das richtig ärgerlich. So ging es einem Teilnehmer in Saskatchewan. Auf dem Weg von *Powwow* zu *Powwow* verlor er sein Kostüm, weil seine Frau die Ladeklappe des Pick-ups nicht richtig verriegelt hatte. Zum Glück fiel jemandem der Koffer am Straßenrand auf. Der Finder öffnete den Koffer und erkannte sofort, dass es sich bei dem Inhalt um ein zeremonielles Kostüm handelte. Er fand heraus, wo der nächste *Powwow* stattfand, fuhr hin und gab das Kostüm ab. Anonym.

Der Besitzer wollte sich bedanken und suchte daher den Finder über Facebook. Der Beitrag wurde 500-mal geteilt und 100-mal kommentiert. Dann sah die Tochter des Finders den Beitrag, und nun sind die beiden Männer in Kontakt. Diese Geschichte ging natürlich durch die Presse. Sie passte auch sehr gut in das Thema das Jahres

2018 in Kanada: *Reconciliation* – Aussöhnung (s. Grund 82). Dadurch waren die Ureinwohner, ihre Traditionen, ihre Musik das ganze Jahr über in den Medien sehr präsent. Ganz besonders natürlich im Juni, da der 21. Juni seit 1999 in Kanada *Indigenous Peoples Day* ist.

*Powwow* ist aber noch viel mehr als einfach nur ein Festival. Nachdem die Ureinwohner Nordamerikas im 19. Jahrhundert in Reservate verbannt wurden, waren Gebräuche wie *Powwows* und *Potlatchs* für sie die Möglichkeit, ihre Traditionen zu bewahren. Schließlich hing das Weitergeben des kulturellen Wissens ohne schriftliche Überlieferungen von diesen Zusammenkünften ab.

Da die »Weißen« nun befürchteten, dass diese Traditionen die Ureinwohner davon abhalten würden, sich zu assimilieren, wurden diese Bräuche im *Indian Act* von 1876 stark eingeschränkt und kulturelle und spirituelle Zusammenkünfte und Trachten verboten. Die Kinder wurden den Familien entrissen und in Internate gebracht, wo sie ihre Muttersprache nicht sprechen durften (s. Grund 89).

Die Entwicklungen in Kanada heute machen Mut: *Powwos* sind nicht nur erlaubt, sondern tolle Festivals für jeden, mit viel Folklore, Musik und Tanz. Grund genug, mal so einen *Powwow* aufzusuchen. Wann die Festivals stattfinden, erfährt man auf der Seite www.indigenoustourism.ca. Vielleicht sehen Sie ja sogar einen *Chicken Dance*. (Schöner als der Ententanz ist er allemal, und die Kostüme sowieso!)

99. Grund

# Weil in Yuquot der Wind aus allen Richtungen weht

*Wind comes from all Directions.*
(Übersetzung des Namens Yuquot)[220]

Hinter dem Altar stehen zwei Totempfähle, ein Killerwal aus Holz im Stil der *Northwest Coast Art* liegt auf zwei Baumstümpfen. Wir, die Tagesausflügler, die mit der Uchuck gekommen sind, sitzen aufgereiht an den Seiten in dem Raum der kleinen Kirche und hören Mrs Amos zu, die uns die Geschichte Yuquots erzählt.

Der Küstenort war das Zentrum der 17 Stämme, die an der Westküste Vancouver Islands lebten. Hier trafen sich die Häuptlinge zum Austausch. 300 Menschen lebten in der Bucht. Heute lebt hier nur noch eine Familie.

Dieser Ort wurde schon 1923 zu einem *National Historic Site* erklärt, denn hier landete Käpt'n Cook im März 1778 mit seinen Schiffen, von hier aus wurde B.C. entdeckt.

Man erreicht Yuquot entweder mit dem Wasserflugzeug, mit Booten oder dem Versorgungsschiff Uchuck (s. Grund 14). Auf dem Felsen am Anleger steht der Leuchtturm. Einen kurzen Fußweg vom Anleger entfernt auf einem kleinen Hügel befindet sich die weiß gestrichene Kirche mit beeindruckenden Buntglasfenstern, die aus Spanien kommen.

Ich lasse mich über die Insel treiben. Komme an dem historischen Friedhof vorbei, der etwas verwildert aussieht. Sehe die *welcome figure*, die Willkommensfigur aus Holz, die mit ausgestreckten Händen die Besucher begrüßt. Finde im Gras einen Totempfahl, der vor sich hinrottet. Und folge dann einem Schild: *Sanford Williams – Master Carver*. So treffe ich zum ersten Mal Sanford Williams.

Er arbeitet in einer einfachen Holzhütte an einem großen Wandbild aus Holz, das an einen Sammler in Seattle geht. Sanford ist in

Yuquot aufgewachsen, lebt dort aber nur noch im Sommer. Seine Arbeiten sind so bekannt, dass er durch Verkäufe in Yuquot und über seine Webseite davon leben kann. Er hat auch die Willkommenstatue geschnitzt, im Auftrag des Stammes.

Ich bin verblüfft – nach all dem, was passiert ist, stellt der Stamm eine Willkommensfigur auf? Käpt'n James Cook wurde von den Ureinwohnern Cook so freundlich empfangen, dass er den Ort »Friendly Cove« nannte, freundliche Bucht. Es entwickelt sich ein reger Handel mit Seehund- und später Biberfellen. Aber 1830 waren 90 % der Ureinwohner tot. Die Überlebenden wurden nach Gold River umgesiedelt, ihre Kultur unterdrückt und die Kinder in *residential schools* beschult.

Sanford ist knapp 50, auch er musste in eine *residential school.* Eine schwierige Zeit, über die er nicht gerne redet. Die Folgen hat er durch Therapie überwunden, das Schnitzen hat ihm dabei geholfen, wie z.B. das Schnitzen seiner *new beginnings mask*, der Maske des Neubeginns. Und trotz allem, was passiert ist, stellte der Stamm der Mowachaht-Muchalaht eine Willkommensfigur am Strand auf, die die Besucher begrüßt.

Heute beansprucht der Stamm Friendly Cove wieder für sich. Der Ort heißt wieder Yuquot, das bedeutet in der Sprache der Nuu-chahnulths: Der Ort, an dem der Wind aus allen Richtungen kommt. Jedes Jahr im August findet ein großes Sommerfest statt. Außerdem versucht der Stamm das *Whaler's Washing House*, das 1904 nach New York gebracht wurde und dort im Museum ist, zurückzubekommen. Und es entwickelt sich etwas Tourismus durch die Uchuck und den Nootka Trail.

An diesem Nachmittag kommen 15 erschöpfte Nootka-Trail-Wanderer an Bord, als die Uchuck zurück nach Gold River fährt. Noch lange sieht man den Leuchtturm und die weiße Kirche. Auf der Fahrt stoppt das Boot, der Kapitän läutet die Glocke. Wir sind in der »Resolution Cove«, benannt nach einem der Schiffe Käpt'n Cooks, die hier in dieser Bucht geankert haben.

100. Grund

## Weil es hier faszinierende Chinatowns gibt

*I'm astounded by people who want to ›know‹ the universe when it's hard enough to find your way around Chinatown.*
(Woody Allen)[221]

Reibestein, Tuschestein, Siegelfarbe und zwei Pinsel – das chinesische Kalligrafie-Set ist ein Beutestück meines Bummels durch Chinatown. Die Läden in den Chinatowns faszinieren mich immer wieder, weil sie aufregend fremd sind. (Nicht für Chinesen, natürlich).

Man tritt in den Laden, meist läutet ein Glöckchen, hinter der Kasse ein älterer Chinese oder eine junge Chinesin, die weiter unbeirrt chinesisch in ihr Handy sprechen. In den Regalen eine große Auswahl an Teekannen mit kleinen Tassen für die Teezeremonie, sowie Vorhänge, Wandbilder und bestickte Seidentäschchen. Und natürlich die vier »Schätze des Studierzimmers« *Bi, Zhi, Mo* und *Yan*. Pinsel, Papier, Tusche und Reibstein, also alles, was man für chinesische Kalligrafie braucht.

Die ersten Chinatowns entstanden in Kanada durch den *Fraser Gold Rush* 1858, als mit den Goldsuchern auch viele Chinesen ins Land kamen. So entstand die Chinatown von Victoria an der Südspitze von Vancouver Island. Sie ist nach der Chinatown von San Francisco die zweitälteste Nordamerikas, von hier aus breiteten sich die Chinatowns nach Osten aus.

Besonders für den Bau der *Canadian Pacific Railway* Ende des 19. Jahrhunderts wurden viele chinesische Arbeiter angeheuert. Sie wurden schlechter bezahlt als ihre kanadischen Kollegen, und nach Abzug aller Kosten blieb am Ende der Saison meist nicht genug übrig, um nach Hause zurückzukehren, sodass viele in Kanada bleiben mussten. Von 1930 bis 1940 gab es 25 Chinatowns in Kanada.

Selbst in Moose Jaw, Saskatchewan, entstand durch die Eisenbahn ein Chinatown. 1930 waren dort die Hälfte aller Restaurants im Besitz von Chinesen. Und – bis auf einen – alle Waschsalons! Nicht immer waren die chinesischen Immigranten gerne gesehen. Der Zuzug von Chinesen wurde erschwert oder verboten, einige Chinatowns wurden sogar abgerissen, wie z.B. das Chinatown von Chemainus. Einige *murals* von Chemainus beziehen sich auf diesen Teil der Geschichte (s. Grund 23).

Heute sind die bekannten Chinatowns in Toronto, Montreal, Vancouver, Calgary und Victoria. In diesen Stadtvierteln ist die Ausschilderung zweisprachig oder auch nur chinesisch. Hier findet man alle Läden bis hin zur Apotheke mit klassischer chinesischer Medizin. Und in den Lebensmittelläden liegen getrocknete Pilze, Mini-Fische und viel (für mich) Undefinierbares.

In Calgary gibt es ein chinesisches Kulturzentrum, das dem Himmelstempel von Beijing nachgebildet ist. Dort gibt es eine zweisprachige Bibliothek, das Zentrum für traditionelle chinesische Medizin und Veranstaltungsräume. In Vancouver ist das größte Chinatown Kanadas. 300.000 Chinesen, Tendenz steigend, wohnen in Vancouver, sodass es manchmal als Hongcouver bezeichnet wird. Chinesisches Fernsehen, chinesische Tageszeitungen, chinesische Infrastruktur. Ein Chinatown mit 350 Läden.

Viele der Chinesen, die jetzt ins Land kommen, sind sehr reich, und ihr Kommen trägt mit dazu bei, dass die Immobilienpreise in Vancouver kontinuierlich und enorm steigen. Das und Sendungen wie *Ultra Rich Asian Girls*, die das Leben superreicher asiatischer Erbinnen in einer Art Dokusoap ausstrahlen, tragen zum Unmut der restlichen Bevölkerung bei.[222]

In Vancouver gibt es übrigens den ersten chinesischen Garten, der außerhalb Chinas angelegt wurde. Am chinesischen Kulturzentrum in der Columbia Street befindet sich der *Dr Sun Yat-Sen Classical Chinese Garden*, bestehend aus einem Park, der umsonst besucht werden kann, und dem nach allen Regeln der chinesischen Gartenkunst angelegten Garten, für den man Eintritt zahlt. Diese Gärten sind in China eine Kunstform, sie sind bis ins kleinste Detail durchdacht, werden nach dem Prinzip des Feng-Shui entworfen und streben das »Abbild eines idealen Universums« an (Wikipedia).

Chinesische Kulturzentren, Restaurants, Läden – ein Bummel durch eines der Chinatowns ist eine Reise nach China. Wer als Europäer in Chinatown chinesisch essen geht, wird feststellen, dass das »echte« chinesische Essen anders ist, als er es gewohnt ist. Einen Glückskeks gibt es in vielen Chinarestaurants trotzdem, obwohl es eine Sitte ist, die von einem Japaner in Nordamerika eingeführt und von einem Deutschen in Europa verbreitet wurde.

Emil Janiks Firma produziert seit 1988 chinesische Glückskekse und liefert 25 Mio. davon in die ganze Welt. Entstanden sind die Glückskekse vermutlich in der Zeit, als die Mongolen China besetzt hatten und die Chinesen in einem Gebäck namens »Mondkuchen« heimliche Botschaften transportierten. Heute werden in den chinesischen Glückskeksen alte chinesische Weisheiten und schlaue moderne Sprüche transportiert.

Allerdings modern gedruckt und nicht in schöner Kalligrafie mit den vier Schätzen des Studierzimmers verfasst.

Kapitel 11

# Inukshuk & Improv

101. Grund

## Weil eine Steinfigur der Inuit zum Olympia-Symbol wurde

*We can choose to throw stones | to stumble on them | to climb over them or | to build with them.*
(William Arthur Ward)[223]

*Inukshuiit* gibt es schon seit Tausenden von Jahren, in der Arktis hat man welche gefunden, die auf 2400–1800 v. Chr. datiert werden. Aber so richtig bekannt geworden sind sie wohl durch die Olympischen Winterspiele 2010 in Vancouver. Jetzt sieht man sie überall, auch am Ortseingang von Whistler steht einer, natürlich, denn dort wurden die Winterspiele ja ausgetragen.

Die *Gift Shops*, die Souvenirläden, die hier bei jeder Sehenswürdigkeit zu finden sind, vom Gletscher bis zum grün schimmernden Bergsee, führen *Inukshuiit* für ein paar Dollar als Postkarten, Kühlschrankmagneten, Schlüsselanhänger und Miniaturskulpturen. Alles von Papier über Plastik zu Holz und Jade. Wer Kunst vorzieht, kann einen *Inukshuk* in einer Galerie erstehen, je nach Größe und Material kostet er ein paar Hundert bis ein paar Tausend Kanadische Dollar (Inuitsculptures.com).

Ich kaufe zwei Postkarten – einen *Inukshuk* für mich, einen als Gruß an meinen Freund Leo in Berlin.

Aber was ist nun eigentlich ein *Inukshuk*?

Für die Inuit, die Ureinwohner, die man früher als »Eskimos« bezeichnete, waren sie etwas, was »einer Person gleicht oder ihre Funktion erfüllt«. Es waren Hinweise, Markierungen in der Landschaft. In der unendlichen weißen Weite des Winters oder der Tundra wiesen sie den Weg, waren Anhaltspunkte und Hilfe bei der Jagd.

Der Jäger konnte für die Frauen und Kinder, die ihm folgten, einen Wegweiser hinterlassen. *Inukshuiit* wurden so aufgestellt, dass man die Karibus in die Enge treiben konnte, und der Jäger konnte sich hinter ihnen verstecken. Sie entstanden, indem der Erbauer Steine aufeinanderstapelte und so ausbalancierte, dass sie ohne Zement oder Hilfsmittel hielten.

Heute sind sie das Symbol auf der Flagge von Nunavut, des Territoriums, das dadurch geschaffen wurde, dass man 1999 die North West Territories teilte. Entstanden ist ein Gebiet, das fast sechsmal so groß ist wie Deutschland. Knapp 37.000 Einwohner leben dort. Die Nummernschilder Nunavuts führen drei Symbole: Eisbär, Nordlicht, *Inukchuk* (s. Grund 11).

Das Wort *Inukshuck* kommt aus dem Inuktituk, der Sprache der Inuit (s. Grund 89). Es ist ein Symbol für Hoffnung, Freundschaft und Gastfreundlichkeit und somit passend für die Olympischen Spiele. Aber die Wahl war auch umstritten. Ein *Inukshuk* sei ein Wegweiser, ein Symbol, das man nicht leichtfertig einfach irgendwohin setzen sollte.

Auf der Webseite *Ocanadagear.com* kann man sogar ein Kit erstehen, um einen *Inukshuk* selber zu bauen: ein Leinenbeutel mit sieben Steinen plus ein Heftchen mit Hintergrundinfos. Ein Händler wurde vor den Olympischen Spielen gefragt, ob er das *Inukshuk*-Kit durch die Spiele offiziell vermarkten wolle. Er sagte, er habe die Verantwortlichen angeschrieben, aber sie hätten ihm nicht geantwortet.[224] Kein Problem – auch nach den Olympischen Spielen werden die *Inukshuk*-Kits wohl weiterhin bestehen.

So ist es. Die Olympischen Spiele sind Geschichte. Die »*Build your own Inukshuk*«-Kits werden immer noch auf der Webseite angeboten. *Inukshuks* sind überall. Und die *Inukshuiit* in der Arktis werden wohl noch ein paar Tausend Jahre dort stehen.

## 102. Grund

# Weil hier Kunsthandwerker und Künstler am Straßenrand ausgeschildert werden

*Art is too important not to share.*
(Romero Britto)[225]

Einmal im Jahr findet die *Oxford Studio Tour* im Südwesten Ontarios statt.[226] Seit zwölf Jahren kann man an zwei Tagen im Jahr die Ateliers oder Galerien von 20 lokalen Künstlern besuchen. Ein schönes Zusammenspiel verschiedener Kunstformen. Holzarbeiten von Jan Duncan, *mixed media* von Jared Smith, realistische Tier- und Landschaftsbilder von Rhonda Franks. Meine Bekannte Sue Goossens, die dort ihr Studio hat, malt Aquarell auf Leinwand, in einer von ihr entwickelten Technik.

Künstler und Kunsthandwerker sind in Kanada hoch angesehen. An vielen Orten werden sie sogar am Straßenrand ausgeschildert. Es gibt in Kanada sehr hochwertiges (und entsprechend teures) Kunsthandwerk. Einen guten Einblick gibt es auf dem *Circle Craft Market* im Convention Centre in Vancouver. Die Kunsthandwerksmesse findet Anfang November statt, passend für die Weihnachtseinkäufe.[227]

Wo ist die Grenze zwischen Kunsthandwerk und Kunst? Die Inuit zum Beispiel stellten aufgrund ihres Nomadenlebens traditionell nichts her, was keine Funktion hatte, aber ihre Gegenstände und Kleidung wurden reich verziert, es entstand eine funktionsbezogene Kunst.

Ich besitze zwei kleine Broschen, die mir eine Freundin aus Pangnirtung in Nunavut mitgebracht hat. Ein kleiner Orca und eine kleine aus Knochen geschnitzte Figur, eine Frau in Winterkleidung, zwei Köpfe gucken aus der Kapuze, Mutter und Baby. Kunst, Kunsthandwerk oder funktionsbezogene Kunst? Egal, hier sind ein paar Tipps für kanadisches Kunst/Handwerk:

- Handgestricktes aus Wolle. Zum Beispiel Pullover, Socken, Jacken, die von Frauen in Newfoundland und Labrador gestrickt werden.
- *Cowichan sweater*, braun-beige Pullover mit dem klassischen Muster der *Cowichans First Nations* auf Vancouver Island.
- Schmuck! Natürlich, bei dem Angebot an Schmucksteinen, die in Kanada abgebaut werden, gibt es ein entsprechendes Angebot an schönen handgefertigten Schmuckstücken (s. Grund 71).
- Keramik. In Läden, auf Farmer's Markets, Weihnachtsmärkten und im Internet gibt es traumhaft schöne Keramik. Auch mit Motiven der Northwest Coast Art (s. Grund 108).
- Patchwork ist in Kanada immer noch beliebt und verbreitet. Oft bekommt ein Baby zur Geburt eine Decke aus Patchwork geschenkt. Bei Anbietern wie *The Quilted Corner* kann man sich einen Quilt nach eigenen Wünschen anfertigen lassen. Dort gibt es sogar Hunde-Quilts, aus mit Knochen und Hunden bedruckten Stoffen.[228]
- Handgemachte Besen. Ja, selbst Besen gibt es vom (Kunst-)Handwerker, und zwar auf Granville Island, Vancouver.
- Tierskulpturen aus Jade, Obsidian, Achat und anderen Steinen.
- Und handgefertigte Schokolade, wie zum Beispiel die Schokoladen-Kreationen von *Chocolate Tofino*. Die sind ja irgendwie auch eine Art funktionsbezogenes Kunsthandwerk.

103. Grund

## Weil Alice Munro den Nobelpreis für Literatur bekommen hat

*… kanadische Autoren überzeugen durch ihren außerordentlichen Einfallsreichtum und ihre visionäre Literatur.*
(Aus der Begründung der Frankfurter Buchmesse zur Wahl Kanadas als Gastland 2020)[229]

Für mich ist der Besuch dieser wunderbaren Buchhandlung jedes Mal ein Highlight. Und nicht nur für mich – die Zeitschrift *National Geographic* hat Munro's Books in Victoria zur drittbesten Buchhandlung der Welt gewählt.[230] Die Buchhandlung befindet sich in der Government Street 1108, in der Innenstadt von Victoria. Ein großer hoher Raum in einem Gebäude von 1909, die Regale aus dunklem Holz, das Angebot breit gefächert und ausgewählt. Gegründet wurde sie 1963 von Alice und Jim Munro – genau 50 Jahre, bevor Alice Munro den Nobelpreis für Literatur bekam.

Es war wohl die Überraschung der Frankfurter Buchmesse 2013. Ich kann mich noch gut daran erinnern, denn es war damals *DAS* Gesprächsthema der Buchmesse. Alice Munro hatte den Nobelpreis für Literatur bekommen! Das war unerwartet. Auch deswegen, weil sie hauptsächlich Erzählungen und Kurzgeschichten schreibt, ein Genre, das in Europa weniger ernst genommen wird als Romane. Es gab 195 Nominierungen. Und Siegerin wurde ausgerechnet eine Autorin aus Kanada mit Erzählungen über das ganz normale Leben, die Herausforderungen des Alltags, meist von Frauen, oft in der Provinz. Die Begründung der Jury lautete, sie sei »eine Virtuosin der zeitgenössischen Kurzgeschichte«. Es war auch für den Verlag unerwartet, übrigens. Alice Munros Bücher waren auf einen Schlag vergriffen, und der Verlag musste nachdrucken lassen.

Der erste Nobelpreis für Literatur für Kanada hat die kanadische Literatur ins Gespräch gebracht und bekannter gemacht. Die international bekanntesten kanadischen Autoren waren und sind neben Alice Munro nach wie vor Margaret Atwood, Micheal Ondaatje und Yann Martel. Aber natürlich hat Kanada sehr viel mehr Autoren. Die Webseite booknetcanada.ca hat zum 150. Jahrestag Kanadas 2017 ein Poster mit den *150 bestselling books by Canadian authors* herausgebracht, das sich jeder runterladen kann.[231]

Der Sender CBC publiziert eine Liste der *100 novels that make you proud to be Canadian*, 100 Romane, die einen stolz darauf machen, Kanadier zu sein. Und Kanadier sind stolz auf ihre Literatur, auf ihre Kultur und überhaupt darauf, Kanadier zu sein (s. Grund 49).[232]

Neben den bekannten Büchern gibt es dank kanadischer Literaturförderung ein breites Angebot von kanadischen Autoren, die einen Einblick in das Leben in Kanada geben. Lokale Krimis wie z.B. *Never Sleep With a Suspect on Gabriola Island*, der auf einer kleinen Insel in der Strait of Georgia spielt.[233] Bücher, die die Mythen der Ureinwohner einbeziehen, wie die Bücher von Anne Cameron, die für ihre Literatur viele Auszeichnungen bekommen hat.[234] Oder das mit einem Preis ausgezeichnete zweisprachige Kinderbuch *Stepping Stones: A Refugee Family's Journey* mit Texten von Margriet Ruurs und Steinbildern von Falah Raheem.[235]

Munro's Books besteht bis heute. Auch nach der Trennung von Alice Munro hat Jim Munro die Buchhandlung weitergeführt, bis er sie 2014 vier langjährigen Mitarbeitern übergab, damit sie im bewährten Stil weitergeführt wird.

Sieben Jahre nach dem Nobelpreis für Literatur wird die kanadische Literatur noch bekannter werden. Kanada wird im Jahr 2020 das Ehrengastland der Frankfurter Buchmesse sein. Kanada wird dabei nicht nur die anglokanadische Literatur präsentieren, sondern auch die kanadische Literatur auf Französisch und in den Sprachen der *First Nations.* Die Begründung des Direktors der Frankfurter Buchmesse zur Wahl Kanadas als Gastland: »… kanadische Autoren überzeugen durch ihren außerordentlichen Einfallsreichtum und ihre visionäre Literatur.«

104. Grund

# Weil Kanada Hollywood North ist

*Movie shoot will close section of Highway 19*
*on Vancouver Island.*
(THE VANCOUVER SUN, 28. AUGUST 2018)[236]

Wer auf Vancouver Island lebt, nimmt es hin, dass ab und zu mal ein Highway wegen Filmarbeiten gesperrt wird. Im September 2018 haben natürlich alle in und um Ladysmith gehofft, Jim Carrey zu sehen. Also »in echt«, nicht auf der Leinwand. In Ladysmith wurde nämlich der Action-Film *Sonic the Hedghog* gedreht, der 2019 in die Kinos kommt.

Von *Planet der Affen* über *My Big Fat Greek Wedding* bis *Paddington* – oft wird in nordamerikanischen Filmen eine kanadische Location als US-Location verwendet. So wird für den Film mit Jim Carrey aus Ladysmith in BC der fiktive Ort Green Hills in Montana. In *New in Town – Eiskalt erwischt* mit Renée Zellweger und Harry Connick Jr wurden die Winterszenen Minnesotas in Winnipeg gedreht, bei bis zu –47 °C. Und vier von fünf Filmen der *Twilight*-Saga wurden in New Westminster, Squamish und bei Tofino gedreht (s. Grund 67). Jahrelang gab es großzügige Steuererleichterungen für die Filmindustrie, was die Produktionen in Kanada günstiger machte als in den USA. So bekam Kanada den Beinamen *Hollywood North.*

Es gibt aber auch »richtige« kanadische Filme, wobei diese Filme meist nicht das Geld einspielen, das sie gekostet haben. Obwohl echte Kleinode dabei sind. Die frankofonen Filme mit ihrem französischen Flair laufen etwas besser, aber insgesamt könnte die Filmindustrie Kanadas wohl ohne die kanadische Filmförderung kaum überleben.

Aus Quebec kommen zum Beispiel Filme wie *Die große Verführung, Sabah* und *The Threesome.* In *Die große Verführung* muss eine abgelegene kleine Insel einen ansässigen Arzt haben, um eine Fabrik und somit Arbeitsplätze zu bekommen. In *Sabah* verliebt sich eine

Muslimin in Toronto in einen Nicht-Muslim. Und in *Drei sind (k) einer zu viel* von Nicolas Monette möchte eine Ehefrau ihre langweilig gewordene Ehe durch einen Dreier in Schwung bringen.

An der Westküste von Vancouver Island spielt der wenig bekannte, aber sehenswerte Spielfilm *Luna*, der auf Tatsachen beruht. Es geht dabei um das verlorene Walbaby Luna, das einige Jahre im Nootka Sound lebte (s. Grund 84).

Kanada hat viele Filmfestivals, das bekannteste ist das zehntägige Filmfestival in Toronto, das auch international Bedeutung hat.

Übrigens kommen ein paar sehr bekannte Schauspieler und Regisseure aus Kanada. James Cameron zum Beispiel, der Filme wie *Titanic* und *Avatar* gedreht hat. Und Schauspieler wie Jim Carrey, Michael J. Fox, Donald Sutherland, Keanu Reeves und Ryan Reynolds sind weltbekannte Hollywoodstars aus Kanada.

Und jeder, der den Costner-Film *Der mit dem Wolf tanzt* gesehen hat, würde Graham Greene auf der Straße erkennen. Für die Rolle des Kicking Bird wird Graham Greene für den Oskar nominiert. Er wurde im Six-Nations-Reservat in Ontario geboren, und stammt von den *Oneida First Nation* ab. Er spielt auch im oben genannten Film *Luna* mit. Und in meiner Lieblingsserie *Ausgerechnet Alaska* ist er der Schamane Leonard Quinhagak, der mit seiner ruhigen Art ein schöner Gegensatz zum ewig gestressten New Yorker Arzt Dr Fleischman ist.[237]

105. Grund

## Weil die Maler der »Group of Seven« einen eigenen Stil entwickelt haben

*Art ist long. Life is short.*
(LAWREN HARRIS, GROUP OF SEVEN)[238]

Eigentlich muss man die Bilder natürlich sehen. Das ist zum Beispiel in der Art Gallery of Ontario möglich, wo in der »Thomson Collection« 300 Werke der Gruppe gezeigt werden (Dundas St, Toronto).

Aber was ist das Besondere an den Gemälden? Eine Gruppe von sieben kanadischen Künstlern schließt sich in den 20er-Jahren zusammen. Es geht ihnen darum, einen eigenen Stil zu entwickeln. Einen kanadischen Stil, der anders als der europäische ist. Einen Stil, der von der Weite und Natur Kanadas beeinflusst wird.

Inspiriert wurde die Gruppe von dem Maler Tom Thomson. Er war ein kanadischer Maler, der in der Natur malte, oft im Algonquin Park, wo er 1917 tot aufgefunden wurde. Sein Stil hat die Gruppe maßgeblich beeinflusst. Die Bilder der Maler der Group of Seven haben eindrucksvolle Farben, wirken stilisiert, haben fast übertriebene Formen, erfassen die Essenz der Landschaft.

So zum Beispiel das Gemälde *Grace Lake* von Franklin Carmichael: rund geformte Berge in Braun, Gelb, Rot, Weiß, die sich bis an den Horizont erstrecken, eine Fjordlandschaft, die ins Endlose geht. Oder *Red Maple* von A. Y. Jackson: tiefrote Blätter des Ahorns wie bunte Kleckse vor einem Fluss.[239]

Natürlich gab es mehr Maler im Umfeld dieser Gruppe als nur die sieben. Auch Frauen. Darunter eine vergessene und eine unvergessene. Die vergessene Frau ist Florence McGillivray, eine Schülerin von Matisse und Freundin von Tom Thomson. Die unvergessene ist Emily Carr, *a Canadian icon*, wie es oft heißt. Emily Carr wird 1871 in Victoria geboren, wo sie 1945 auch stirbt. Aber zwischendurch reist sie.

Sie studiert in San Francisco, sie reist zu den Ureinwohnern der Westküste Kanadas und malt ihr Umfeld, dokumentiert so ihr Leben und ihre Kunst wie zum Beispiel die Totempfähle. Von den Ureinwohnern bekommt sie den Namen *Klee Wyck – the laughing one /* eine, die lacht. Zur Erinnerung an Emily Carr steht eine Statue in der Nähe des Empress Hotels in Victoria. Ihre Gemälde hängen in der Vancouver Art Gallery. Und die Hochschule für Bildende Künste in Vancouver wurde nach ihr benannt: Emily Carr University of Art & Design.[240]

Anlässlich einer Ausstellung Carrs 1927 in Ottawa, *West Coast Art: Native and Modern,* versichert ihr ein Mitglied der Gruppe, Lawren Harris: *You are one of us.* Sie sind eine von uns.[241]

### 106. Grund

## Weil hier Humor ernst genommen wird

*We believe that anyone can learn to improvise.*
(CANADIAN IMPROV GAMES)[242]

Ich habe etwas entdeckt, was jetzt auf meine *bucket list* kommt. Auf Deutsch heißt die Liste ja Löffelliste, weil sie die Dinge enthält, die man erledigen oder erleben möchte, ehe man den Löffel abgibt. Beziehungsweise ehe man in Nordamerika als Katholik aus einem Eimer das Weihwasser auf die Füße gespritzt bekommt. Auf dieser Liste steht bei mir jetzt das »Montreal Comedy Festival«. Das zweisprachige Festival mit dem Namen *Juste pour rire – just for laughs* ist nämlich das größte Comedy Festival der Welt!

Es findet jedes Jahr im Juli statt, ist seit seiner Gründung 1983 ständig gewachsen und zieht mittlerweile Zuschauer, Künstler und Talent-Scouts aus der ganzen Welt an. Rowan Atkinson / Mr Bean ist hier schon 1987 aufgetreten. Jedes Jahr treten neben den (noch) unbekannten Künstlern auch Größen wie Jim Carrey, Tim Allen, Jerry Seinfeld usw. auf.

Eigentlich ist es kein Wunder, dass ausgerechnet in Kanada das weltgrößte Comedy-Festival stattfindet. Erstens haben die Kanadier Humor. Und zweitens trainieren sie ihn schon in der Schule! Es gibt landesweite Veranstaltungen der CIG (*Canadian Improv Games*), bei denen mittlerweile 100.000 Schüler im Jahr an Wettbewerben teilnehmen. Auf der Seite der CIG (www.improv.ca) findet man auch Anleitungen und Übungsvideos.

Ich genieße meine Dosis kanadischen Humors dank Radio meist beim Abwaschen. Dort gibt es zweimal in der Woche eine Sendung, in der zwei Comedians gegeneinander antreten. In der Sendung *The Debaters* bekommen sie ein Thema, zu dem sie pro bzw. kontra Stellung nehmen müssen. Themen wie »Sind Milchprodukte gut oder schlecht«, »Reparieren oder ersetzen«, »Scientology« usw. Das Publikum entscheidet durch seinen Applaus, wer der beiden Kontrahenten gewinnt, nach einem gefühlten Maß an *laughs and logic* der Beiträge.[243]

Hier eine kleine Kostprobe. In diesem Beitrag geht es a) darum, ob Vögel geeignete Haustiere sind, und b) ob Liebeslieder gut sind oder nerven. Hörenswert! Besonders der Kontra-Teil zum Topic *Birds as Pets*.[244]

Man lernt *improv* nicht nur in der Schule, man kann Stand-up-Comedy sogar studieren, in Toronto (s. Grund 1).

Bei so viel Förderung und Talenten verwundert es nicht, dass das weltgrößte Comedy-Festival in Kanada stattfindet. In Montreal, das sich daher *the funniest city in the world* nennt. Ob das stimmt? Am besten durch Teilnahme nachprüfen. Tickets für die Veranstaltungen gibt es im Internet.[245]

## 107. Grund

# Weil kanadische Sänger Weltklasse haben

*Like Crocs and traffic wardens, revulsion toward Nickelback is an accepted cultural norm.*
(THE TELEGRAPH)[246]

Jeder scheint sie zu hassen. Das macht sich sogar die Polizei von der Prince Edward Insel zunutze. Wer *under the influence* Auto fährt, also betrunken oder unter Drogen, kann laut einer Bekanntgabe des *Kensington Police Service* mit Folgendem rechnen: einer kräftigen Geldstrafe, einer Anklage, und auf dem Weg ins Gefängnis wird Nickelback gespielt.

Andererseits hat die 1995 gegründete Band aus Alberta immerhin schon 50 Mio. Tonträger verkauft, und 8 Mio. Fans haben Geld für Konzerttickets ausgegeben.[247] Jeder scheint sie also doch nicht zu hassen. Ich mache jetzt mal eine Umfrage unter meinen kanadischen Freunden und frage auf Facebook: Warum ist Nickelback so verhasst?

Jetzt warte ich auf das Ergebnis …

Andere Sänger/innen sind da eher unumstritten. Wer kennt nicht Céline Dion und hat bei dem Namen sofort wehmütig *My Heart Will Go On*, den Titelsong des Films *Titanic*, im Ohr und das Bild von Kate Winslet und Leonardo DiCaprio am Bug des Schiffes vor Augen. Ein weiterer Kanada-Titanic-Bezug neben James Cameron, dem Eisberg und dem Friedhof von Halifax (s. Grund 58). Céline Dion stammt aus Québec und ist nach Madonna die Sängerin mit den meistverkauften Tonträgern weltweit.

Weitere bekannte kanadische Sänger sind Leonard Cohen, Bryan Adams, Alanis Morissette, Nelly Furtado und Justin Bieber. Deswegen kommen jetzt hier ein paar weniger bekannte Namen.

Da ist zum Beispiel Molly Johnson aus Toronto mit ihrem Song *Inner City Blues*. Die Rockband Arcade Fire aus Montreal mit ihrem

Album *Everything Now*. Und die aus Nova Scotia stammende Country-Sängerin Anne Murray, die sogar noch mehr Tonträger als Nickelback verkauft hat, nämlich 55 Mio.[248] Außerdem natürlich die vielen Musiker der Ureinwohner, von denen einige wie Buffy Sainte-Marie auch über die Grenze Kanadas hinaus bekannt sind (s. Grund 97).

Und nun warte ich auf das Nickelback-Facebook-Feedback ... Ich bin sehr gespannt, was kommt ... Da ist es!

Maureen: *Ich hasse sie nicht, aber ich mag sie auch nicht. Die Songs klingen alle gleich, und sie klingen so weinerlich.*

Kim: *Ich nicht! Gute Musik fürs Laufband.*

Alex: *Weil sie schrecklich sind.*

Cate: *Justin Bieber ist noch schlimmer.*

Ellen (aus Deutschland): *Wer ist Nickelback?*

Es ist also nicht besonders dramatisch ausgefallen. Da hatte ich eigentlich mehr erwartet, nach der Schlagzeile im *Telegraph*: So wie bei Crocs und Verkehrspolizisten ist die Abscheu gegen Nickelback ein akzeptiertes kulturelles Phänomen.

**108. Grund**

## Weil Northwest Coast Art gefragt ist

*The life of the salmon is a journey as is our life. A salmon has to overcome lots of obstacles during his journey. There are lots of stories and analogies which can be connected with the salmon.*

(C.A., Therapie-Zentrum Esperanza)[249]

Der Künstler Quentin Harris führt mich durch den Küstenort Esperanza, ein Therapiezentrum für First Nations. Er zeigt mir die Gemälde an den Gebäuden, alle im Stil der *Northwest Coast Art*. Er ist durch einen Schulausflug ins »Museum of Anthropology« in Vancouver zum Künstler geworden. Er war fasziniert von den

Ausstellungen und erfuhr dort, dass er als Salish First Nations das Museum jederzeit gratis besuchen konnte, was er reichlich nutzte.

Das MoA in Vancouver zeigt Kunst und Kunsthandwerk der Küstenstämme: Totempfähle, Kanus, Masken, Körbe. Und natürlich auch die *Bentwood Boxes*, Holzkisten, die aus einem Stück geformt werden. Die Kunst besteht nur aus »vergänglichen« Materialien wie zum Beispiel Holz und Bast. Die Farben wurden aus Naturstoffen hergestellt, die mit Bärenfett vermischt wurden. Schwarz aus Holzkohle, Rot aus Stein, Grün aus Kupfer mit Enten- oder Gänsekot. Und in Wasser eingelegte Zedernrinde färbte Stoffe gelb.

In der »Gitanmaax School of Northwest Coast Art« in Kispioux, BC, kann man diese Kunst auch studieren. Hier studierte auch der Schnitzer Sanford Williams, der aus Yuquot stammt.[250] Er schnitzt Panele und Masken, die er an Sammler verkauft. Jede Maske hat einen Namen: *Moon Mask, Distraction Mask, Eclipse.* Jedes Werk hat eine besondere Bedeutung, und er würde nie etwas schnitzen, was ihm nichts bedeutet. Für die Mowachaht-Muchalaht hat er im Auftrag des Stammes den *welcome pole* für Yuquot geschnitzt (s. Grund 99).[251]

Heute gibt es viele Galerien, in denen man die Kunst der Ureinwohner kaufen kann. Der bekannteste Künstler ist Bill Reid (1920–1998), ein Künstler mit schottischen, deutschen und Haida-Vorfahren. Sein berühmtestes Werk ist *Raven and the First Man*, eine Holzskulptur zur Entstehung der Welt, die man im MoA sehen kann. Und in der Abflughalle des Flughafens von Vancouver steht seine Bronzeskulptur *The Spirit of Haida Gwaii: the Jade Canoe*. Die nach ihm benannte Bill Reid Gallery in Vancouver in der Hornby Street in Vancouver ist ein guter Ort, um Northwest Coast Art zu kaufen.[252]

Die verwendeten Motive sind meistens Figuren. Menschen und menschenähnliche Wesen wie *Bukwus*, der »Wilde Mann der Wälder«, und *Dzunukwa*, die »Wilde Frau der Wälder«, und Tiere der Umgebung.

Jedes Tier hat eine bestimmte Bedeutung: *The Raven* ist trickreich, frech und kreativ. *Sea Otter* symbolisieren wegen ihrer spielerischen Art Lachen, Leichtigkeit und Spiel. Lachse symbolisieren den ewigen Kreislauf des Lebens, Selbstaufgabe und Ausdauer. Der Lachs ist auch das erste Bild, das man sieht, wenn man in Esperanza ankommt. Ein passendes Symbol für ein Therapiezentrum. Eine Mitarbeiterin sagt dazu: »Das Leben des Lachses ist eine Reise, so wie unser Leben. Ein Lachs hat auf seiner Reise viele Hindernisse zu bewältigen. Es gibt viele Geschichten und Analogien, die mit dem Lachs verbunden sind.«

### 109. Grund

## Weil Kanada das Land mit der besten Bildung der Welt ist

*When working as a team, that is allowed to be creative, flexible and driven, results will be amazing.*
(Jill, Lehrerin)[253]

Laut OECD steht Kanada auf Platz eins der Bildung. Über 56 % aller Kanadier haben einen College-Abschluss. Auch in der PISA-Studie liegt Kanada immer weit vorne. Aber wie schafft Kanada das?

»*How Canada became an education superpower*«, lautet eine Überschrift der *BBC News*.[254] Ein Drittel der Kinder und Jugendlichen in Kanada stammt aus Familien, wo beide Elternteile nicht in Kanada geboren wurden. Und doch haben diese Kinder nach wenigen Jahren in der Schule fast das gleiche Niveau wie die Nicht-Immigrantenkinder.

Erklärungen, Studien, Vermutungen gibt es viele. Aber einiges fällt gleich im kanadischen Alltag auf.

- Engagierte Lehrer wie Dave, die eine Schule mit großem Anteil an Ureinwohner-Kindern als dankenswerte Aufgabe sehen. An Cathys wöchentlichen *Letters from Dease Lake* sieht man den Fortschritt an der Schule. Früher dachten die Schüler, es würde ausreichen, einfach auf dem Schulgelände anwesend zu sein, jetzt nehmen sie am Unterricht teil. Schüler mit Schwierigkeiten bekommen Einzelhilfe. Der Selbstmord einer Schülerin wird mit großer Sensibilität von Psychologen mit den Schülern aufgearbeitet. Zeremonien der Ureinwohner werden mit einbezogen.

- Die Woche in der Schule bei uns im Ort, wenn das »Missoula Children's Theatre« kommt und alle Schüler statt Unterricht gemeinsam ein Stück proben und anschließend aufführen.[255]
- Auftritte bei *Improv*-Wettbewerben, zu denen Schüler gemeinsam mit einem Lehrer fahren.
- Projekte wie *Farm to School*, wo den Kindern mit dem Mittagessen auch Kenntnis über Ernährung vermittelt wird.
- Klassenreisen mit Besuch einer Schule in China.
- Das *school board*, in dem gewählte Mitglieder sich regional um die Schulverwaltung kümmern und besser auf lokale Bedürfnisse eingehen können.
- Meine Bekannte Jill, die in ihrer Zeit als Lehrerin weit oben im Norden durchaus auch ein Kind wochenlang unter dem Tisch sitzen ließ, weil sie verstand, dass es Schutz brauchte. Und die ihre Zeit als Lehrerin in Pangnirtung nutzt, um an der University of Concordia weiterzustudieren. In ihrer Abschlussarbeit geht es darum, einen *Three-Year Professional Development Plan* für die örtliche Schule zu entwickeln: »*Wenn man als Team arbeitet, das kreativ, flexibel und engagiert ist, dann werden die Ergebnisse großartig sein.*«

110. Grund

## Weil Granville Island ein Paradies für Kunsthandwerk, Kultur und Gourmetfood ist

*If I'm a great artisan of the kitchen,*
*it's because I don't buy my sauces.*
(ALAIN DUCASSE)[256]

Fertigsoßen kann man überall kaufen. In Nordamerika sowieso, das scheint mir der Kontinent der Fertigsoßen zu sein. Diejenigen aber, die ihre Soßen selber kreieren, die Wert auf Produkte legen, die saisonal und lokal sind, Bio am besten, die werden vom *Public Market* auf Granville Island begeistert sein.[257]

50 Markstände bieten hier Obst, Gemüse, Blumen, aber auch Kuchen und Süßigkeiten an. Die Kirschen sind sorgfältig aufgeschichtet, die Tomaten werden liebevoll präsentiert. Die Gemüseabteilung im *Public Market* in Vancouver ist auch was für's Auge. Die Kuchen übrigens auch, sie liegen mit Schokolade überzogen und Sahne verziert verführerisch in der Vitrine.

Wer jetzt Hunger bekommt und etwas essen möchte, findet die entsprechenden Stände in der Halle nebenan. *Fish & chips*, chinesisch, vietnamesisch, oder soll es lieber etwas von »Kaisereck Delicatessen« sein? *From European wieners to spicy bratwurst* kann man hier für seine Hotdogs wählen.

Wer Glück hat, findet einen Platz in der Halle, wer lieber draußen isst, braucht nicht ganz so viel Glück, hier gibt es reichlich Sitzgelegenheiten. Allerdings muss man hier gut auf sein Essen aufpassen. Übergroße Möwen (nordamerikanisch eben, hier ist ja alles größer, sagt man doch) schießen wie Pfeile nach unten und reißen einem im Sturzflug das Sandwich aus der Hand.

Für alle, die Marktstände, Kunsthandwerk und Straßenmusik lieben, ist Granville Island ein Paradies. (Alle anderen können sich das Kapitel eigentlich sparen.) Granville Island ist eine Halbinsel, die aus einer Aufschüttung im False Creek, einem Wasserarm in Vancouver, entstand, um Platz für ein Industriegebiet zu schaffen. Heute ist nur noch die Zementfabrik in Betrieb. Auf dem Gelände befinden sich jetzt Läden, Ateliers, Restaurants, Theater und der *Public Market*.

In der Halle *Kids Market* gibt es 25 Läden für Kinder (und für die Kinder in uns). Im Kaboodles findet man Ballons und Stofftiere, in Kites & Puppets Marionetten, Handpuppen und Fingerpuppen. In einem anderen Gebäude gibt es einen Laden, der ausschließlich Perlen und Zubehör verkauft – Achate, Tigeraugen, Türkise hängen in Strängen an der Wand. Im Nachbarladen gibt es handgefärbte Stoffe und gegenüber Kunsthandwerk der *First Nations*.

An jeder Ecke spielt ein Straßenmusiker, manchmal führt ein Jongleur Kunststücke vor, oder jemand geht auf Stelzen. Auf Granville Island herrscht immer eine Art Festivalstimmung. Aber es gibt auch spezielle Festivals: *Arts Outside dance performances, Wooden Boat Festival, Kunda African Culture Music & Dance and much more.*

Besonders gut klingt das *Avocado Toast – Vancouver Grown, Organic Free-Range Comedy*: eine Show über die neuen Spleens der »Vancouverites«, ihre Fitness-Besessenheit und die verrückte *foodie scene*.[258]

(Manchmal hat man ja hier den Eindruck, wer heute noch alles isst, bei dem stimmt was nicht! Das macht die Einladungen zum Essen von Mal zu Mal komplizierter, sagt meine Nachbarin Louise. Da hat sie recht.)

Und wie kommt man nach Granville Island?

Mit dem Auto ist in der Innenstadt von Vancouver ja eigentlich nie eine gute Idee, aber es gibt in der Tat Parkplätze auf Granville Island für die, die trotzdem fahren wollen. Es fahren aber auch Stadtbusse von Downtown nach Granville Island, oder man kann eine der beiden Stadtfähren über den False Creek nehmen (Aquabus / False Creek Ferries).

Auch abends ist auf Granville Island was los. In der »Backstage Lounge« gibt es von Donnerstag bis Sonntag Live-Musik und natürlich etwas zu essen und zu trinken. Bei *fish & chips*, einem *pint* lokal gebrautem Bier oder einem Glas Wein mit Freunden bis nach Mitternacht klönen – das ist der perfekte Ausklang für einen Tag in Vancouver.[259]

111. Grund

## Weil es viele Gründe gibt, Kanada zu lieben

*Jiffy pudding, »You Are My Sunshine« and »Frozen Logger«.*

Meine liebsten Gründe sind:

- Das Licht: Sobald man am Wasser ist, und das ist man in Kanada oft, scheint der Himmel höher und weiter zu sein, selbst wenn es ein bedeckter Tag ist.
- Der Regenwald: Es ist dieser Geruch von frischer Luft, Feuchtigkeit, moderndem Laub und Blättern. Die Bäume, die hoch in den Himmel wachsen. Das Hellgrün der Flechten, die Stille im Wald. Das Muster der Sonnenstrahlen auf dem Waldboden.
- Judys *jiffy pudding*: Warm aus dem Ofen, mit Vanilleeis serviert, dazu einen Kaffee und ein Update des Dorfklatsches mit Tony und Judy. Ein perfekter Sonntagsnachmittag.
- Das Ukulele Bootcamp: Wir durften den Raum im »Senior Centre« benutzen. Die Schule hat die Ukulelen geliehen. Louise hat uns eine Woche lang von Montag bis Donnerstag unterrichtet. Am Freitag kam die Twang Band und spielte mit uns unsere neuen Stücke von *You Are My Sunshine* bis *Frozen Logger*.
- Der Bären-Workshop: Jeder in der Gruppe bekam eine Box mit Material. Chris Dobranski sagte: »Ihr wisst ja alle, wie ein Bär aussieht, jetzt schnitzen wir einen.« Und nun steht der Bär auf meiner Fensterbank.

- Der Blick aus meinem Fenster: Schwarzbären laufen am Flussufer entlang und Weißkopfadler jagen über dem Tahsis River.
- Der Sonntagsbrunch mit Blick auf den Fjord: Mal sind wir zu viert, mal müssen wir Tische anbauen, weil wir 14 oder mehr sind. Die Kirchgänger kommen nach der Kirche. Die Atheisten und/ oder Langschläfer kommen direkt zum Brunch. Das Diner hat schon ein paar Mal den Namen gewechselt: *Cook Shack, Ulla's Place, Tahsis Time Grill.* Jetzt heißt es *Sally's Grill.* Hauptsache es gibt weiterhin Sonntagsbrunch mit Blick auf Fjord und Berge.
- Die legere kanadische Art: Man kann sich gut daran gewöhnen, an die Freundlichkeit, die Hilfsbereitschaft und den im Großen und Ganzen konfliktfreien Umgang im täglichen Leben.
- In Kanada ist alles etwas leichter, das liegt an der geringeren Schwerkraft.[260] Eine geophysische Tatsache,es handelt sich um eine Spätfolge der Eiszeit, Kanada wurde in den Boden gedrückt, jetzt kommt es wieder hoch, das wirkt der Schwerkraft entgegen. Ob das eine Erklärung dafür ist, dass die Menschen in Kanada so glücklich sind und es sich in dem Land so »leicht« leben lässt? Vielleicht, wer weiß.

# Danke!

Ich danke allen meinen Freunden für Unterstützung, Hilfe, Infos, Geduld, Zuhören und Mutmachen.

Ganz besonders danke ich Tony und Judy Ellis für die vielen Geschichten, Legenden und Infos, die Fahrten von Tahsis nach Campbell River, und die Aufmunterung bei *jiffy pudding* und Kaffee! Und Glenn und Joy Woodsworth dafür, dass sie mich in Vancouver immer so liebevoll aufnehmen, sowie für die leckeren Essen und die guten Gespräche!

Ich danke Louise für den Ukulele-Unterricht. Cathy C dafür, dass ich ihre Briefe verwenden durfte. Jill dafür, dass sie mir ihre Abschlussarbeit zur Verfügung gestellt hat. Terri-Lynn Williams-Davidson, Billy Joe Green und Eliese Watson für ihre Zitate, Bettina Haskamp für ihre moralische Unterstützung und Seth Goossens und Chris Montagner für die Bereicherung, die sie in mein Leben gebracht haben.

Und ich danke allen Freunden, bei denen ich mich in letzter Zeit viel zu wenig gemeldet habe, für ihre Geduld und ihr Verständnis.

# Quellenverzeichnis


1 *The Guardian, Hockey, weed and taxes? 11 Canadian stereotypes debunked, www.theguardian.com/world/2017/jan/16/hockey-weed-and-taxes-canadian-stereotypes-debunked, 22.02.2019*

2 *Talking to Americans, Wikipedia, https://en.wikipedia.org/wiki/Talking_to_Americans, 22.02.2019*

3 *Humber, Comedy: Writing and Performance, https://creativearts.humber.ca/programs/comedy/comedy-writing-and-performance, 22.02.2019*

4 *www.youtube.com/watch?v=uMRe2tusDhQ – meine Lieblingsszene ist die mit dem Zauberwürfel und Nigeria.*

5 *Heidi Vlach; Culture Share: Canada – Time as a measurement of distance, http://talktoyouniverse.blogspot.com/2011/05/culture-share-canada-time-as.html, 22.02.2019*

6 *National Post, Canada's coldest day ever: Snag, Yukon, hit – 63°C. in 1947 – without wind chill, https://nationalpost.com/news/canada/canadas-coldest-day-ever-snag-yukon-hit-63-c-in-1947-without-wind-chill, 22.02.2019*

7 *Quora.com, www.quora.com/Why-do-Canadians-typically-know-more-about-the-U-S-culture-than-Americans-know-about-Canadian-culture, 22.02.2019*

8 *Focus online, Warum Kanada anders als Amerika ist, www.focus.de/reisen/kanada/tid-17055/kulturschock-kanada-warum-kanada-anders-als-amerika-ist_aid_475396.html, 22.02.2019*

9 *The Washington Post, Canada: A Mosaic, not a Melting Pot, https://www.washingtonpost.com/archive/politics/1998/07/05/canada-a-mosaic-not-a-melting-pot/8a4998ed-b04b-491e-b72e-1ef4d8e96d84/?utm_term=.db4478ecff8b, 22.02.2019*

10 *PBS News Hour, What the U.S. could learn from Canada about integrating immigrant students, www.pbs.org/newshour/show/what-the-u-s-could-learn-from-canada-about-integrating-immigrant-students, 25.02.2019*

11 *Zitat gefunden auf: Rustica Home Decor, https://rusticahomedecor.com/products/home-is-not-a-place-its-a-feeling-wood-plank-sign-wall-art-home-decor-17x11, 27.02.2019*

12 *Food network, Great Canadian Cookbook, Food Network Canada's Guide to Summer 2017 Food Festivals, www.foodnetwork.ca/shows/great-canadian-cookbook/blog/food-network-canadas-guide-to-summer-2017-food-festivals/, 26.02.2019*

13 *Resettlement Solutions, gefunden auf Pinterest, www.pinterest.de/pin/11822017750298575/, 25.02.2019*

14 *Skyscanner, Flüge nach Kanada, Kanada – Ein großes Land mit einer noch größeren Anziehungskraft, www.skyscanner.de/fluge-nach/ca/billig-fluge-nach-kanada.html, 22.02.2019*

15 *World Happiness Report 2018, Ranking of Happiness 2015 – 2017, S. 20/21, https://s3.amazonaws.com/happiness-report/2018/WHR_web.pdf, 22.02.2019*

16 *WOW Travel, Top 10 Happiest Cities in the World, https://wowtravel.me/top-10-happiest-cities-in-the-world, 25.02.2019*

17 *Global News, Quelle Tim Hortons*

18 *Wikipedia, Canadian Humour, https://en.wikipedia.org/wiki/Canadian_humour, 22.02.2019*

19 *John Muir, Zitat gefunden auf PassItOn.com, www.passiton.com/inspirational-quotes/7869-and-into-the-forest-i-go-to-lose-my-mind-and, 27.02.2019*

20 *So, You Want to Be Canadian: All About the Most Fascinating People in the World and the Magical Place They Call Home, Kerry Colburn, Rob Sorensen, Chronicle Books, 2. September 2004*

21 *Wikipedia, Lady Isobel Gathorne-Hardy, https://en.wikipedia.org/wiki/Lady_Isobel_Gathorne-Hardy, 22.02.2019*

22 *Bill Murray, @BillMurray, über Twitter, https://twitter.com/biiimurray/status/480476761944502272?lang=de, 25.02.2019*

23 *Vancouver Sun, Online-Version des Print-Artikels: Police will be able to toke, but must be fit for duty, https://vancouversun.com/cannabis/cannabis-news/police-will-be-able-to-toke-but-must-be-fit-for-duty, 25.02.2019*

24 *Government of Canada, Cannabis in Canada, Get the facts, www.canada.ca/en/services/health/campaigns/cannabis.html, 22.02.2019*

25 *Financial Post, Majority of Canadians support pot legalization, and nearly half want edibles: survey, https://business.financialpost.com/*

*commodities/majority-of-canadians-support-pot-legalization-and-nearly-half-want-edibles-survey, 22.02.2019*

26 *Cooking with Laurie+Maryjane, How to make medible Ganja Gummies in 5 easy Steps, https://recipes.laurieandmaryjane.com/how-to-make-medible-ganja-gummies-in-5-easy-steps/, 22.02.2019*

27 *Sharp, Modern Marijuana: A Guide for the Cannabis Connoisseur, https://sharpmagazine.com/2016/04/20/modern-marijuana-a-guide-for-the-cannabis-connoisseur/, 22.02.2019*

28 *Wikipedia, Im Tal der wilden Rosen, Filmreihe ZDF, https://de.wikipedia.org/wiki/Im_Tal_der_wilden_Rosen, 25.02.2019*

29 *NFL Northumberland Ferries Limited, Onboard Amenities, www.ferries.ca/ns-pei-ferry/amenities/, 27.02.2019*

30 *Wikipedia, Kootenay Lake Ferry, https://en.wikipedia.org/wiki/Kootenay_Lake_Ferry, 25.02.2019*

31 *CBC Digital Archives, Pioneers in the Sky: Bush Pilots of Canada, www.cbc.ca/archives/topic/pioneers-in-the-sky-bush-pilots-of-canada, 22.02.2019*

32 *www.wcwild.com/*

33 *loveyourskeletons.com, A Safe Harbour, http://loveyourskeletons.com/2013/06/a-safe-harbour/, 25.02.2019*

34 *Pierre Breton, Zitat gefunden auf AZ Quotes, www.azquotes.com/quote/819056 / 25.02.2019*

35 *The Star, You know that Canadian myth about having sex in a canoe? Well, about that, www.thestar.com/news/canada-150/2017/06/21/canadian-myths-canoes-might-be-the-only-place-we-dont-have-sex.html, 25.02.2019*

36 *The Canadian Canoe Museum, https://canoemuseum.ca/, 25.02.2019*

37 *Macleans, »A Canadian is someone who knows how to have sex in a canoe«, www.macleans.ca/society/life/where-people-are-most-likely-to-have-had-sex-in-a-canoe/, 22.02.2019*

38 *Cosmopolitan, Canoe Canoodle, Erotic Instructions, www.cosmopolitan.com/sex-love/positions/a26854/canoe-canoodle-sex-position/, 22.02.2019*

39 *Pat's Boating in Canada, Canadian Boating Statistics, Canadian Boating Statistics 2016, http://boating.ncf.ca/stats.html, 26.02.2019*

40 *Wikivoyage, Alaska Highway, https://en.wikivoyage.org/wiki/Alaska_Highway, 25.02.2019*

41 *www.youtube.com/watch?v=h5cpG_PNlEI*

42 *Neil Diamond, Blue Highway, written by Neil Diamond/Harlan Howard, 1996 © Universal Music Publishing Group*

43 *Techworm, On The Road Again: Tale of The American Trucker, www.techworm.net/2017/04/road-tale-american-trucker.html, 25.02.2019*

44 *Trucker's Training Canada, Become a Truck Driver, www.truckerstrainingcanada.com/, 25.02.2019*

45 *Zitat gefunden auf Pinterest, www.pinterest.com/pin/218072806937073204, 25.02.2019*

46 *King Pacific Lodge, The Best BC Sport Fishing Experience!, http://kingpacificlodge.com/, 25.02.2019*

47 *What Is Glamping? Travel that transforms you, www.glamping.com/what-is-glamping, 22.02.2019*

48 *Camp Free in B.C., Kathy Copeland, Craig Copeland, hikingcamping.com, 15. April 2014*

49 *Zitat gefunden auf T-Shirt, Teepublic, www.teepublic.com/t-shirt/1320945-camping-is-the-answer-who-cares-what-the-question-, 27.02.2019*

50 *Visitor in Victoria, A One-Stop Traveler's Guide to Victoria, BC, Does it snow in Victoria?, https://visitorinvictoria.ca/does-it-snow-in-victoria/, 25.02.2019*

51 *National Geographic, See the World's Most Iconic Hotels, www.nationalgeographic.com/travel/lists/places-to-stay/iconic-hotels-lodges-in-world/, 25.02.2019*

52 *National Geographic, Top 10 Bookstores, www.nationalgeographic.com/travel/top-10/bookstores/, 25.02.2019*

53 *Lonely Planet, Calgary is Canada in a Stetson, www.lonelyplanet.com/canada/alberta/calgary, 25.02.2019*

54 *EIA we'll move you, Airport Volunteer Ambassadors, http://flyeia.com/prepare/services/airport-volunteers, 25.02.2019*

55 *Guy Laliberté, Zitat gefunden auf Brainy Quote, www.brainyquote.com/quotes/guy_laliberte_689252, 25.02.2019*

56 *Peter Ustinov, Zitat gefunden auf Synchronicity, http://synccity.blogspot.com/2012/10/toronto-new-york-run-by-swiss.html, 25.02.2019*

57 *ABC of Toronto, Per Henrik Gurth, Kids Can Press, 1. August 2013*

58 *Mark Twain, Zitat gefunden auf goodreads, www.goodreads.com/quotes/7392019-during-the-gold-rush-its-a-good-time-to-be, 25.02.2019*

59 *Connie Kaldor, Bigger than Anywhere Else, Flashlyrics, www.flashlyrics.com/lyrics/connie-kaldor/bigger-than-anywhere-else-80, 25.02.2019*

60 *Royal Canadian Pacific, www.royalcanadianpacific.com/doc/2011_RCR.pdf, 25.02.2019*

61 *Expedia.ca, The 40 #Happiest Places in Canada, www.expedia.ca/travelblog/40-happiest-places-canada/, 23.02.2019*

62 *Zitat gefunden auf Someecards.com, www.someecards.com/canada-day-cards/this-canada-day-id-love-to-go-out-for/ 25.02.2019*

63 *www.royalalbertamuseum.ca/exhibits/online/chopSuey/index.html*

64 *CBC Radio, Spark, Your new life coach is an algorithm, www.cbc.ca/radio/spark/319-make-better-decisions-with-math-and-more-1.3562081/your-new-life-coach-is-an-algorithm-1.4127456, 23.02.2019*

65 *Would this Magnetic Decision Maker work on the lunar surface of the Earth's moon?, www.amazon.com/ask/questions/Tx5BXH4OLP59X5/ref=ask_dp_dpmw_al_hza, 26.02.2019*

66 *Algorithm to Live By: The Computer Science of Human Decisions, Brian Christian, Tom Griffiths, Picador, 4. April 2017*

67 *Zitat gefunden auf Scrapbook.com, www.scrapbook.com/quotes/doc/19237.html, 25.02.2019*

68 *Hostelworld, 17 Traditional Canadian Foods You Need To Try, www.hostelworld.com/blog/best-traditional-canadian-food/, 23.02.2019*

69 *Yahoo! Finance, It's Finnished: Canadians Eat More Ketchup Per Capita Than The U.S. ... but Not Finland?!, https://finance.yahoo.com/news/finnished-canadians-eat-more-ketchup-110000367.html?, 23.02.2019*

70 *Global News, 5 odd facts about Canada, https://globalnews.ca/news/2084556/5-odd-facts-about-canada/, 23.02.2019*

71 *Food Republic, Why do Canadians Eat So Much Kraft Mac'N Cheese? www.foodrepublic.com/2013/02/21/why-do-canadians-eat-so-much-kraft-mac-n-cheese/, 23.02.2019*

72 *CNN, Canada's national dish: 740 calories – and worth every bite? http://edition.cnn.com/2010/WORLD/americas/10/02/canada.poutine/index.html, 25.02.2019*

73 *Food network, Dining Out, 10 Splurge-Worthy Steakhouses to Try Across Canada, www.foodnetwork.ca/dining-out/blog/10-splurge-worthy-steakhouses-across-canada-36116/, 25.02.2019*

74 *Cambridge Dictionary, the icing on the cake, https://dictionary.cambridge.org/de/worterbuch/englisch/icing-on-the-cake, 27.02.2019*

75 *Culture trip, A History Of The Beaver Tail, The Canadian Doughnut, https://theculturetrip.com/north-america/canada/articles/the-canadian-doughnut-a-history-of-the-beaver-tail/, 25.02.2019*

76 *Sarah Addison Allen, The Girl Who Chased the Moon: A Novel, www.azquotes.com/quote/401945, 25.02.2019*

77 *Maple From Canada, Facts about Maple Syrup, www.puremaplefromcanada.com/pure-maple-syrup/facts-about-maple-syrup/ 23.02.2019*

78 *Wikipedia, Great Canadian Maple Syrup Heist, https://en.wikipedia.org/wiki/Great_Canadian_Maple_Syrup_Heist, 25.02.2019*

79 *Zitat gefunden auf Pinterest, https://www.pinterest.de/pin/357825132881036196/, 25.02.2019*

80 *Canadians Sure Love to Barbeque, Eh?, www.huffingtonpost.ca/john-catucci/you-gotta-eat-here_b_5207556.html, 25.02.2019*

81 *Canadian Living, Dezember 2013, www.canadianliving.com/food/recipe/canadian-hot-chocolate*

82 *Chatelaine, 10 Of The Most Insanely Decadent Mugs of Hot Chocolate Across Canada, www.chatelaine.com/food/trends/hot-chocolate-across-canada/, 26.02.2019*

83 *www.chatelaine.com/food/trends/hot-chocolate-across-canada*

84 *Emily Keeler, CBC, Canada 2017, Sorry – can we talk about why Canadians apologize so much?, www.cbc.ca/2017/sorry-can-we-talk-about-why-canadians-apologize-so-much-1.3939997, 26.02.2019*

85 *Ontario, Apology Act, 2009, S.O. 2009. c. 3, www.ontario.ca/laws/statute/09a03, 27.02.2019*

86 *www.youtube.com/watch?v=84My3HQqJ8o*

87 *The Record.com, Waterloo Region Record, Stopped for speeding? Try saying sorry, U of Waterloo researchers suggest, www.therecord.com/news-story/2578805-stopped-for-speeding-try-saying-sorry-u-of-waterloo-researchers-suggest/, 26.02.2019*

88 *The Careless Quilter: Decide-as-you-sew, Design-as-you-go Quiltmaking, Kristin Miller, Thomas Nelson (Publisher) 23. September 2000*

89 *CAF Charities Aid Foundation, CAF Publications, CAF World Giving Index 2018, www.cafonline.org/about-us/publications/2018-publications/*

*caf-world-giving-index-2018, 26.02.2019*

90 *Vancouver Sun, B.C. wildfires 2018: Province matching Red Cross donations, https://vancouversun.com/news/local-news/b-c-wildfires-2018-province-matching-red-cross-donations, 26.02.2019*

91 *Drache Aptowitzer LLP, Rules Around Raffles: Don't Get Sent Up The River For Sending Rubber Duckies Down The River, https://drache.ca/articles/rules-around-raffles/, 26.02.2019*

92 *AGCO, Alcohol and Gaming Commission of Ontario, Lottery Licensing Policy Manual (LLPM), www.agco.ca/lottery-and-gaming/lottery-licensing-policy-manual-llpm, 26.02.2019*

93 *Citizen Vintage, Welcome to Citizen Vintage, www.citizenvintage.com/, 23.02.2019*

94 *Coffee Association of Canada, Coffee Facts, Coffee in Canada, www.coffeeassoc.com/coffee-facts/, 23.02.2019*

95 *Narcity, Ontario's New Distracted Driving Laws To Take Effect Jan. 1, 2019, www.narcity.com/news/ontarios-new-distracted-driving-laws-to-take-effect-jan-1-2019, 26.02.2019*

96 *Royal Canadian Mounted Police, Distracted Driving, www.rcmp-grc.gc.ca/cycp-cpcj/dd-dv/index-eng.htm, 23.02.2019*

97 *Johnny Cash, You Are My Sunshine, written by Jimmie Davis/Charles Mitchell (disputed), gefunden auf Songtexte.com, You Are My Sunshine, Songtext von Johnny Cash, www.songtexte.com/songtext/johnny-cash/you-are-my-sunshine-13d41119.html, 23.02.2019*

98 *Tripadvisor, Travel Feed: Barra de Navidad, Melaque, www.tripadvisor.com/ShowUserReviews-g153292-d153363-r186793086-Melaque-Barra_de_Navidad_Costalegre.html, 23.02.2019*

99 *BuzzFeed News, 23 Things Canadians Are Truly Proud Of, www.buzzfeed.com/tanyachen/things-canadians-are-truly-proud-of, 26.02.2019*

100 *HR Reporter, 19 reasons I'm a proud Canadian, www.hrreporter.com/columnist/editor/archive/2017/07/05/19-reasons-im-a-proud-canadian/, 26.02.2019*

101 *redflagdeals.com, 10 Places to Shop for Ugly Christmas Sweaters This Holidy Season, www.redflagdeals.com/latest-news/18/11/30/10-places-to-shop-for-ugly-christmas-sweaters-this-holiday-season/, 23.02.2019*

102 *Retrofestive, Canada's Pop Culture Christmas Store, www.retrofestive.ca, 23.02.2019*

103 *Niagara Falls Canada, Winter Festival of Lights, www.niagarafallstourism.com/events/winter-festival-of-lights, 26.02.2019*

104 *Daily Hive, 11 places to see Christmas lights in Vancouver, https://dailyhive.com/vancouver/places-to-see-christmas-lights-vancouver-2016, 26.02.2019*

105 *The Guardian, Mobile phones, »There's much more time to look and listen what's around you«: readers on life without a mobile, www.theguardian.com/technology/2017/sep/12/more-time-to-look-and-listen-readers-on-life-without-mobile, 26.02.2019*

106 *Meanwhile in Canada, Facebook, www.facebook.com/MeanwhileinCanada1/posts/d41d8cd9/1559041137476245, 26.02.2019*

107 *Fins & Furs Adventures, Worldwide Sporting Adventures, Quebec Caribou Hunting Closed for 2018 & 2019, www.finsandfursadventures.com/2016/12/24/quebec-caribou-hunting-closed-2018-2019/, 26.02.2019*

108 *Eddie Hunter, Zitat gefunden bei Pallas Snowboards, Wise Words From The Mountains, https://pallassnowboards.com/wise-words-from-the-mountain/, 26.02.2019*

109 *RETROactive, Exploring Alberta's Past, Celebrating Mary Schäffer Warren, https://albertashistoricplaces.wordpress.com/2018/03/07/celebrating-mary-schaffer-warren/, 26.02.2019*

110 *The Westcoast Reader, An Online Resource for Adult Learners of English, The spirit bear, www.thewestcoastreader.com/the-spirit-bear/, 26.02.2019*

111 *Edward Abbey, Zitat gefunden auf PassItOn.com, www.passiton.com/inspirational-quotes/7123-wilderness-is-not-a-luxury-but-a-necessity-of, 24.02.2019*

112 *Your Vacation Planer, Banff Facts, www.banff.com/banff-helpers/banff-facts/, 24.02.2019*

113 *Statista, The Statistics Portal, Number of visitors to Tuktut Nogait National Park in Canada from 2011 to 2018, www.statista.com/statistics/501656/visitors-to-tuktut-nogait-national-park/, 24.02.2019*

114 *Parks Canada, List of Fees, www.pc.gc.ca/apps/tarifs-fees/index_e.asp /24.02.2019*

115 *The New York Times, Ice Roads Ease Isolation in Canada's North, but They're Melting Too Soon, www.nytimes.com/2017/04/19/world/canada/ice-roads-ease-isolation-in-canadas-north-but-*

*theyre-melting-too-soon.html, 24.02.2019*

116 *Tripadvisor, Fairview Lawn Cemetery, www.tripadvisor.de/Attraction_Review-g154976-d155442-Reviews-Fairview_Lawn_Cemetery-Halifax_Halifax_Region_Nova_Scotia.html, 24.02.2019*

117 *Narcity, 9 Best Spots To See Icebergs In Newfoundland And Labrador, www.narcity.com/ca/nl/stjohns/best-of-nl/9-best-spots-see-icebergs-newfoundland-labrador, 26.02.2019*

118 *Anne Lamott, Zitat gefunden auf Wikiquote, https://en.wikiquote.org/wiki/Anne_Lamott, 24.02.2019*

119 *The Canadian Encyclopedia, Lighthouses, www.thecanadianencyclopedia.ca/en/article/lighthouses, 24.02.2019*

120 *Receiving Titanic, The Cape Race Story, www.receivingtitanic.com/titanic, 24.02.2019*

121 *Urban Adventures, Going to the cottage: All about that Canadian tradition, www.urbanadventures.com/blog/going-cottage-canadian-tradition.html, 24.02.2019*

122 *Global Bushcraft Symposium, Skills in Context, http://bushcraftsymposium.com, 24.02.2019*

123 *Cottage Life, 9 survival skills every Canadian should know, https://cottagelife.com/outdoors/9-survival-skills-every-canadian-should-know/, 24.02.2019*

124 *Wikipedia, Mors Kochanski, https://en.wikipedia.org/wiki/Mors_Kochanski, 24.02.2019*

125 *The New York Times, Muskoka: The Malibu of the North, www.nytimes.com/2005/09/16/realestate/muskoka-the-malibu-of-the-north.html, 26.02.2019*

126 *Cottage Life, First-timer's guide to renting a cottage, https://cottagelife.com/realestate/first-timers-guide-to-renting-a-cottage/, 26.02.2019*

127 *Sun Fun Tours, Storm Watching in Tofino, http://sunfuntours.ca/tour/storm-watching-in-tofino-3/, 24.02.2019*

128 *Pacific Sands Beach Resort Tofino, Storm Watching Season Is Here, Don't Miss The Show, www.pacificsands.com/, 26.02.2019*

129 *The Province, The sunny side of storm-watching, https://theprovince.com/travel/local-travel/the-sunny-side-of-storm-watching, 24.02.2019*

130 *John Muir, Zitat gefunden auf socalhiker, Trail Guides, Gear Reviews & Community, https://socalhiker.net/muir-monday-between-every-two-pines-is-a-doorway/, 26.02.2019*

131 *Gary Snyder, Zitat gefunden auf AZ Quotes, Gary Snyder Quotes, www.azquotes.com/author/13846-Gary_Snyder, 26.02.2019*

132 *CBC, news, Province increases forest fire fines, www.cbc.ca/news/canada/thunder-bay/forest-fire-fine-increase-1.4194279, 27.02.2019*

133 *Dalai Lama, Zitat gefunden auf AZ Quotes, Mosquitoes Quotes www.azquotes.com/quotes/topics/mosquitoes.html, 26.02.2019*

134 *Conde Nast Traveler, The Best Hikes in the World, www.cntraveler.com/galleries/2013-05-16/photos-worlds-best-hikes-hiking-trails, 24.02.2019*

135 *E. O. Wilson, Zitat gefunden auf Quodid, The Ultimate Quotation Repository, http://quodid.com/quotes/12863/e-o-wilson/destroying-rain-forest-for-economic-gain-is-like-burning, 26.02.2019*

136 *John Muir, Zitat gefunden auf Brainy Quote, John Muir Quotes, www.brainyquote.com/quotes/john_muir_133725, 26.02.2019*

137 *British Columbia, Great Bear Rainforest, https://greatbearrainforest.gov.bc.ca, 24.02.2019*

138 *Ralph Waldo Emerson, Zitat gefunden auf PassItOn.com, www.passiton.com/inspirational-quotes/6899-adopt-the-pace-of-nature-her-secret-is-patience, 24.02.2019*

139 *Lao Tzu, Zitat gefunden auf Brainy Quote, Lao Tzu Quotes, www.brainyquote.com/quotes/lao_tzu_384273, 27.02.2019*

140 *Chris Rock, Zitat gefunden auf Brainy Quote, Chris Rock Quotes, www.brainyquote.com/quotes/chris_rock_384720, 27.02.2019*

141 *Leonardo da Vinci, Zitat gefunden auf quotefancy, https://quotefancy.com/quote/759526/Leonardo-da-Vinci-Water-is-the-driving-force-of-all-nature, 24.02.2019*

142 *The Globe And Mail, Tofino provides perfect setting for Twilight's vampires, www.theglobeandmail.com/arts/tofino-provides-perfect-setting-for-twilights-vampires/article1155619/, 26.02.2019*

143 *CBC, Tsunami garbage piling up on West Coast beaches, www.cbc.ca/news/canada/british-columbia/tsunami-garbage-piling-up-on-west-coast-beaches-1.1234304, 24.02.2019*

144 *Koluskap, Stories from Wolastoqiyik, Stories, Turtle Gets a Whale, http://website.nbm-mnb.ca/Koluskap/English/Stories/story14.php, 24.02.2019*

145 *Luna: Spirit of the Whale, 1h 30 min, TV Movie 13. Mai 2007, Regie Don McBrearty. www.imdb.com/title/tt0861716/, 26.02.2019*

146 *Smithsonian.com, Why Scientists Are Starting to Care about Cultures That Talk to Whales, www.smithsonianmag.com/science/talking-to-whales-180968698/, 26.02.2019*

147 *Pibburns.com, Ogopogo Stamps, www.pibburns.com/cryptost/ogopogo.htm, 24.02.2019*

148 *Lookhuman.com, Have an Ice Day Coffee Mug, www.lookhuman.com/design/150919-have-an-ice-day/mug11oz-whi-one_size, 26.02.2019*

149 *Banfflakelouise.com, Ice Magic Festival, www.banfflakelouise.com/ice-magic-festival, 24.02.2019*

150 *Lake Simcoe Championship Ice Fishing Derby, Lake Simcoe Championship Ice Fishing Derby 2019 Rules, http://icefishinglakesimcoe.com/registration-form-rules/, 24.02.2019*

151 *Condé Nast Traveller, The Best Ski Resorts in the World, www.cntraveller.com/gallery/best-ski-resorts-in-the-world, 24.02.2019*

152 *Valcartier parks – hotels – spa, Hôtel de Glace, www.valcartier.com/en/accommodations/ice-hotel/, 24.02.2019*

153 *Yukon Quest, The 1,000 Mile International Sled Dog Race – Whitehorse YT to Fairbanks AK, www.yukonquest.com, 24.02.2019*

154 *South China Morning Post, Green is the new gold for Canadian jade miner, once a Beijing banker, www.scmp.com/news/world/article/1806907/green-new-gold-canadian-jade-miner-once-beijing-banker, 24.02.2019*

155 *Chris Dobranski, Zitat in Artikel I Remove What Doesn't Belong, 360° Kanada 01/15, www.360grad-kanada.de/40-news/386-i-remove-what-doesn-t-belong-ich-entferne-was-nicht-dazu-gehoert, 27.02.2019*

156 *The Mining Association of Canada, Mining Facts, http://mining.ca/resources/mining-facts, 24.02.2019*

157 *The Jewellery Editor, Record breaking price of US $ 27.44 million achieved for Barbara Hutton jadeite necklace at Sothebys Hong Kong, www.thejewelleryeditor.com/whats-on/auctions/record-breaking-price-paid-for-barbara-hutton-jadeite-necklace-at-sothebys-hong-kong/, 24.02.2019*

158 *I Believe in Mother Nature, www.facebook.com/ibelieveinmothernature/posts/you-know-the-world-is-a-magical-place-when-mother-earth-grows-her-own-jewelryi-b/2132836810284408/, 24.02.2019*

159 *Zitat Siegfried, Reading the Soil, Living Woods May/June 2014, www.annegret-heinold.com/sites/default/files/artikel/2016-03/heinold_artikel_global_forestry_0.pdf, 26.02.2019*

160 *Haruki Murakami, What I Talk About When I Talk About Running: A Memoir, , Vintage, April 2009, 24.02.2019*

161 *VibrantVictoria, Is it legal to take driftwood from the beaches?, https://vibrantvictoria.ca/forum/index.php?/topic/3506-is-it-legal-to-take-driftwood-from-beaches/, 24.02.2019*

162 *Wikipedia, The Beachcombers, https://en.wikipedia.org/wiki/The_Beachcombers, 24.02.2019*

163 *Parks Blog, The web log of Ontario Parks, Why driftwood matters, www.ontarioparks.com/parksblog/why-driftwood-matters/, 24.02.2019*

164 *Shinrin yoku, Go to a Forest. Walk slowly. Breathe. Open all your senses. This is the healing way of Shinrin-yoku Forest Therapy, the medicine of simply being in the forest., www.shinrin-yoku.org/shinrin-yoku.html, 24.02.2019*

165 *The Washington Post, Scientists have discovered that living near trees is good for your health, www.washingtonpost.com/news/energy-environment/wp/2015/07/09/scientists-have-discovered-that-living-near-trees-is-good-for-your-health/?utm_term=.0a315cd8d385, 24.02.2019*

166 *Spiegel Online, Warum Waldspaziergänge so gesund sind, www.spiegel.de/gesundheit/psychologie/waldspaziergaenge-warum-sie-fuer-koerper-und-geist-gesund-sind-a-952492.html, 24.02.2019*

167 *Global Institute Of Forest Therapy (GIFT), Gift of the Forest, www.giftoftheforest.com, 24.02.2019*

168 *Super Natural British Columbia Canada, What the heck is forest bathing? 5 things you didn't know about shinrin-yoku in BC, www.hellobc.com/stories/what-the-heck-is-forest-bathing-5-things-you-didnt-know-about-shinrin-yoku-in-bc/, 24.02.2019*

169 *CE Collective Evolution, Forest Therapy: How Spending Time In The Woods Can Heal Your Mind, Body & Soul, www.collective-evolution.com/2018/07/02/forest-therapy-how-spending-time-in-the-woods-can-heal-your-mind-body-soul/, 24.02.2019*

170 *Government of Canada, 2017 Annual Report to Parliament on Immigration, www.canada.ca/en/immigration-refugees-citizenship/corporate/publications-manuals/annual-report-parliament-immigration-2017.html, 24.02.2019*

171 *Quora, Why do women love reading romance novels?, www.quora.com/Why-do-women-love-reading-romance-novels, 24.02.2019*

172 *Toronto Public Library, Writer in Residence, Our current Writer in Residence is Stefanie London, www.torontopubliclibrary.ca/writer-in-residence/, 24.02.2019*

173 *CBC Radio, There's underlying sexism when the romance genre is criticized, novelists say, www.cbc.ca/radio/thecurrent/the-current-for-may-14-2018-1.4659334/there-s-underlying-sexism-when-the-romance-genre-is-criticized-novelists-say-1.4659353, 24.02.2019*

174 *Harlequin, Harlequin Enterprises Limited: A Global Success Story, www.harlequin.com/shop/pages/harlequin-enterprises-limited-a-global-success-story.html, 24.02.2019*

175 *The Butchart Gardens, Enveloping you in lush greens and colourful blooms, The Butchart Gartens is a must-see oasis over 100 years in the making., www.butchartgardens.com, 26.02.2019*

176 *Academic, deacademic.com, Niagara (Film), http://deacademic.com/dic.nsf/dewiki/1016379, 24.02.2019*

177 *Wikipedia, Annie Taylor, https://de.wikipedia.org/wiki/Annie_Taylor, 24.02.2019*

178 *AHK, Mittelstand Global Exportinitiative Energie, Kanada, Erneuerbare Energien und Energiespeicher in Kanadas Norden und abgelegenen Regionen, www.german-energy-solutions.de/GES/Redaktion/DE/Publikationen/Marktanalysen/2018/zma_kanada_2018_erneuerbare-energien.pdf?__blob=publicationFile&v=3, 24.02.2019*

179 *Agriculture and Agri-Food Canada, Canadian Blueberries, A True Taste of Nature, www.agr.gc.ca/eng/industry-markets-and-trade/buying-canadian-food-products/canadian-blueberries/?id=1426167712421, 24.02.2019*

180 *Wikipedia, Expo 67, https://de.wikipedia.org/wiki/Expo_67, 24.02.2019*

181 *Narcity, Tim Hortons Released A Canada Day Donut And 50 % Of Canadians Are Happy, 50 % Are Pissed For Some Reason, www.narcity.com/news/tim-hortons-released-a-canada-day-donut-and-50-of-canadians-are-happy-50-are-pissed-for-some-reason, 24.02.2019*

182 *Link zu YouTube »One Word« www.facebook.com/WatchCut/videos/one-word-christopher-columbus-native-americans/522456597917232/*

183 *Community Action Tool-Kit, Plan Your Own Event, http://reconciliationcanada.ca/staging/wp-content/uploads/2015/05/CommunityAction-Toolkit_PlanYourOwnEvent.pdf, 24.02.2019*

184 *CBC, Canada is ..., Namwayut: we are all one. Truth and reconciliation in Canada, www.cbc.ca/2017/canadais/namwayut-we-are-all-one-truth-and-reconciliation-in-canada-1.4446684, 24.02.2019*

185 *Government of Canada, Indigenous and Northern Affairs Canada, Statement of apology to former students of Indian Residential Schools, www.aadnc-aandc.gc.ca/eng/1100100015644/1100100015649, 24.02.2019*

186 *Westfalenpost, Papst entschuldigt sich für Sünden der Kolonialzeit, www.wp.de/politik/papst-entschuldigt-sich-fuer-suenden-der-kolonialzeit-id10868752.html, 24.02.2019*

187 *Zitat gefunden auf iliketoquote.com, www.iliketoquote.com/dear-past-thanks-for-all-the-lessons-dear-future-im-ready/, 26.02.2019*

188 *Zitat Jamie James, »Luna Dancing in the Sky With Diamonds«, 360° Kanada 02/16, https://360grad-medienshop.de/360-Kanada-2_2016-PDF, 26.02.2019*

189 *abc News, Airport Volunteers Lend Frazzled Travelers a Helping Hand, https://abcnews.go.com/Travel/airport-smiling-face/story?id=16371525, 24.02.2019*

190 *Link zu Eliese Watson, Gründerin von ABC Bees, Apiaries & Bees for Communities, https://abcbees.ca/, 26.02.2019*

191 *GrowTo, an urban agriculture Action Plan for Toronto, http://tfpc.to/wordpress/wp-content/uploads/2012/08/GrowTO_ActionPlan_lowres-FINAL.pdf, 24.02.2019*

192 *Farm to Cafeteria Canada, www.farmtocafeteriacanada.ca, 26.02.2019*

193 *Lasqueti Island, Welcome to the Lasqueti Website, https://lasqueti.ca, 24.02.2019*

194 *Wikipedia, Dominion Lands Act, https://en.wikipedia.org/wiki/Dominion_Lands_Act, 24.02.2019*

195 *New Energy Economy, Green Acres, one of Western Canada's largest solar farms, www.newnrgeconomy.ca/our-stories-1/2018/4/17/green-acres-the-largest-solar-farm-in-western-canada, 24.02.2019*

196 *Michael J. Fox, Zitat gefunden auf Brainy Quote, Michael J. Fox Quotes, www.brainyquote.com/quotes/michael_j_fox_189296, 24.02.2019*

197 *CTV News, B.C. highway signs in Tsilhqot'in language could mark road to better relations, www.ctvnews.ca/canada/b-c-highway-signs-in-tsilhqot-in-language-could-mark-road-to-better-relations-1.2570402, 24.02.2019*

198 *Royal BC Museum, Our Living Languages, First Peoples' Voices in British Columbia, http://royalbcmuseum.bc.ca/visit/exhibitions/our-living-languages-first-peoples-voices-bc, 24.02.2019*

199 *Wikipedia, Wikipedia, Squamish language, https://en.wikipedia.org/wiki/Squamish_language, 27.02.2019*

200 *Neil Gaiman, Zitat gefunden auf Public Libraries News, What's Happening to Your Library?, Libraries: «The thin red line between civilization and barbarism" Neil Gaiman, www.publiclibrariesnews.com/2016/01/libraries-the-thin-red-line-between-civilization-and-barbarism-neil-gaiman.html, 24.02.2019*

201 *Regina Leader-Post, Budget 2018: Sask. libraries funding maintained after public outcry protesting last year's cuts, https://leaderpost.com/news/politics/budget-2018-sask-libraries-funding-maintained-after-public-outcry-protesting-last-years-cuts, 24.02.2019*

202 *Chatelaine, The 15 Coolest Libraries In Canada, www.chatelaine.com/living/coolest-libraries-in-canada/, 24.02.2019*

203 *TDP Thistledown Press, David Richards, www.thistledownpress.com/html/search/Authors/David_Richards/soldier_boys_p299.cfm, 24.02.2019*

204 *CTV News Vancouver, The beat goes on for music fest in Tahsis, B.C., https://bc.ctvnews.ca/the-beat-goes-on-for-music-fest-in-tahsis-b-c-1.533184, 27.02.2019*

205 *Wikipedia, Pelzgeld, https://de.wikipedia.org/wiki/Pelzgeld, 24.02.2019*

206 *Hudson's Bay, Hudson's Bay Company, Bedding, www.thebay.com/Hudson-s-Bay-Company/Home/Bedding/shop/_/N-1z141oeZ4ztf65, 24.02.2019*

207 *Beacon Hill Park History, Chapter Three: 1849 – 1857, www.beaconhillparkhistory.org/contents/chapter3.htm, 24.02.2019*

208 *Zitat aus The Whistle, Canadian Pacific Railway, youtube, www.youtube.com/watch?v=hnt6vI-uBb0, 26.02.2019*

209 *www.youtube.com/watch?v=vOCMUhTOtTU*

210 *Quelle: The Kids Book of Canada's Railway / Deborah Hodge*

211 *www.youtube.com/watch?v=hnt6vI-uBb0*

212 *CBC News, The story of Canada's most famous ghost town is becoming a musical, www.cbc.ca/news/canada/british-columbia/the-story-of-canada-s-most-famous-ghost-town-is-becoming-a-musical-1.3825387, 24.02.2019*

213 *The Globe and Mail, Businessman closes deal for empty B.C. town, www.theglobeandmail.com/news/national/businessman-closes-deal-for-empty-bc-town/article4114613/, 24.02.2019*

214 *Cougar Annie's Garden, Margaret Horsfield, Salal Books, 1. August 1999*

215 *Wikipedia, Cougar Annie, https://en.wikipedia.org/wiki/Cougar_Annie, 24.02.2019*

216 *Historic Hat Creek, Explore life in the Gold Rush, www.historichatcreek.ca, 24.02.2019*

217 *Terri-Lynn Williams-Davidon, Advocacy, Aboriginal Title and Rights Issues, www.ravencalling-productions.ca/advocacy, 24.02.2019*

218 *Indigenous Music Awards, www.indigenousmusicawards.com, 24.02.2019*

219 *IMDB, Ausgerechnet Alaska (1990 – 1995) Graham Greene: Leonard Quinhagak, www.imdb.com/title/tt0098878/characters/nm0001295, 27.02.2019*

220 *Wikipedia, Yuquot, https://en.wikipedia.org/wiki/Yuquot, 27.02.2019*

221 *Woody Allen, Zitat gefunden auf Brainy Quote, Woody Allen Quotes, www.brainyquote.com/quotes/woody_allen_131965, 24.02.2019*

222 *Wikipedia, HBICtv: Ultra Rich Asian Girls, https://en.wikipedia.org/wiki/HBICtv:_Ultra_Rich_Asian_Girls, 24.02.2019*

223 *William Arthur Ward, Zitat gefunden auf AZ Quotes, www.azquotes.com/quote/372864, 24.02.2019*

224 *Vancouver Sun, Build your own inukshuk and find your way to the Olympics, https://vancouversun.com/news/staff-blogs/build-your-own-inukshuk-and-find-your-way-to-the-olympics, 24.02.2019*

225 *Corp!, »Art is too important not to share« says Brazilian born sculptor / painter, www.corpmagazine.com/features/art-is-too-important-not-to-share-says-brazilian-born-sculptorpainter, 25.02.2019*

226 *Oxford Studio Tour, https://oxfordstudiotour.wordpress.com/about/, 25.02.2019*

227 *10 times, Circle Craft Market, https://10times.com/christmasmarket, 25.02.2019*

228 The Quilted Corner, Custom Quilts and Quilted Handmade products for the home, babies and your favorite Kanine!, http://thequiltedcorner.ca, 27.02.2019

229 Börsenblatt, Kanada wird 2020 Ehrengast, www.boersenblatt.net/artikel-frankfurter_buchmesse.1241987.html, 25.02.2019

230 National Geographic, Top 10 Bookstores, www.nationalgeographic.com/travel/top-10/bookstores/, 25.02.2019

231 Booknet Canada, The 150 bestselling books by Canadian authors, www.booknetcanada.ca/blog/2017/6/13/150-bestselling-books-by-canadian-authors, 25.02.2019

232 CBC, books, 100 novels that make you proud to be Canadian, www.cbc.ca/books/100-novels-that-make-you-proud-to-be-canadian-1.4194710, 25.02.2019

233 Never Sleep With a Suspect on Gabriola Island: An Islands Investigations International Mystery, George Szanto, Sandy Frances Duncan, Touchwood Editions, 1. Oktober 2009

234 Anne Cameron, Wikipedia, Anne Cameron, https://en.wikipedia.org/wiki/Anne_Cameron, 27.02.2019

235 Stepping Stones: A Refugee Family's Journey, Margriet Ruurs, Falah Raheem, Orca Book Publishers, 18. Oktober 2016

236 Vancouver Sun, Movie shoot will close section of Highway 19 on Vancouver Island, https://vancouversun.com/news/local-news/movie-shoot-will-close-section-of-highway-19-on-vancouver-island, 25.02.2019

237 Wikipedia, Graham Greene (actor), https://en.wikipedia.org/wiki/Graham_Greene_(actor), 25.02.2019

238 Lawren Harris, Zitat gefunden auf goodreads, Lawren Harris Quotes, www.goodreads.com/author/quotes/577903.Lawren_Harris, 25.02.2019

239 The Group of Seven and Tom Thomson, David P. Silcox, Firefly Books, 20. Oktober 2011

240 Wikipedia, Emily Carr, https://en.wikipedia.org/wiki/Emily_Carr, 25.02.2019

241 Vancouver Art Gallery, Past Exhibitions, Emily Carr and the Group of Seven, www.vanartgallery.bc.ca/the_exhibitions/exhibit_emilySeven.html, 25.02.2019

242 Canadian improv games, online training resource, welcome to the Canadian improve games online training resource, http://improv.ca/training/online-training-resource, 25.02.2019

243 CBC, Listen, The Debaters with Steve Patterson, www.cbc.ca/listen/shows/the-debaters, 25.02.2019

244 www.cbc.ca/listen/shows/the-debaters/episode/15606590 – schön, nicht wahr?

245 www.hahaha.com/en/montreal-festival, 25.02.2019

246 The Telegraph, The Nickelback phenomenon: explaining the world's most hated band, www.telegraph.co.uk/music/what-to-listen-to/nickelback-phenomenon-explaining-worlds-hated-band, 25.02.2019

247 Nickelback, www.nickelback.com, 27.02.2019

248 Wikipedia, Anne Murray, https://en.wikipedia.org/wiki/Anne_Murray, 25.02.2019

249 Zitat aus Esperanza: Ein Ort der Hoffnung und der Heilung, 360° Kanada 04/13, www.annegret-heinold.com/sites/default/files/2016-02/Artikel_Heinold_Esperanza.pdf, 27.02.2019

250 Strong Nations, We Bring Indigenous Books Into Your Lives ..., www.strongnations.com/gs/show.php?gs=3&gsd=1971, 25.02.2019

251 Webseite Sanford Williams, www.sanford-williams.com/, 27.02.2019

252 Bill Reid Gallery of Northwest Coast Art, www.billreidgallery.ca, 25.02.2019

253 Zitat aus »Three Year Professional Development Plan«, Concordia University (private Quelle)

254 BBC, News, How Canada became an education superpower, www.bbc.com/news/business-40708421, 25.02.2019

255 MCT, Missoula Community Theatre, Missoula Children's Theatre, http://mctinc.org/, 27.02.2019

256 Alain Ducasse, Zitat gefunden auf Brainy Quote, Alain Ducasse Quotes, www.brainyquote.com/quotes/alain_ducasse_672368, 25.02.2019

257 Granville Island, Public Market, https://granvilleisland.com/public-market, 25.02.2019

258 Granville Island, Avocado Toast – Vancouver Grown, Organic Free-Range Comedy, https://granvilleisland.com/avocado-toast, 27.02.2019

259 Backstage Lounge, www.thebackstagelounge.com, 25.02.2019

260 Deutschlandfunk, In Kanada ist alles etwas leichter, www.deutschlandfunk.de/meldung-forschung-aktuell.678.de.html?drn:news_id=82666, 27.02.2019

## Bildnachweis

COVERFOTOS: © martinm303; linke Bildleiste von oben nach unten: © Aivolie, © digitex, © Mliss, © rabbit75_dep, © Mirage3, © rixipix, © MennoSchaefer (alle: www.depositphotos.com)

KAPITELAUFMACHER: Alle Fotos von Annegret Heinold, außer S. 147: © Roger Dunlop und S. 189: © 4masik, depositphotos.com

BILDTEIL 1: **Depositphotos** (www.depositphotos.com): S. II oben: © matfron; unten rechts: © yelo34; S. III unten: © Alex533; S. IV oben: © kamchatka; S. V unten: © cascoly; S. VI oben: © jewhyte, unten: © DeborahIK; S. VIII oben: © PiLens, unten: © modfos; S. IX oben: © jewhyte; S. XV oben: © tiger_barb | **Adobe Stock (www.stock.adobe.com):** S. IX unten: © Michael O'Reilly | **Annegret Heinold:** S. I; S. II unten links; S. III oben; S. IV unten links und rechts; S. V oben links und rechts; S. VII alle Fotos; S. X-XIV alle Fotos; S. XV unten links und rechts; S. XVI

BILDTEIL 2: **Depositphotos** (www.depositphotos.com): S. I: © Click-Images; S. II unten: © ValeStock; S. III unten: © urmoments; S. IV oben: © AndreAnita, unten: © wildnerdpix; S. V oben: © bit75_dep, unten links: © PavelS, unten rechts: © Gordo25; S. VI-VII: © ishtygashev; S. VIII unten: © bhofack2; S. IX oben: © Elenarts, unten: © Bruno135; S. XI oben: © MoodPhoto; S. XII oben: © rixipix, unten © fdormoy; S. XIV unten: © paulmckinnon | **Annegret Heinold:** S. II oben; S. III oben; S. VIII oben; S. X alle Fotos; S. XI unten; S. XIII alle Fotos; S. XIV oben links und rechts; S. XV-XVI

# 111 GRÜNDE, RUSSLAND ZU LIEBEN

VON ST. PETERSBURG ZUM BAIKALSEE – EINE REISE DURCH DAS GRÖSSTE LAND DER WELT UND DIE BERÜHMTE »RUSSISCHE SEELE«

**111 GRÜNDE, RUSSLAND ZU LIEBEN**
EINE LIEBESERKLÄRUNG AN DAS SCHÖNSTE LAND DER WELT
Von Jens Siegert
320 Seiten | Premium-Paperback
Plus zwei Farbteile á 16 Seiten
ISBN 978-3-942665-49-0 | Preis 14,99 €

*Russland ist unheimlich groß. Es gibt alles vom Permafrost im hohen Norden bis zu den Subtropen am Schwarzen Meer. Höchste Berge im Kaukasus und unendlich scheinende Steppen an der Wolga. Russen, Tataren, Burjaten, Tofalaren und viele andere unbekannte Völker mehr.*

*Das Land ist herzlich und schroff, hoffnungslos romantisch und mitunter schrecklich. Keine einfache Liebe. Aber man muss ja nicht gleich alles lieben und kann viele kleine und große, eben 111 Gründe finden.*

*Und dann gibt es noch die bittersüßen Gründe, bei denen einem, wie man in Russland sagt, »die Seele wehtut«. Denn zum Schluss ist Russland ein Land wie viele andere auch. Vielleicht ein bisschen größer, aber genauso widersprüchlich – und eben deshalb liebenswert. Eine Hommage an den Facettenreichtum und die Vielfalt Russlands.*

WWW.SCHWARZKOPF-SCHWARZKOPF.DE

ANNEGRET HEINOLD, geboren 1955 in Lüneburg, studierte Pädagogik, Naturwissenschaften und Germanistik in Hamburg, ehe sie 1983 nach Portugal zog. Seit 1995 bereist sie Kanada und verbringt drei Monate im Jahr an der Westküste von Vancouver Island. Sie arbeitet als freie Autorin sowie als Reiseleiterin für Portugal, Madeira und Westkanada.
*www.annegret-heinold.com*

Annegret Heinold
111 GRÜNDE, KANADA ZU LIEBEN
*Eine Liebeserklärung an das schönste Land der Welt*

ISBN 978-3-86265-760-5


VERLAG
Schwarzkopf & Schwarzkopf Verlag GmbH
Kastanienallee 32, 10435 Berlin
Telefon: 030 – 44 33 63 00
Fax: 030 – 44 33 63 044

INTERNET | E-MAIL
www.schwarzkopf-schwarzkopf.de
www.facebook.com/schwarzkopfverlag
info@schwarzkopf-schwarzkopf.de